종말론
사무소

현대의 지성 164

종말론 사무소
인간의 운명과 정치적인 것의 자리

제1판 제1쇄 2016년 10월 4일

지은이 김항
펴낸이 주일우
펴낸곳 ㈜문학과지성사
등록번호 제1993-000098호
주소 04034 서울 마포구 잔다리로 7길 18(서교동 377-20)
전화 02)338-7224
팩스 02)323-4180(편집) 02)338-7221(영업)
전자우편 moonji@moonji.com
홈페이지 www.moonji.com

ISBN 978-89-320-2904-7 93100

• 이 도서의 국립중앙도서관 출판예정도서목록(CIP)은 서지정보유통지원시스템 홈페이지(http://seoji.nl.go.kr)와
  국가자료공동목록시스템(http://www.nl.go.kr/kolisnet)에서 이용하실 수 있습니다.(CIP제어번호: CIP2016021002)

현대의 지성 164

종말론 사무소

인간의 운명과
정치적인 것의 자리

김 항

문학과
지성사

차례

프롤로그

밥풀때기와 개흘레꾼을 위한 레퀴엠

0

열병 같은 5월이 지난 캠퍼스에는 구호들이 난무했다. 그러다가 성난 구호들을 무색하게 만든 여름이 지나갔다. 1991년은 그렇게 가을을 맞이했고, 성난 구호들은 어느덧 냉소적 아포리즘과 차분한 인용에 자리를 내주었다. 발 빠른 포스트모던의 선동가들은 "난장亂場은 끝났는데 뭘 하고 있냐?What are you doing after the orgy?"[1]며 캠퍼스의 빨치산들을 비웃었고, 진지 구축에 한참이던 좌파의 이신론자deist들은 그람시 Antonio Gramsci를 인용하면서 장기전에 대비했다. "위기는 바로, 낡은 것은 죽어가는 반면 새것은 태어날 수 없다는 사실에 있다"[2]며 말이다.

---

1) 1983년 발표된 보드리야르Jean Baudrillard의 에세이 제목이다. 원문은 https://artforum. com/inprintarchive/id=32836에서 읽어볼 수 있다.
2) 안토니오 그람시, 『그람시의 옥중수고 1』, 이상훈 옮김, 거름, 2006, 327쪽.

그렇게 "죽음의 굿판"(김지하)과 "역사의 종말"(프랜시스 후쿠야마Francis Fukuyama)은 캠퍼스를 압박했다. 죽음이 온전히 추도되지도 망각되지도 못한 채, 역사가 온전히 시작되지도 붕괴하지도 않은 채, 무능했고 무력했으며 무자비했던 1990년대는 아가리를 벌렸다. 포즈뿐인 냉소와 입만 산 이성이 김지하와 프랜시스 후쿠야마에게 유효타를 날리지 못한 것은 어찌 보면 당연한 일이었다. 이 책은 이 지점에서 출발한다. 출발한다고 해서 어디론가 길을 나서는 것은 아니다. 오히려 시간이 떠나보낸 이 지점을 되찾아 머무르려 한다. 거리를 메웠던 정치적 열정이 차갑게 식어버린 지점에.

1

그 지점을 되찾아 머문다고는 하나 1991년도 5월의 거리를 이 책에서 마주하는 일은 없을 것이다. 실제 사건으로서의 1991년 5월의 거리, 달력이 셈하는 연대기적 시간대로서의 1991년 5월은 말이다. 여기서 되찾아 머무르려는 지점은 1991년 5월 언저리에 솟아났던 하나의 문턱이다. 그 문턱은 과거 도처에서 솟아난 바 있다. 연도와 날짜로 기억되는 여러 혁명적 사건 속에서 이 문턱은 현현했으며, 정치politics와 통치government는 분할됐다. 그래서 이 책은 정치와 통치의 분할을 고지하는 지점에 머물러 사유를 조직하려는 시도이다.

그런데 정치와 통치의 분할은 이행이나 변절이 아니다. 봉기나 저항으로서의 정치가 권력과 법을 행사하는 통치의 논리로 이행하거나 변절했다는 서사와 이 분할은 무관하다. 오히려 이 분할은 정치와 통치의 관계

구조를 드러내는 사태로 이해되어야 한다. 엄밀한 정의는 이 책의 여러 곳에서 시도될 터이지만, 우선은 한편에서 인간을 인간으로서 존립케 만드는 고유한 행위를 정치로, 다른 한편에서 인간을 육체나 생명으로 대상화함으로써 권력과 법의 지배를 집행하는 것을 통치로 각각 정의해두자. 그랬을 때 정치와 통치의 분할은 인간과 단순한 생명 사이의 분할과 중첩됨을 알 수 있을 것이다.

푸코Michel Foucault와 아감벤Giorgio Agamben을 위시한 이른바 '생명정치bio-politique'에 대한 사유는 대부분 이 기본적 구도 속에서 조직된다고 할 수 있는데, 복잡하게 분기하는 생명정치의 언설에 내장된 각각의 논점은 하나하나 세세하게 따지고 음미되어야겠지만, 여기서는 주의해야 할 단 한 가지의 사항을 강조해두자. 그것은 인간과 단순한 생명이 따로따로 존재하고, 그 두 가지 항項이 모종의 관계를 맺는 것은 아니라는 점이다. 인간은 결코 그 자체로 자족적이고 고유한 정의를 갖지 못하기 때문이며, 단순한 생명도 그 점에서는 동일하기 때문이다. 오히려 인간과 단순한 생명은 분할이라는 사태 속에서 존립하는 효과이다. 달리 말하면 인간과 단순한 생명은 분할이라는 사태 속에서 형성되는 관계 그 자체라고 해도 좋다. 그래서 정치와 통치도 편의상 각각에 하나의 정의를 할당하기는 했지만, 자족적으로 성립하는 개념이나 범주라기보다는 분할이라는 사태를 통해 분기하는 관계 속에서만 의미를 획득한다. 정치와 통치의 분할을 사유한다는 것은 이 관계가 무엇인지를 묻는 일인 셈이다.

다시 한 번 강조하지만 정치와 통치, 인간과 단순한 생명은 각각이 항으로서 먼저 있고 모종의 관계 양상으로 진입하는 것이 아니다. 두 항은 어디까지나 관계로서만 의미를 가지며, 그 관계를 통해 각각의 실존도 해소된다. 이 책에서 말하는 종말론이란 이 관계의 해소를 지시한다. 그 종말론을 다루는 사무소란 이 관계의 해소를 위한 안건을 처리하는 곳이다. 종말론 사무소는 따라서 정치와 통치, 인간과 단순한 생명이 분기하는 관계를 끊어내는 일을 임무로 한다. 그런 의미에서 여기서의 종말론은 묵시록이나 파국과 아무런 관련이 없다. 종말론이란 말에 불가피하게 묻어 있는 유일신 종교의 체취도 여기서는 신의 존재나 신앙의 정통성에서 뿜어져 나오는 것이 아니다. 오히려 이 책에 묻어 있는 신학의 체취는 지상의 통치를 이끌어온 정치-오이코노미아oikonomia 신학에서 비롯된다. 인간을 법과 권력 주변에서 단순한 생명으로 조직화한 신학-통치에서 말이다.

그렇다면 그 관계와 관계의 해제란 무엇인가? 그것은 인간이 태생적으로 짊어져야 할 운명과 연관된다. 그 운명이란 바로 '언어'이다. 운명이 벗어날 길 없이 사람을 옥죄는 힘이며, 그 힘의 출처가 어디인지 밝혀질 수 없는 힘을 뜻하는 한에서, 언어는 인간이 내던져진 태생적 운명이다. 말을 함으로써 다른 생명체와 구분될 수 있는 인간이 왜, 언제, 어떤 계기로 말하게 되었는지는 밝혀진 바가 없다. 인간의 고유성이 최종적으로 언어를 논거로 삼는다고 할 때, 결국 인간은 스스로의 존립근거를 절대로 풀리지 않는 수수께끼에 의존하고 있는 셈이다.[3] 또한 언어가 랑그라는 눈에 보이지는 않지만 하나의 질서를 전제해야만 존립

---

3) 이런 맥락에서 아감벤은 넓은 의미의 '인간학'(인문학뿐 아니라 자연과학까지를 포함하는)이 필연적으로 '유아기(infancy=말이 없는 상태)'에 의해 존립 가능함을 주장한다. 아예 말이 없는 아기(그저 동물이다)와 말을 하는 인간 사이에, 둘 사이를 분할하면서 이어주는 말을-못하는(in-fant, 이것은 말이 없는 것이 아니라 말이 유보된 상태이다) '유아기'가 전제되어야만 인간은 인간으로서 존립 가능하다는 것이다(조르조 아감벤, 『유아기와 역사』, 조효원 옮김, 새물결, 2010 참조).

할 수 있음을 염두에 두면, 언어란 인간이 복종하는 최초의 규범이자 질서, 즉 강제하는 힘이다. 정체를 알 수 없고 벗어날 수 없는 힘인 언어는, 그런 의미에서, 인간의 태생적 운명인 것이다.

앞에서 말한 인간과 단순한 생명, 정치와 통치의 관계는 이 언어라는 운명과 관련된다. 여기서부터 사태는 복잡해진다. 인간이 다른 생명체와 구분되는 것은 말을 하기 때문이다. 그런데 언어는 인간을 강제적 힘에 복종시키는 최초의 운명이다. 즉 인간이 된다는 것은 결국 다른 생명체와 구분되는 고유한 성격을 획득하는 일인 동시에, 자신이 도저히 어떻게 제어할 수 없는 거대한 힘에 복종한다는 것을 뜻한다. 여기서 아리스토텔레스Aristoteles의 인간에 대한 정의를 떠올려보자. '말을 하는 정치적 동물'이라는 정의 말이다. 한나 아렌트Hannah Arendt를 참조하자면, 아리스토텔레스가 정치를 모든 필연성으로부터 자유로운 인간 고유의 상태로 사념했음은 익히 알려진 바다. 그렇다면 인간 고유의 성격을 지시하는 또 하나의 표지인 정치는 어떠한 강제적 힘으로부터도 자유로운 행위를 뜻할 터이다. 그리고 아리스토텔레스는 이 정치의 요체로 언어를 제시한다. 따라서 사태는 이렇다. 인간을 강제적 힘에 복속시키는 운명인 언어가 동시에 인간을 강제적 힘으로부터 해방시키기도 한다는 것이다. 자유와 복종이 언어라는 자리에서 중첩되어 있다는 사실, 이것이야말로 인간과 언어와 정치가 복잡하게 얽혀 있는 관계 그 자체인 것이다.

그래서 정치와 통치, 인간과 단순한 생명의 관계를 해제한다는 것은 지배에서 해방으로 이행하는 단순한 과정일 수 없다. 종말론 사무소의 임무가 녹록지 않은 까닭이다. 이 책이 제시하려는 것은 그 관계를 해제하는 정답이나 유효한 방책은 아니다. 종말론 사무소에서 다뤄야 할 안건을 정리하여 상정하는 것이 이 책의 시도이다. 자세한 안건은 각 논의에 맡길 수밖에 없지만, 1991년 5월 언저리로 다시 눈을 돌려 제대로 다뤄지지 않아 먼지에 뒤덮인 채 남아 있는 문서 더미를 다시금 들춰보기로 하자. 한 소설가가 남긴 이들 문서는 한국에서 종말론 사무소를 어렵게 개소한 기록이다. 비록 그 사무소는 너무나도 일찍 문을 닫았지만. 이 기록을 검토하면서 여기서 시도하려는 종말론 사무소의 재개가 어떤 계보 속에서 현재와 마주하려 하는지를 확인해두도록 하자.

2

다시 그람시. 서두의 인용문을 온전한 맥락에서 다시 인용해보자면 이렇다.

'유물론의 물결'이라고 탄식되고 있는 현대 위기의 바로 그 측면이 '권위의 위기'라는 것과 관계가 있다. 지배계급이 합의를 상실하는 것, 더 이상 '지도적'이지 못하고 단지 '지배적'·강제적인 힘만을 쓴다는 것은, 거대한 대중이 자신의 전통적인 이데올로기로부터 멀어져 이전에 믿었던 것을 이제는 더 이상 믿지 않게 되었다는 것을 뜻한다. 위기는 바로, 낡은 것은 죽어가는 반면 새것은 태어날 수 없다는 사실에 있다. 이 공백 기간에 매우 다양한 병적인 징후가 나타나는 것이다.[4]

---

4) 안토니오 그람시, 『그람시의 옥중수고 1』, 327쪽.

참으로 많은 위기들이 입에 오르내렸다. 하지만 동서고금의 이신론자들이 그렇듯 위기는 그들만의 믿음이었다. 광주청문회를 백담사 유배라는 예능적 연출로 극복한 뒤, 학살자들은 3당 합당을 단행하고 범죄와의 전쟁을 선포함으로써 통치 체제가 공고함을 과시했다. 또한 주택 200만 호 공급이라는 통 큰 토목공사로 노동자들은 머지않아 중산층 신화 속으로 빠져들 예정이었다. 대통령 직선제를 쟁취하고, 노동자 대투쟁을 벌였으며, 여소야대의 국회를 손에 넣어 지배 블록에 균열을 냈다고 믿었던 정의의 용사들은 결국 "공백 기간의 병적 징후"를 감지하지 못했다. '진보적 사회 진출'이라는 웃기지도 않은 표어로 대기업에 취업한 이들은 이내 불어나는 월급 통장에 입을 다물지 못했고, 의회로 진출하여 정치판의 악습을 바꾸겠다는 결기는 노회한 승냥이들에게 꼬리 내린 하룻강아지의 허튼 꿈으로 판명 났으며, 두 명의 춤꾼을 제치고 자기야말로 서태지와 아이들의 아이들임을 자처하며 찬양을 거듭했던 문화평론가들은 대중소비문화라는 쓰나미에 정신을 못 차리고 나뒹굴었다. 모든 것은 결국 국가와 자본의 압승으로 끝났다. 낡은 것이 죽어가고 새것이 태어나지 못하기는커녕, 새것은 태어나는 족족 짓밟히고 낡은 것은 승승장구하는 일이 공백 기간을 메꾼 것이다.

IMF가 위기지 않았냐고? 그것은 악마에게 마음과 몸을 팔아 중산층이 되었던 정의의 용사들의 알량한 몫마저 빼앗은 낡은 것의 치밀한 뒤처리였다. IMF는 확실히 한국전쟁 급의 사회적 파국이었음은 틀림없다. 하지만 IMF가 추동한 남한의 사회관계 재편은 지대地代로 먹고사는 불로소득자에게 부를 편중시켰다. 노동보다 상속이 부를 증식시키는 원천이 되는 시대가 다시 도래한 것이다. 낮아질 대로 낮아진 국경이란 문턱은 자본으로 하여금 더 싼 임금을 찾아 멀리 떠날 것을 권장했고,

노동자의 일터는 얼굴 모를 자본에게 전시되는 쇼윈도의 상품이 되었다. 모든 것이 금융상품이 되어버린 세계에서 믿을 것은 역시 노름 밑천이었다. 돈 놓고 돈 먹기로 부풀어 오르게 될 부동산과 금융 버블의 세계를 1990년대는 차곡차곡 준비했던 셈이다. 이렇게 낡은 것이 새것을 짓밟아 승승장구한 시대, 무능하고 무력하며 무자비한 1990년대의 자화상이다.

3

다시 또 한 번 그람시. 캠퍼스의 빨치산들이 얼마나 심도 있게 읽었는지 몰라도, 그람시의 절망은 그들로서는 도저히 공유할 수 없는 깊이를 가진 것이었다. 그람시는 헤게모니 투쟁에서 국가와 자본이 제시하는 회유책을 무조건 거부하는 것이 아니라 합리적으로 가늠할 줄 알았다. 또한 노동계급과 인민대중의 더 나은 삶을 추구했지만, 그들의 선량함을 무조건 믿었던 것도 아니다. 그는 국가와 자본이 스스로의 생존을 위해 타협하는 것을 선의로 착각하지 않았고, 노동계급과 인민대중의 처절한 분노나 정의로운 봉기가 음흉한 이기심과 종이 한 장 차이임을 잘 알고 있었다. 그에게는 국가, 자본, 노동계급, 인민대중에 대한 일반이론이나 선험적 규정 따위가 중요한 것이 아니었다. 중요한 것은 오직 경험과 역사였다. 미리 전제된 지식이나 과학적 인식이나 정합적 범주 따위가 아니라, 경험과 역사의 어떤 요인들이 사라지거나 다시 나타남을 반복하면서 지배가 유지되느냐가 그람시의 유일한 관심이었던 셈이다.

그런 의미에서 그람시의 절망은 포기가 아니라 전망을 위해 요청되는 필연적 세계관이었다. 전망은 일단 역사적으로 형성된 '세계관[望]'을 '끊어내는 일[絶]'에서 가능하기 때문이다. 그의 탁월함은 지배계급이 피지배계급보다 도덕적으로도 지성적으로도 우위에 있다는 것을 누구보다도 잘 알고 있다는 데 있었다. 이는 지배계급이 도덕적으로 선하고 지적으로 우월하다는 것을 뜻하지 않는다. 그람시는 도덕과 지성의 언어란 기본적으로 지배계급이 구축해온 언어와 개념이기에, 피지배계급은 항시 열세를 면치 못한다고 인식했기 때문이다. 즉 피지배계급이 도덕과 지성을 다른 내용으로 새로이 구축하려 해도, 재료가 되는 언어와 개념이 지배계급이 만든 형식이기에 결국 부처님 손바닥 위의 손오공이 되고 만다는 것이다. 그래서 그람시는 기존의 지적이고 도덕적 관계의 전면적 개편을 요청하는 '현대의 군주'를 요청한다.

　현대의 군주는 자신이 발전함에 따라 지적·도덕적 관계의 모든 체계를 혁명화한다. 곧 현대의 군주 자신만을 준거점으로 하여 어떤 행위가 현대의 군주를 강화시키는 데 일조하는 것이냐 아니면 현대의 군주에 대립하는 것이냐에 따라 그 행위의 이利와 해害, 선과 악을 판단하는 것이다. 그리하여 인간의 의식에서 현대의 군주는 신성神性, 또는 지상명령의 위치를 차지하며 삶의 모든 측면과 관습적인 관계를 완전히 세속화하는, 현대의 세속주의의 기초가 된다.[5]

　현대의 군주는 자신이 완전히 새로운 '기준'이 되어야 한다. 기존의

---

5) 앞의 책, 143~144쪽.

지적이고 도덕적인 관계, 즉 지배를 지탱하는 사회관계를 완전히 바꾸어놓아야 한다. 따라서 혁명의 목적은 현재의 지배계급 자리를 피지배계급이 차지하는 것이 아니다. 문제는 현재의 지배계급이 스스로를 지탱해온 관계의 양식 자체, 즉 '지배'라는 관계 자체를 해제하는 일이다. 그래서 현대의 군주는 신이나 지상명령의 위치를 차지한다. 관계의 상하를 뒤집어놓는 것이 아니라, 상하 관계 자체를 일소하는 해체가 요청된다. "삶의 모든 측면과 관습적인 관계를 완전히 세속화"[6] 해야 하는 것이다. 그러므로 혁명을 위한 경험과 역사의 포착-배열은 기존의 도덕적이고 지적인 언어와 개념으로는 이뤄낼 수 없다. 혁명의 과제는 지배계급이 설정해놓은 사회관계 전체를 일단 해체하고 전혀 다른 관계로 재조직해야 한다는 데에 있기 때문이다.

하지만 그람시를 옆구리에 끼고 다니던 캠퍼스의 빨치산들도, 이제 시민사회에 나가 헤게모니 투쟁을 하겠다고 나선 자칭 진보적 시민들도, 5월 이후의 진지전에서 '현대의 군주'를 마음에 품을 수 없었다. 지배계급이 설정하고 유지해온 '정상'의 범주에서 한 걸음도 바깥에 못 나갔기 때문이다. 무력하게도.

4

1991년 5월 25일, '공안통치 민생파탄 노태우정권 퇴진을 위한 제3

---

6) 그람시가 말하는 '세속화laicizzazione'란 모든 사회관계를 교회로부터 분리시켜 새로이 조직하는 것을 말한다. 여기서 교회가 기존의 모든 지적·도덕적 관계, 즉 지배계급이 축적/유지해온 사회관계의 총체를 나타낸다는 사실은 말할 필요도 없다.

차 범국민대회'가 개최되었다. 이어진 가두 투쟁에서 한 학생이 사망했다. 시신은 백병원으로 옮겨졌고, 4월 26일 강경대 살인 사건 이후 조직된 '범국민 대책회의'가 즉각 상황을 장악했다. 시신을 놓고 대치 중이던 경찰은 5월 31일, "시위 현장과 농성장에 몰려다니며 과격 시위를 부추기고 행패를 일삼아온 폭력 시위꾼 무리에 대해 전담 수사반을 편성"하여 이들의 "신상 파악과 상황 정보 수집 등 본격적인 수사"에 나선다.[7] 당시 장기표 대책회의 집행위원장은 이들 "폭력 시위꾼"을 자신들과 상관없는 이들로 규정하며, 대책회의에 대한 여론을 악화시키기 위해 "기관원의 사주를 받은 자들"일 것으로 추정했다.[8] 하지만 다음 날인 6월 1일, 대책회의는 전날의 입장을 180도 바꾸어, "이들은 우리 사회에서 소외받아온 기층 민중의 하나로 자발적으로 시위에 참여해온 조직화되지 않은 계층"이라며 "검찰과 경찰은 대부분 선량한 시민인 이들을 격리, 고립시키기 위한 배후 수사를 즉각 중지하라"고 말했다.[9]

이 소동은 5월의 끝자락을 장식한 유서 대필 사건과 견주어볼 때 기억조차 되지 않는 하나의 해프닝에 지나지 않을지 모르겠다. 그러나 다행히도 하나의 민감한 촉수 덕분에 이 해프닝은 1990년대의 무능과 무력과 무자비의 원천을 압축하는 사건으로 기록될 수 있었다. 당시 한 일간지 기자였던 김소진은 같은 해 『문예중앙』 가을호에 이 사건을 토대로 「열린 사회와 그 적들」이란 소설을 발표한다. 여기서 작가는 '민주화'가 낡은 것을 갈아엎기는커녕 거꾸로 낡은 것의 승승장구를 증좌하게 된다는 사실을 극명하게 형상화했다. 그렇다고 작가의 눈이 민주화 세

---

7) 『조선일보』, 1991년 6월 1일자.
8) 앞의 기사.
9) 『조선일보』, 1991년 6월 2일자.

력의 보수화 같은 범박한 세태를 본 것은 아니다. 김소진이 본 것은 민주화가 새것이 아니라 낡은 것에 힘입어 성공했다는 사실이었다. 1987년 6월은 그람시의 세속화가 아니라 부처님 손바닥 위에서 놀아난 손오공의 무대였던 것이다. 민주라는 이름 아래에서 꿈틀대는 낡은 것의 심연, 그것이야말로 김소진이 짧은 생애에서 소설가로서 붙잡으려 했던 '절망'이자 '전망'이었다.

「열린 사회와 그 적들」은 1991년 5월의 끝자락 어느 날의 을지로 백병원을 무대로 한 소품이다. 백병원에는 5월 25일 죽은 학생의 시신이 안치되어 있었다. 시신의 부검을 위한 압수수색 영장이 발부되어 경찰이 강제집행에 나서자 대책회의는 경찰과 충돌했다. 일단 시신 탈취가 저지된 후, 백병원 앞마당에는 사수대가 삼삼오오 모여서 휴식을 취하고 있었다. 그중에는 당국으로부터 폭력 시위꾼으로 지목된 이들도 섞여 있었는데, 시위대는 이들을 밥풀떼기라고 불렀다. 대책회의의 집행위원이 이들에게 다가온다. 경찰 수사에 협조하는 일은 없을 것이며 함께해주는 데 감사하다는 말을 전한다. 밥풀떼기들이 저마다 불평을 쏟아낸다. 시위대 중 몇몇 사람이 밥풀떼기를 지목해서 경찰이 연행해갔다고, 어떻게 이럴 수 있냐고. 집행위원은 대책회의의 공식입장은 프락치가 아니라는 결론이라 답한다. 밥풀떼기가 "공식입장 따루 안으로 꼬불쳐둔 입장 따루"[10] 있냐며 비아냥댄다. 집행위원이 답한다. "같이 애써주시는 건 충심으로 고맙게 여기고 있지만 어디까지나 하나의 조직이 꾸려진 이상 그에 걸맞은 규칙과 체계가 있는 법이지요."

밥풀떼기가 다시 비아냥댄다. 집행위원이 또 답한다. "민주화운동 세

---

10) 이하 김소진의 소설은 김소진, 『열린 사회와 그 적들』, 문학동네, 2002에서 인용.

력은 일반 국민이나 시민 들과, 말하자면 물고기와 물의 관계를 맺고 있습니다. 물고기가 물을 떠나서 살 수 없듯 우리 민족민주 세력은 대중의 지지 없이는 존립할 수 없죠. 그런데 자신과 의견이 맞지 않는다고 아무한테나 심한 욕설을 퍼부어서 토론 분위기를 망치거나 국민대회가 다 끝났는데도 계속 지나가는 차량에 돌을 던지며 시민들의 일상생활에 불편을 주는 것, 그리고 같이 죽자는 말로 공포 분위기를 부추기는 일이 솔직히 많지 않았습니까? 심지어 어떤 분은 한국은행을 불태우러 가자는 얼토당토않은 발언도 하시더군요." 밥풀떼기가 하소연하듯 대답한다. 살면서 돈 때문에 하도 고생을 많이 해서 한국은행을 보면 화가 치밀어 올라서 그랬다고. 집행위원이 다시 나선다. "그런 과격하고 충동적인 발언은 지금 우리의 투쟁에 아무런 도움을 주지 못한다는 점입니다. 우리 사회에는 두 가지 측면이 있습니다. 긍정적이고 부정적인 것 이렇게 말이죠. 폭압적인 반민주적 통치 기구, 고질적 악법과 불평등한 제도 등이 그것입니다. 그런 것들은 의당 철폐돼야 하지만 예를 들어 은행 같은 제도는 그것과 다르다 이 말씀입니다. 그것은 시민사회의 고유한 제도요 핵심적 현상이기 때문이죠. 파출소를 기습하는 것과는 또 다른 의미입니다."

1990년대를 풍미한 '타자' '배제' '배려' 따위의 용어 목록들을 참조하면, 민주화 세력의 '위선'과 '독선'이 여기에 있다. 혹은 계몽이란 이름의 폭력이 부끄럽게 모습을 드러낸다. 민주시민들은 밥풀떼기들을 품을 수 없었다. 사회의 최하층에 자리한 날품팔이 노동자의 불쌍한 처지를 보듬어 안지 못했다. 그러나 그런 알량한 양심 따위는 김소진의 관심이 아니다. 중요한 것은 새것의 의장意匠을 덮어쓰고 낡은 것이 소중히 온존되는 끔찍한 광경이다. 집행위원은 말한다. '조직과 규칙과 체계'라고,

'국민과 시민'이라고, '시민사회의 고유한 제도'라고. 이 일련의 것들은 지배계급의 규칙과 체계이자, 지배계급의 자기 정체화이자, 지배계급의 제도이다. 집행위원으로 상징되는 민주화 세력은 독재 세력에게 점령당한 저 일련의 조직과 규칙과 체계와 국민과 시민과 사회와 제도를 '탈환'해야 한다고 의기양양하다. 하지만 김소진의 눈에는 그 목록은 지배계급이 만들어낸 지적이고 도덕적이고 정치적인 산물들이다. 군사독재정권이 '비정상적'으로 차지하던 그 자리를 민주화 세력이 차지하여 '정상화'한다고 새것이 나타날 리는 만무했던 것이다.

김소진은 그렇게 민주화 세력이 재생시키는 낡은 것을 목도했고, 이 땅에 현대의 군주를 위한 자리는 없다고 절망했다. 그리하여 밥풀때기는 여전히 밥풀때기로 남는다. 남루하고 거칠고 더럽고 포악하며 우악스러운 밑바닥 인생으로 남는다. 동정은 필요치 않다. 다만 밥풀때기를 밥풀때기로 재생산하는 낡은 것이 있을 뿐이다. 밥풀때기가 정상적 시민이 되는 것을 작가는 원했을까? 아쉽게 요절한 작가에게 물어볼 도리는 없다. 하지만 한 가지는 확실하다. 밥풀때기는 결코 집행위원이 말하는 시민이나 국민이 될 수 없다. 밥풀때기로부터의 '해방' 혹은 '탈피'는 국민이나 시민이라는 '낡은 것'의 변용 없이는 불가능하기 때문이다. 즉 저 낡고 뿌리 깊은 '정상'이라는 굴레에서 벗어나지 않는 한 밥풀때기는 여전히 거기에 있을 수밖에 없는 것이다. 1990년대는 국민과 시민이 점령한 광장에서 그렇게 밥풀때기를 밥풀때기인 채로 추방했다. 무자비하게도.

5

정상성에 대한 집착은 1990년대를 서서히 지배한다. 다리가 무너져 학생들이 죽었을 때도, 백주대낮에 소비자본주의의 상징 백화점이 붕괴했을 때도, 모두가 국가와 자본주의의 정상성을 회복하라고 주문하기 바빴다. 이 모든 것이 국가와 자본주의가 '정상적으로' 운용되지 못한 한국 특유의 후진성 탓이라고. 그렇게 국가와 자본은 비판을 빨아들였다. 이제 국가와 자본 자체는 공격 대상에서 벗어나, 누가 어떻게 국가와 자본을 운용하는지에 포화가 집중된다. 군사독재 시절에 부정부패로 힘을 얻은 자들이 국가와 자본을 개판으로 운용한 탓이라는 인식이 퍼진다. 보다 합리적이고 유능한 이들이 운용을 담당하면 한국은 선진화될 것이라는 신화가 자리 잡는다. 이 모든 것이 1990년대에 낡은 것이 승리하는 논리였다. 국가와 자본은 이 시기부터 이미 '유체이탈'을 일삼았다. 국가와 자본은 정상적으로만 운용되면 괜찮다는 초-보수적인 생각이 자리 잡은 것이다. '민주화'는 이 논리가 진격해서 헤게모니를 장악하는 데에 일등공신이었다. 광주가 그렇게 정상성의 이름으로 소환된다.[11]

　　지금 5·18 광주는 '승리의 역사'로 부활되어 있습니다. 5·18 광주에서 시작된 민주화의 뜨거운 열기는 87년 6월 항쟁으로 이어져 마침내 평화적 정권 교체를 이룩하는 토대가 되었고, 오늘의 정부를 탄생시켰습니

다. 참여정부는 바로 5·18 광주의 숭고한 희생이 만들어낸 정부입니다.[12]

2003년, 노무현 대통령은 이렇게 말했다. 이것은 정상성에 집착한 1990년대가 다다른 하나의 귀결이다. 국가가 시민을 적으로 삼아 치른 전쟁이 1980년대의 원죄라면, 1990년대는 국가의 원죄를 씻어냄으로써 시민의 상처를 치유해야만 했다. 그 과정을 훑어보자면 이렇다.

1988년 1월 노태우 정권은 '국민화합 분과위원회'를 구성하여 광주의 진상 규명에 나선다. 잔학한 진압은 인정되었지만 진상 규명에는 턱없이 모자랐다. 같은 해 12월에는 청문회가 개최된다. 구체적 사실이 공개되었지만 여전히 미흡했다. 1990년 '광주민주화운동 관련자 보상 등에 관한 법률'이 제정된다. 정부는 마무리하고 싶었지만, 관련자를 면죄하고 국가 책임을 면책하는 조치에 시민은 만족하지 않았다. 1992년, 대통령 당선자 김영삼은 광주를 계승한다고 이야기했고, 이듬해 대통령 취임 후 화해를 내세우며 광주를 역사의 평가에 내맡기자고 제안한다. 1994년, 검찰이 쿠데타와 광주학살에 대해 공소권 없음을 발표한다. 1995년에는 살인의 주범 중 하나인 노태우가 중국의 문화대혁명을 들먹이며 광주는 아무것도 아니라고 망언을 내뱉는다. 시민의 분노와 항의는 결국 같은 해 '5·18 특별법'으로 이어졌고, 1996년 전두환과 노태우가 구속되어, 1997년 각각 대법원에서 최종적으로 무기징역과 징역 17년을 언도받는다. 2002년 '광주민주유공자 예우에 관한 법률'이 제정되고, 망월동 묘역 옆에 '5·18 국립묘지'가 설립된다. 그렇게 광주는 '국가의 역사'가 된다.

---

12) 5·18 23주년 기념식에서 노무현 대통령의 축사.

1980년대의 원죄는 씻겼다. 노무현 대통령이 앞에서 선언한 것처럼 말이다. 한국은 민주화 투쟁을 거쳐 비로소 정상성을 획득했다. 국가가 시민을 적으로 돌려 전쟁을 일으킨 비정상성을 극복하기 위해, 시민의 죽음이 국가를 정상화시키는 데에 공헌한 희생으로 추모된다. 시민들의 죽음은 '국가를 위한' 고귀한 죽음으로 추앙된다. 북한과 싸워 전사한 한국전쟁의 용사들처럼. 그러나 광주를 국가의 이름으로 기억하는 일은 뼈아픈 망각에 기초한다.

17년이란 세월이 흐르는 동안 그날을 바라보는 세상의 눈길도 많이 바뀌었다. 처음 7년은 다만 맹랑한 유언비어 혹은 과장된 전설이었고, 다음 3, 4년은 텔레비전의 속의 제법 요란한 국회 청문회 연속극 같은 것이 되더니, 이제는 너나없이 이쯤 해서 역사 속의 해묵은 일지 정도로 정리되어지기를 바라고 있는 듯하다.

많은 사람들이 이제는 거리낌 없이 말한다. 오늘 우리들 눈앞을 흐르는 저 강은 그때의 강물이 아니라고. 그 폭풍의 강은 아주 오래전에 흘러가 이제는 돌이킬 수 없는 먼 과거의 바다로 흘러 들어갔노라고.

그러나 한 가지, 그들은 잊고 있다. 총구 옆 혹은 뒤편에 비켜나 있었던(물론 그것은 누구의 탓도 아니다) 사람에게 그것은 단지 하나의 중요한 역사나 사건의 항목으로 어렵지 않게 정리될 수 있을지 모르지만, 한번 총구 앞에 세워졌던 사람들에겐 그것은 영원한 악몽이거나 좀처럼 치유되기 어려운 생채기라는 사실을.[13]

---

13) 임철우, 「책을 내면서」, 『봄날 1』, 문학과지성사, 1997, 9~10쪽.

노무현 대통령의 축사는 1990년대의 최종적인 승리 선언이다. 국가는 광주를 버려두지 않고 마침내 고귀한 희생으로 감사하며 품었다고. 그러나 여기서 망각은 시작된다. 국가의 역사가 광주를 품은 것이 최종적 해결이라면, 더 이상 광주를 기억하는 일은 불가능하다. 망자와 상처 입은 이들에게 응답할 길이 닫혀버렸기 때문이다. 그것이 국가의 역사인 한에서, 이제 다른 전쟁 기억과 마찬가지로 응답은 언제나 국가의 이름으로 이뤄진다. 전쟁의 궁극적 주어가 국가인 것과 마찬가지로, 광주의 궁극적 주어는 국가가 되어버렸다. 광주는 어디까지나 현재의 국가를 위한 희생이기 때문이다.

하지만 그것은 "총구 앞에 세워졌던 사람들"의 전장戰場의 기억을 전쟁의 역사로 바꿔치기 하는 처사이다. 전쟁은 국민을 국가의 이름으로 동원한다. 아니 전쟁에 이르러서야 사람은 궁극적으로 국민이 되어 동원된다. 그래서 국민이 된다는 것은 언제나 전쟁으로 동원되는 일을 뜻한다.[14] 하지만 그렇게 끌려 나간 전장에는 역설적으로 국가가 자취를 감춘다. 적군의 총구 앞에 선 군인이나 민간인은 어느 나라 사람이기 이전에 무력하기 이를 데 없는 살덩어리일 따름이기에 그렇다. 그래서 막연한 죽음의 공포가 아니라 "한 번 총구 앞에 세워졌던 사람들"의 공포란 국가가 이 가녀린 생명을 마음대로 끌고 와서는 내버린 기억으로 남는다. 그래서 전장을 전쟁의 이름으로 기억하여 '국가의 역사'로 만드는 것은 이 가녀린 생명의 공포를 망각하는 일이다. 그들의 "영원한 악몽"이나 "좀처럼 치유되기 어려운 생채기"는 그렇게 정상화된 국가 속에서 거처를 잃고 만다. 1990년대는 그렇게 광주를 국가의 역사로 만들어

---

14) 도미야마 이치로, 『전장의 기억』, 임성모 옮김, 이산, 2002, 1~2장 참조.

정상성을 확보하는 대신, "총구 앞에 세워졌던 사람들"의 "영원한 악몽"과 "생채기"로부터 목소리를 박탈했다. 무능하고 무력하고 무자비하게도.

6

그런 속에서 김소진은 아버지를 생각한다. "아비는 개흘레꾼이었다"는 고백을 통해서. 소설 「개흘레꾼」에서 그는 한국 현대소설이 냉전 체제의 강력한 지배 아래 형이상학적 이항 대립에 뿌리를 두고 있다는 어느 평론가의 말을 인용한다. 그 이항 대립이란 "아비는 종이었다"와 "아비는 남로당이었다"는 두 문장을 안티테제로 삼아 성립한다. 따라서 한국 현대소설을 지탱해온 이항 대립은 착취 대 피착취 혹은 체제 대 반체제의 변증법적 대립이라 할 수 있다. 근대소설이 기본적으로 개인이 세계의 질서 속에 내던져져 겪는 성장 혹은 파국의 서사라면, 아비가 종이거나 남로당이었던 주인공은 아비의 멍에를 짊어지고 현대 한국의 지배 체제와 맞서거나 굴종하면서 삶을 영위하게 된다. 그런 의미에서 한국 현대소설은 주인과 노예 사이의 변증법적 대립을 존립의 근원으로 삼는 서사이다. 주인이 이기든 노예가 이기든 그 서사 안에는 반드시 승자와 패자가 있기 마련인 셈이다.

그런데 "아비는 개흘레꾼이었다"는 문장은 이 서사 안에 불현듯 내던져진 이물질이다. 이 서사는 개흘레꾼에게 내줄 자리를 모르기 때문이다.

나의 아비는 숙명의 종도, 그리고 권력투쟁에서 패배한 남로당이었다고 외칠 만한 위치에 있지도 못했기 때문에 나는 또 다른 가슴앓이를 해야 했던 것이다. 그렇다고 다시 "아비는 군바리였다"거나 "아비는 악덕 자본가였다"라고 외칠 처지는 더욱 아닌 데 나의 절망은 깃들여 있었다.

그런 의미에서 아버지는 테제도 그렇다고 안티테제도 아니었다.

개흘레꾼이란 발정 난 암컷과 수컷을 접붙이는 사람이다. "아버지는 마치 신바람 난 골목대장인 양 활갯짓으로 바람을 잡으며 우줄우줄 앞장서서 세찬이네 골목으로 암내를 잔뜩 풍기는 누런 황구 한 마리를 구슬려 끌고 나갔다. 〔……〕 윗동네 아랫동네 할 것 없이 한 덩어리가 된 조무래기들이 실성한 뒤를 쫓듯 킥킥거리고 손가락질을 하며 아버지의 뒤를 따랐다. 〔……〕 맞은켠에서 맞닥뜨린 아낙네들은 코를 싸매쥐고 길가 벽으로 바짝 붙은 채 이마빡에 주름살 깊은 인상바가지를 일그러붙였다. 암캐인 황구의 사추리에서는 검붉은 액체가 이따금씩 떨어져 방울방울 땅을 적시고 있었다.

뒤따르던 조무래기들 가운데 짓궂은 녀석 몇이 일부러 연탄재 쪼가리를 내던졌다. 〔……〕

그나마 내가 뒤따르고 있지 않았다면 아버지는 또 한 번 아이들의 놀림감이 되었을는지도 몰랐다."

개흘레꾼이 반드시 알아야 할 것은 동내 어떤 개가 발정 났는지의 실시간 정보다. 그것을 알고 있다가 적당한 시기에 암내 풍기는 개를 어르고 구슬려 다른 발정 난 개와 접붙여주는 것이 그의 일이다. 동내 조무래기들의 놀림감이요 아낙네들의 기피 대상이요 아들의 수치인 존재다. 그래서 개흘레꾼은 한국 현대소설의 서사에서 테제도 안티테제도 될 수 없다. 주인공이 될 수 없는 것이다. 그는 소설이든 현실이든 그저 서사의 변두리에 눈에 띄지 않게 살고 있을 뿐이지, "아비는"으로 시작되는 테제의 술어가 될 수 없는 인물인 것이다. 문장의 술어가 보편을 뜻한다고 할 때, 개흘레꾼은 개별 존재들을 한데 묶는 집합의 주인이 될 수 없으며, 승자나 패자는커녕 역사를 움직이는 싸움의 당사자가 될 수 없는 존재인 셈이다.

그래서 김소진의 「개흘레꾼」은 실패가 예정된 소설이었다. 이 소설에서 아비는 개에 물려 죽는다. 주인공은 부끄러운 아비의 생애를 존경하는 친구에게 고백하지만 비참한 죽음까지는 끝내 고백하지 못한다. 아비가 개흘레꾼이란 문장은 사실 "아비는 좋이다"란 안티테제로 승화될 수 있고, 현대소설의 기율 안에서는 그러는 것이 자연스럽다. 이 소설도 아비가 개흘레꾼이었음을 고백하는 대목에서는 그렇게 아비의 기억이 기율의 서사 속으로 진입하는 양상을 보인다. 그러나 소설은 끝내 진입을 거부한다. 아비가 개에게 물려 죽었음을 고백하지 않음으로써. 아비를 물어 죽인 것은 동내 부자집 셰퍼드였다. 만약 그 사실까지 고백했더라면, 소설은 서사의 기율을 충실히 지켰을 터이다. 개흘레꾼은 종이 되어 봉건적 혹은 계급적 지배의 희생자가 되었을 것이며 거대한 싸움의 패배자로 남았을 것이다. 하지만 개에 물려 죽은 사실은 결코 고백되지 않는다. 그저 고백되지 않은 채 주인공의 기억에 남아 있을 뿐이다. 그것은 서사에서는 현시되지 않은 기억으로 남는 것이다. 그리고 주인공은 말한다.

그런 사실마저 다 까발리면 난 기운이 죽 빠져버리고 말 것 같았다. 두 말하면 잔소리겠지만 사실 나도 이제는 이런 명제로 뭔가 얘기 좀 해보고 싶었던 거다. 이런 명제로……

아비는 개흘레꾼이었다.

그러나 "이런 명제로 뭔가 애기 좀 해보고" 싶었던 주인공은 끝끝내 "아비는 개흘레꾼이었다"는 명제로는 서사를 완성하지 못했다. "아비는 개흘레꾼이었다"는 문장은 명제(테제 혹은 안티테제)가 될 수 없었는데, 아비가 역사의 승자와 패자라는 거대서사로 진입하지 못했기 때문이다. 고백되지 않음으로써 종국에 서사의 문턱에서 주저앉은 아비의 죽음은 '개죽음' 이상도 이하도 아닌 것이다. 이 소설이 현대소설의 서사 기율에 비추어 볼 때 '실패'한 까닭이 여기에 있다. 하지만 이 '실패'야말로 정상성과 승리의 서사를 비껴, 불편한 실존이 고스란히 자기 자리에 남겨진 드문 순간이었다. 김소진은 개흘레꾼의 죽음을 서사의 기율로 환원시키지 않음으로써 소설의 실패를 자초했다. 하지만 그럼으로써 그는 개흘레꾼을 망각의 구멍에서 구원한다. 아렌트가 말한 망각의 구멍이 어디에도 환원 불가능한 개별자의 고유한 실존을 집합적 역사 서사 속에 가두어 과거를 매끄럽게 마름질하는 장치인 한에서, 개흘레꾼의 고유한 실존은 김소진의 이야기를 통해 현재를 사는 이들에게 이물질 같은 기억으로 남겨져 망각의 구멍으로부터 스물스물 기어 나오기 때문이다. 밥풀때기들과 마찬가지로 개흘레꾼 역시 1990년대 민주화의 역사 서사를 거스르는 불편한 형상이었던 셈이다.

김소진의 아버지는 함경남도 성진이 고향인 실향민이었다. 한국전쟁 당시 그는 원산의 한 병원에서 서무원으로 일하다가, 국군이 올라오자 우익 치안대에 가입한다. 순전히 원활한 배급 음식을 얻어내기 위해서 였는데, 이 때문에 원산 대철수 때 예고 없이 원산 앞바다의 군함으로 전격 소개되는 바람에 처자식(그의 아버지는 이미 결혼한 상태였다)을 고 스란히 포화 속에 남기고 남쪽으로 건너오게 된다. 그 후 결혼하여 자 식을 낳아 남한에서 삶을 마감한다.

「쥐잡기」(1991)에서 「고아떤 뻥덕어멈」(1993)을 거쳐 「개흘레꾼」 (1994)에 이르기까지, 김소진의 아버지는 무능하고 무력한 인물로 형상 화된다. 아버지와 다르게 억센 생활꾼으로 묘사되는 어머니의 말을 빌 리자면, "능력이 없어 처자식 고생은 꽤나 시킨 양반이었지만, 맴씨만 갖고 따진다면야 아주 맑고 고운 양반"(고아떤 뻥덕어멈)이다. 작가의 아 버지는 분단으로 삶을 송두리째 휘둘린 전형적인 인물이다. 그런 의미 에서는 앞에서 말한 한국 현대소설의 테제나 안티테제로 충분히 각색 할 수 있는 인물임에 틀림없다. 하지만 김소진은 자신의 아버지를 철저 하게 그 기율로부터 먼 곳으로 밀어낸다.

내레 앞에총이 뭔지나 알았겠니?

그 말은 당시의 아버지에 대해 거의 모든 것을 표현해주고 있었다. 아 버지는 애초부터 사상 따위와는 거리가 먼 사람이었던 것이다. 앞에총이 란 대관절 무엇이었을까. 그것은 단순한 군사훈련의 기본동작만은 아니 었을 것이다. 아버지가 단지 서툰 병사였다는 의미 이상의 그 무엇이 담긴 말이었다. 어느 체제든 자기식의 사상에 순치되지 않은 사람에게 무기를 쥐여주는 법은 없는 일이다. 그 총구를 거꾸로 돌리는 날에는 체제 자체가 파멸이기 때문이다. 따라서 앞에총의 의미란 최소한 총구를 누구에게 겨눠야 하는지를 가르쳐주는 기본 동작이자 사상, 즉 이데올로기의 첫걸음이었던 것이다. 아버지는 심지어 그것조차 몰랐다는 것이다 (「개흘레꾼」).

작가는 아버지를 통해 분단을 형상화하는 듯 보인다. 분명히 아버지는 분단의 희생양이다. 그러나 김소진이 형상화하는 희생은 공동체의 서사로 환원됨으로써 의미화되는 것이 아니다. 앞에총이 무엇인지도 모른 채 전쟁에 끌려가 남한까지 내려온 아버지는 이데올로기는 물론이고 국가나 공동체의 규칙조차도 신체화하지 못한 존재이다. 그래서 누구에게 총을 겨눠야 하는지도, 즉 적이 누구인지도 모르는 존재이다. 이데올로기도, 규칙도, 적도 모르는 이가 분단과 뒤이은 국가의 서사에서 자리할 수는 없다. 승자이든 패자이든 싸움에 참여한 이라면 서사에서 자리를 마련할 수 있다. "공산당이 싫어요"란 외침이 남한의 역사에서 비중 있는 자리를 차지하는 까닭이다. 그러나 김소진의 아버지는 자리가 없다. 분명 분단의 희생양인데도 뒤이은 서사, 즉 국가의 역사에서는 없는 존재가 되고 마는 것이다. 존재함에도 기억될 수 없는 분단의 희생양은, 그럼에도, 살았다.

내이가 왜 그랬겠니? 여기 한번 나와 있으니까니 못 가갔드란 말이야. 어딜 간들 하는 생각 때문에 도루 못 가갔드란 말이다. 기거이 바로 사람이야. 웬 쥐었냐고? 글쎄 모르지. 기러다 보니 맹탕 헷것이 눈에 끼었는

지두. 언젠간 돌아가갔지 하며 살다보니…… 암만 생각해봐두 꿈 같기
두 하구…… 기리고 이젠 모르갔어…… 정짜루다 돌아가구 싶은 겐지
그럴 맘이 없는 겐지…… 늙으니까니 암만해두(「쥐잡기」).

거제도 포로수용소에서 몇 번의 죽을 고비를 넘긴 아버지는 수용소
에서 나오는 과정을 저렇게 회상한다. 어느 날 미군은 포로들을 복도 양
쪽에 줄 세운 다음 북쪽으로 가고 싶은 사람은 이쪽, 남쪽으로 가고 싶
은 사람은 저쪽으로 가라고 지시를 내린다. 시간은 10분. 아버지는 처음
에 북쪽으로 가는 쪽에 서 있다가 키우던 하얀 쥐를 따라 남쪽으로 가
는 쪽으로 이동한다. 왜 그랬을까? 아버지는 모른다. 시간이 훌쩍 지난
지금도 아버지는 모른다. 다만 한 가지는 안다. 그 상황에서는 남이든
북이든 중요하지 않다고. 정체 모를 이끌림에 따라 삶이 이렇게 되었다
고. 그렇게 아버지는 평생 북녘을 그리워하며, 아니 그리워하는지도 잘
모르며 살았다. 동네 개들을 홀레붙여 주면서.
　작가는 어린 나이에 처자식을 두고 인민군으로 징용되어 국군의 포
로가 되었다가 남한에 눌러 앉은 아버지를 위해 국가의 역사 속에 자리
를 마련할 수 있었다. 그러나 작가는 작품을 통해 완강히 거부했다. 개
홀레꾼을 패배자로 기억하지 않기 위해서 말이다. 개홀레꾼을 개홀레
꾼으로 기억하기 위해서 말이다. 개홀레꾼을 종이나 남로당이나 프롤
레타리아트라는 안티테제의 서술어로 귀속시키는 대신, 김소진은 개홀
레꾼의 환원 불가능한 고유성을 고스란히 남기는 길을 택했다. 벤야민
을 참조하자면, 그것은 억압받은 자와 쓰러진 자를 '최후의 날'에 소환
하여 현재를 구성하는 실천이었다. 1980년대의 투쟁을 거쳐 이룩한 민
주화라는 당대의 승리한 역사 서사를 곁눈질하며, 김소진은 민주주의

의 승리가 망각의 구멍으로 내모는 억압받고 쓰러진 자들의 실존을 소환하기 위해 난장이 끝난 자리에 머무르려 했던 것이다.

8

김소진이 머무르려 한 자리야말로 종말론 사무소가 어렵게 개소한 곳임을 확인하면서 이 책을 시작해보자. 그가 밥풀때기와 개흘레꾼을 망각의 구멍으로부터 구원할 대상으로 소환한 것이 그때 종말론 사무소의 안건이었다. 그는 밥풀때기와 개흘레꾼을 통해 정치와 통치의 관계를 해제하고자 시도했던 것이다.

이제 다시 한 번 그 계보 속에서 재개될 종말론 사무소에서는 발터 벤야민Walter Benjamin, 칼 슈미트Carl Schmitt, 미셸 푸코, 위르겐 하버마스Jürgen Habermas, 그리고 조르조 아감벤이 참조될 것이다. 그리하여 물음은 1991년 5월의 뜨거웠던 거리를 배회한다. 물론 1991년도 5월의 거리가 직접적으로 논의되지는 않는다. '이론'이나 '비평'이 주를 이루는 이 책은, 그러나 일관되게 그 거리 주변을 배회하는 것임을 강조해둔다. 죽음의 굿판과 역사의 종말이 정치를 통치로 탈바꿈시킨 문턱 주변을 말이다. 아마 그 현장에서도, 그 이후에도, 거리를 메운 열정이 도대체 무엇이었는지 알고 있는 이는 없을 것이다. 그도 그럴 것이 그 열정은 망각의 구멍으로 내던져져 민주주의의 승리라는 서사 속에서 산산조각 났기 때문이다. 비극적으로 스스로의 몸을 불사른 자들을 민주주의를 위해 희생한 열사로 추앙하는 한, 그들이 꿈꿨던 정치는 언제나 통치로 귀속된다. 국가의 역사나 민주주의의 숭고한 승리가 그들의 정치와 꿈과 죽음을 착취하는 것이다.

김소진이 밥풀때기와 개흘레꾼의 구원을 안건으로 상정한 까닭이 여기에 있다. 밥풀때기와 개흘레꾼이 정치를 재개시킬 주체라는 이야기가 아니다. 거리의 열정으로 현현한 정치는 결코 사유나 글을 통해 부활할 수 없다. 사유와 글은 거리의 열정과 육체의 죽음이 빠져버린 망각의 구멍을 들여다볼 수 있을 뿐이다. 그리고 그것을 통해 통치가 되어버린 정치의 자리를 다시 한 번 지시할 수 있을 뿐이다. 지나가버렸지만 언젠가 다시금 회귀할 정치의 자리를 말이다. 다시 한 번 말하지만, 사유와 글은 정치를 조직할 수도 이끌어낼 수도 없다. 정치가 있던 자리를 인간에게 환기시켜줄 수 있을 따름이다. 그리고 그 지시와 환기야말로 인간의 본질인 언어의 역할일 터이며, 정치라 명명할 수 있는 인간 고유의 행위를 가능케 하는 최소한의 조건이다. 그런 의미에서 여러 텍스트의 독해로 이뤄진 이 책은 미래를 위한 기획이나 정치적 주체의 가능성을 가늠하기 위한 것이 아니다. 오히려 이 책은 정치란 통치가 지워버린 과거의 흔적으로서만 현재 속에 실존하며, 통치가 뿌리내리고 있는 서사와 대항함으로써만 미래를 꿈꾸는 실천일 수 있음을 제시한다. 진보가 아니라 정지, 구성이 아니라 분해, 주체가 아니라 실존, 대안이 아니라 공백, 이것이 이 책에서 전개될 사유의 얼개이다. 이상의 사유가 김소진의 죽음 뒤에 재개한 종말론 사무소의 가장 시급한 안건임을 책머리에 기록해둔다.

제1부   20세기
정치사상의
임계

20세기의 보편주의와 '정치적인 것'의 개념
——'적'을 둘러싼 정치사상의 계보학

극단의 20세기

여러 의미에서 20세기는 특이한 시대였다. 홉스봄Eric Hobsbawm을 인
용하자면, 그 특이성이란 모든 영역의 사건이 모두 '극단'에 이르렀다는
사실에 있다. 문명의 자기 파괴를 초래한 과학기술, 인류나 계급의 이름
아래 삶을 하나의 이념으로 지양하려 했던 혁명, 그리고 전 지구를 상
품과 금융의 교환 질서로 변모시킨 자본주의 등, 20세기는 '근대'가 가
속도를 더해 더 이상 갈 곳 없는 지점으로 인류를 이끈 시대였다 해도
과언이 아니다. 그리하여 9·11과 3·11을 겪은 현재, 세계는 20세기의
특이성으로부터 탈각을 시도하고 있다. 과학기술의 평화적 이용이라는
순진무구한 믿음의 붕괴(원자력 사태), 보편 이념으로 추동된 혁명에 대
한 회의(사회주의 붕괴), 그리고 시장의 균형이라는 신화를 향한 회의(신
자유주의 비판) 등은 20세기가 당도한 근대 문명의 극단적인 임계점에

서 어떻게든 멀어지려는 움직임이라 할 수 있기 때문이다.

그러한 의미에서 현재는 하나의 분기점이자 반환점일지도 모른다. 임계점을 돌파하고 새로운 삶의 형식을 모색한다는 측면에서는 분기점이지만, 극단에 다다른 근대가 시대를 역행할지도 모른다는 의미에서는 반환점이라 볼 수 있는 것이다. 그러나 상황은 그리 단순하지 않다. 현재 세계는 앞으로도 뒤로도 움직일 수 없는, 다시 말해 다른 길을 택하지도 되돌아가지도 못하는 상태에 봉착한 것으로 보이기 때문이다. 1990년대 이후, 소련과 사회주의권의 붕괴로 자본주의와 자유주의는 최종 승리를 거두었다고 자랑했지만, 자본과 자유의 이념은 인류를 새로운 공생의 국면으로 이끌기는커녕 자기의 이념과 체제를 앞으로도 뒤로도 움직이지 못한 채 길을 잃은 듯 보인 지 한참이 지난 셈이다.

언제가 될지 모르지만 수요와 공급이 아름다운 균형을 유지하는 날이 올 것이라던 자본의 약속은 어지러운 금융거래 속에서 무질서한 채무의 연쇄를 통해 공황을 일상적인 사건으로 만들었다. 또한 합리적인 이성을 지니고 보편적인 규범으로 결합되어야만 하는 자유로운 주체들은 언제부턴가 전근대로부터 배양되어온 종교와 습속과 지식에 의거해 인류라는 집합체를 공허한 것으로 만들고 있다. 그래서 돌파도 퇴각도 어려운 제자리걸음 상태, 이것이 현재 눈앞에 펼쳐져 있는 상황이다. 그런 의미에서 20세기 이후의 세계는 미래에 대한 전망은커녕, 근대를 경험했다는 이유로 새로운 곤란을 끌어안은 채 근대의 임계점에서 상처투성이로 제자리걸음을 거듭하고 있다. 이런 상황 속에서 '정치적인 것'[1]은 어떻게 사념될 수 있는가, 이것이 이 글에서 검토할 문제이다.

---

1) 이 글에서 '정치적인 것'이란 제도적이고 실정적인 의미에서의 정치와 차원을 달리하는 보다

소련 붕괴 직후 조르조 아감벤은 누구보다 빨리 "우리 시대에 필요한 정치철학의 탈환"을 요청했다.[2] 그 후 '호모사케르' 연작에서 탐구된 아감벤의 정치철학에 대해 여기서 상술할 필요는 없다. 다만 그의 정치적 사유가 본격적으로 개시되는 지점에서, 도래할 정치철학의 과제가 20세기로부터의 퇴각으로 문제화되고 있다는 사실은 강조되어야만 한다. 그가 '환상과 변명'이라 표현한 '스탈린주의와 입헌주의'가 20세기의 대표적인 두 정치 체제라면, 아감벤의 도래할 정치철학은 20세기로부터 퇴각하는 한에서 탈환 가능한 것이기에 그렇다. 또한 여기서 돌파도 초극도 아니고 군이 '퇴각'으로 이 철학적 기획을 파악하는 까닭은, 그것이 20세기 정치 체제의 '지나침,' 즉 '극단화'를 반성하는 데서부터 시작하는 사유이기 때문이다.

상세한 인용과 설명은 생략하겠지만, 아감벤이 아렌트를 인용하며 인간에게는 무로부터의 창조가 아니라 "이미 있는 것으로부터 시작하는" 능력밖에 없다는 것을 끊임없이 강조하고, 기 드보르Guy Debord를 염두에 두고 "이미 있는 것의 전용轉用, détournement"을 벤야민이나 카프카Franz Kafka를 참조하면서 언급할 때, 그것은 전장에서의 퇴각과 같이 작전 문서나 무기의 뒤처리야말로 인간에게 가장 중요한 일임을 함의한다. 다시 말하자면 아감벤이 말하는 정치철학의 탈환은 20세기를 넘어

본원적인 층위를 지시한다. 근대의 정치가 주권국가, 국민, 인권, 평화, 민주주의, 독재 등 여러 가지 제도와 개념과 이념을 통해 사유되고 발화되고 실천되어왔다면, '정치적인 것'은 그러한 사유와 발화와 실천을 관통하는 인간과 인간, 인간과 자연, 인간과 세계의 지배 관계를 전유한다.
2) Giorgio Agamben, *Means without End*, Vincenzo Binetti and Cesare Casarino tran., Minnesota press, 2000. pp. 109~200〔조르조 아감벤, 『목적 없는 수단』, 김상운·양창렬 옮김, 난장, 2009, 120~121쪽〕.

서 아름답게 빛을 발하는 새로운 이념과 체제를 구축하는 것이라기보다, 20세기의 정치적 사고를 어떻게 정리하여 전용할 것인가의 문제인 것이다. 뒤에서는 이러한 문제의식을 염두에 두고 '적enemy'이라는 개념을 둘러싼 칼 슈미트, 레오 스트라우스Leo Strauss, 그리고 프로이트 Sigmund Freud의 논의를 검토한다. 이를 통해 '정치적인 것'의 재구성을 향한 20세기적 상상력의 전용 방향을 시론적으로 제시하는 것이 이 글의 목적이다.

정치냐 도덕이냐: 칼 슈미트와 레오 스트라우스

슈미트의 『정치적인 것의 개념』(1927/1932)은 당시의 상황에서 보자면 베르사유 체제와 국제연맹 질서에 대한 비판이며, 지성사적으로 보자면 이 체제와 질서의 기반이 된 18세기 이래의 다원주의 및 자유주의와 대결한 작품이라 할 수 있다. 슈미트는 이 정치적 상황과 사상적 배경을 관통하는 공통의 문제를 "정치적인 것의 회피"라고 진단한다. 그리고 이때 "정치적인 것"이란 "적과 동지의 대립"이며, 그것은 "물리적 살육의 현실적 가능성"에 근거하고 있다. 그 때문에 정치는 "조직된 정치단위 간의 무장투쟁"인 전쟁이나, "조직화된 단위 내부의 무장투쟁"인 내란을 통해 정식화되어야만 한다.[3] 즉 정치에 있어서는 "긴급사태"가 결정적인 의미를 지니는 것이다(BP 35/48). 하지만 다원주의와 자유주

---

3) Carl Schmitt, *Der Begriff des Politischen*[1932], Duncker & Humblot, 1965, p. 33[칼 슈미트, 『정치적인 것의 개념』, 김효전·정태호 옮김, 살림, 2012, 45쪽]. 이하 이 책의 인용은 본문 중에 '(BP 쪽수/번역본 쪽수)'로 표기.

의는 '인류'라는 이름 아래, 이러한 정치적인 것의 근원적인 조건을 회피하고 무화시키려 한다.

인류 일반은 전쟁을 수행할 수 없다. 왜냐하면 인류는 적어도 이 행성 상에서 적을 둘 수 없기 때문이다. 인류 개념은 적 개념과 양립할 수 없다. 적도 인간임을 포기하지 않으며, 이 점에서 어떠한 특별한 구분도 없기 때문이다. [……] 이 점에 관하여 프루동Pierre-Joseph Proudhon의 표현에 적절히 수정을 가한 다음의 말이 적합하다. 즉, "인류를 입에 담는 사람은 기만하려는" 것이다. '인류'의 이름을 걸고, 인류를 내세워, 이 말을 사물화私物化하는 것, [……] 이러한 것들의 모든 귀결은 적으로부터 인간으로서의 성질을 박탈하고, 적을 법 바깥으로, 인간성 바깥으로 몰아내고, 그것에 의해 전쟁을 극단적으로 비인간적인 것으로까지 밀고 나아가려는 무서운 주장을 표명하는 것에 다름없다. [……] 자연법적 및 자유주의-개인주의적 교양에서 인류란 보편적인, 즉 지상의 모든 인간을 포함하는 사회적 이상 구조인 것이다. 투쟁의 현실적 가능성이 배제되어, 어떠한 적과 동지의 내적 결속도 불가능해졌을 때에 비로소 현실적 존재가 되는 개개인의 상호 관계 체계야말로 인류인 것이다. 그때 이 보편적인 사회의 내부에는 정치적 단위로서의 어떠한 인민도, 뿐만 아니라 투쟁하는 어떠한 계급도, 적대하는 어떠한 집단도 더 이상 존재하지 않는다(*BP* 55~56/72~73).

인간에게 적은 없다. 이 보편적이고 이상적인 개개인 상호 간의 관계의 총체는 적대하는 집단을 구성할 수 없다. 만약 인류의 이름 아래 '물리적 살육'이 일어난다면, 살해되는 것은 이미 인간이 아니라 법의 바

같으로 추방된 비인간일 뿐이다. 이 비인간은 적이 될 수 없다. 왜냐하면 "적은 경쟁 상대라든가 상대 일반이 아니다. 또 반감을 지니고 미워하는 사적인 상대도 아니다. 적이란 단지 적어도 때로는 현실적 가능성으로서 (다른 동류의 총체와 대립하고) 항쟁하고 있는 인간의 총체"(*BP* 29/42)이기 때문이다. 그런 의미에서 인류는 "공적인 적"을 지닐 수 없으며, 현실적인 살육 가능성은 비인간에 대한 철저한 잔멸이 될 수밖에 없다. 그렇게 하여 '정치적인 것'은 자취를 감추는 것이다.

이러한 '정치적인 것'의 소멸은 필연적으로 '국가'의 존재 이유를 무의미한 것으로 전락시킨다. 국가의 존재 이유는 긴급사태의 현실적 가능성에 근거한 신민의 "보호"이기에(*BP* 53, 60/69), "국가 개념은 정치적인 것이라는 개념을 전제"(*BP* 20/31)하고 있기 때문이다. 정치적인 것을 부정하고, 모든 단체를 다원적으로 동등하게 두고자 하는 자유주의 · 다원주의의 시도는 "인간의 자연적 생명을 지배하는 [국가주권의] 힘, 모든 종류의 공동체 내지는 이익사회보다도 상위에 위치하는"(*BP* 48, 52/64) 정치적 공동체, 즉 국가의 부정으로 연결되는 것이다. 따라서 슈미트가 『정치적인 것의 개념』을 통해 옹호하려고 했던 것은 긴급사태에서의 결단을 도맡아 담당하는 결정적 단위로서의 국가이다. 그런 맥락에서 슈미트는 적과 동지의 결속과 항쟁을 요체로 하는 '정치적인 것'의 정식화를 요청한 것이다.

스트라우스는 이러한 슈미트의 시도가 "지배적인 문화 개념에 대한 비판과 밀접히 연결되어 있다"고 지적한다.[4] 그에 따르면 '문화Kultur'가

---

4) Leo Strauss, "Notes on the concept of the political"(1932), Heinrich Meire, *Carl Schmitt & Leo Strauss: The Hidden Dialogue*, Univ. of Chicago Press, 1995, p. 97. 이하 이 글의 인용은 본문 중에 '(NCP 쪽수)'로 표기.

'도야되는=경작되는kultiviert wird' 것을 항상 전제한다면, 문화란 자연으로부터 비롯된다. 그런데 당대의 지배적 문화 이해는 문화를 인간의 정신 활동으로 규정했기에(신칸트학파), 문화를 만들어내기 위한 끊임없는 자연의 '경작kultivieren'이란 계기를 제거했다. 자율적인 여러 문화 영역이란 개념은 문화가 비롯된 자연을 망각시킨 것이다. 슈미트가 정치적인 것과 국가를 옹호한 목적이 여기에 있다. 즉 그는 근대인이 자연과 마주하며 만들어낸 "가장 기계적인 기계"[5]인 국가를 문화로서 지켜내려 했던 것이다. 그리고 이때의 자연이란 홉스에 의해 정의된 자연상태, 즉 다름 아닌 "만인의 만인에 대한 투쟁"이었으며, 자연상태에서 만인이 투쟁한다면 그 자체는 이미 정치적 상태이다. 그래서 스트라우스에 의하면 슈미트의 정치적인 것의 시인은 다름 아닌 자연상태의 시인이며, 근본적인 의미에서 문화를 지속시키려는 노력이라 할 수 있다(NCP 98~99). "슈미트에게 자유주의에 대한 투쟁은 궁극의 관심사가 아니다. 〔……〕 그가 궁극적으로 말하고 싶은 것은 인간 세계의 질서인 것이다"(NCP 118). 여기서 말하는 인간 세계의 질서란 이미 언제나 정치적인 자연으로부터 비롯된 문화이며, 이 정치적인 것을 근원으로 삼는 문화를 통해 슈미트는 당대의 지배적 문화 이해를 분쇄하려 했던 셈이다.

하지만 스트라우스는 여기에서 슈미트가 드러낼 수밖에 없었던 한계를 지적한다. 자유주의 비판을 통해 궁극적인 인간계의 질서를 구축하고 수호하려 했던 슈미트는 정치적인 것, 즉 결정적인 단위 간의 항쟁을

---

5) Carl Schmitt, "The state as mechanism in Hobbes and Descartes"[1937], *The Leviathan in the State Theory of Thomas Hobbes*, George Schwab et al. trans., Green Wood Press, 1996, pp. 91~103 참조.

그 질서의 근저에 위치시켰다. 이때 슈미트의 관심은 항쟁이 무엇을 둘러싸고 일어나는지가 아니라 항쟁 그 자체이다. 중요한 것은 항쟁에서의 '물리적 살육의 가능성'뿐이다. "정치적인 것을 그 자체로서 시인하는 자는 싸우려는 것을 모두 존경한다. 그는 자유주의자와 똑같은 정도로 관용적이다. 다만 전혀 반대의 의도에서 비롯된 것이지만"(NCP 117). 때문에 이 싸움이 어떠한 이상과 이념에 근거하여 일어나는가는 슈미트의 관심 밖으로 밀려난다. 오히려 어떤 이상과 이념이 좋은 평을 얻자마자, 슈미트는 정치적인 것의 소멸을 감지한다. 왜냐하면 그러한 이상이나 이념이 도달하는 곳은 궁극적으로 '인류'와 같은 보편타당한 가치와 체계일 뿐이기에 그렇다. 그래서 슈미트는 도덕적 판단을 정치적인 것으로부터 내쫓는다. 스트라우스는 이 슈미트의 태도를 "도덕적 판단의 은폐"라고 지적한다(NCP 116). 왜냐하면 자유주의가 모든 인간의 입장을 다원적으로 승인하는 것이라면, 정치적인 항쟁에서 쌍방의 주장을 동등하게 인정하는 슈미트는 자유주의와 같은 지반을 공유하고 있기 때문이다. 즉, 현실적인 항쟁상태에 있다면 어느 집단의 이념이나 이상도 용인한다는 슈미트의 입장은 "부호를 반대로 한 자유주의"(NCP 117)인 것이다.

스트라우스에 의하면, 슈미트의 자유주의 비판의 한계는 바로 자유주의와 공유하고 있는 이 지반이다. 이 한계는 슈미트가 『정치적인 것의 개념』에서 의도적으로 자신의 도덕적 판단을 은폐했기 때문에 발생한 것이라고 스트라우스는 지적한다. 물론 그의 도덕적 판단이 어떤 이데올로기나 가치의 내용을 말하는 것은 아니다. 슈미트의 도덕적 판단이란 문화나 인간의 질서가 위협받는 것에 대한 비판, 즉 정치적인 것의 시인 그 자체이기 때문이다. 그래서 슈미트에게는 도덕적 판단이 없다고 간주되어왔다. 하지만 스트라우스는 슈미트에게 도덕적 판단이 없는 것이 아니라 은폐되었다고 말한다. 슈미트의 '정치적인 것'을 둘러싼 기획이 자연과 문화의 지속적인 변증법적 지양을 수호하는 특정한 지향을 갖는 한, 이는 근원적으로 무엇이 올바른가라는 도덕적 판단에 지나지 않기 때문이다(NCP 113). 스트라우스는 이러한 근원적인 도덕적 판단을 도덕적 판단으로서 주장하지 않는 데에서 슈미트의 한계를 간파했다. 스트라우스가 보기에 정치적인 것의 시인은 '올바른 삶'에 대해 도덕적 판단을 내리는 것이었기 때문이다.

따라서 슈미트에게 국가 존립의 전제였던 정치적인 것은 스트라우스에게는 무엇이 올바른가라는 근원적인 도덕적 판단이다. 그것은 "인간의 올바른 삶" 위에 "사회의 질서"를 기초 짓는 일이며, 스트라우스가 홉스를 통해 발견한 "죽음의 공포"라는 새로운 도덕적 기초는 항쟁의 현실적 가능성을 시인하는 것과 같은 일이었다. 이렇게 슈미트의 '정치적인 것'의 사유를 도덕적 측면으로 이행시켜 이해하는 일은, 슈미트의 기획을 법과 국가가 아닌 개인의 측면에서 기초 지으려는 시도였다고 할 수 있다. "슈미트에 의해 착수된 자유주의 비판은 자유주의 저편의 지평이 획득되었을 때 비로소 완성될 수 있기"(NCP 119) 때문에, 모든 가치판단이나 삶의 형식을 승인하는 자유주의는 하나의 근본적인 도덕적 판단에 의해 불식되어야만 한다. 스트라우스는 그것을 홉스 해석에서 도출한다. 즉 그는 개인의 "도리에 맞는 마음가짐"을 인간 세계의 질서를 위한 기초로 삼음으로써 이 문제를 해결코자 한 것이다.

적의 두 가지 형상: 외부의 적과 내면의 적

이렇게 슈미트의 정치적인 것의 시인과 국가의 옹호는, 스트라우스에 의해 개인으로부터의 도덕적인 기초 짓기 속에 치환된다. 그래서 스트라우스는 결론 조로 말한다. "인간의 위험성을 이렇게 시인하는 것은 정치적인 의미를 지니는 것이 아니라 단지 규범적·도덕적 의미를 지닌다"(NCP 107). 이러한 슈미트와 스트라우스의 공통된 관심과 상이한 진단은, 법학자와 정치철학자 사이에 가로놓인 앎의 목적과 방법에서 비롯된 것이라 할 수 있다. 자유주의·개인주의·다원주의에 대한 비판이란 공통의 과제를 앞에 두고, 슈미트는 인간학적 언설을 피해 국가주권과 법이 존립하는 형식에 초점을 둔 반면, 스트라우스는 인간의 위험성을 직시하고 올바른 생과 질서를 구성시킨 개인의 마음가짐에 관심을 두었기 때문이다.

여기서 슈미트와 스트라우스는 모두 자기 이론의 근거로서 홉스에 대한 해석, 특히 자연상태에 대한 해석을 기반으로 삼는다. 슈미트는 만인의 만인에 대한 투쟁을 국가 간의 상태로서 간주하지만, 스트라우스는 이 투쟁을 개개인 간의 문제로서 파악하고 근원적인 인간 이해로 연결시키는 것이다. 슈미트에 의하면 근대 유럽의 주권국가 체제에서 적과 동지의 구분은 정치적 의미를 지니며 유럽 공법jus publicum Europaeum의 존립을 보장하는 것이었다. 하지만 스트라우스에 의하면 전통·초월·법칙성으로부터 독립한 근대에 정치적인 것의 의미는 인간이 죽음에 대한 공포를 양심과 동일시하여 고백하는 것이다. 즉 전자에게 자연상태는 국가의 존립이 근거하는 예외상태Ausnahmezustand이며, 후자에게 자연상태는 인간의 올바른 삶을 질서 짓는 인간의 본성인 것이다.

따라서 슈미트에 의하면 적은 예외상태의 현실적 가능성을 담보하는 법적 개념이다. 그것은 법의 바깥에 있는 것이 아니며, 다른 법적 체계에 속하는 것도 아니다. 그것은 어디까지나 법 안에서, 법의 정상상태를 근거하는 예외상태와 함께 전제된다. 적은 항상 동일한 시공간 안에 나타나지 않으면 안 되는 것이다. 하지만 스트라우스에 의하면 적은 개인 안에 잠재성으로서 숨어 있다. 자연상태가 인간의 본성을 가리키는 한, 인간의 적은 인간 그 자체이다. 인간은 만인에 대해 적이 될 수 있다. 여기에서 중요한 것은 인간이 타인뿐만 아니라 자기 자신에게도 적이 된다는 것이다. 왜냐하면 개개인이 자기 자신이 욕망하는 대로 어떠한 방해도 없이 행동할 수 있는 자연상태에서는, 자기 자신이 살고자 하는 의지 자체가 스스로를 위험한 상태로 빠뜨릴 수 있기 때문이다. 그러므로 슈미트에게 적은 항쟁상태에 있는 집단이라는 정치적 실존으로서, 스트라우스에게 적은 인간의 위험성이란 도덕적 기초로서, 각각의 체계를 근저에서 지탱한다. 그리고 이 두 가지 적의 양태는 홉스의 정치론에서 다음과 같이 확인될 수 있다.

"우리의 안전을 보장하기에 충분한 인간 집단multitude은 어떤 정해진 수에 의해 결정되는 것이 아니라, 단지 우리가 두려워하는 적과의 비교에 의해서만 결정된다."[6] 각각의 안전을 지키기 위한 국가의 규모는 그자신에 의해서가 아니라 적과의 비교에 의해서만 결정될 수 있다. 국가는 단순히 개개인의 자연권을 양도해서 성립되는 것이 아니다. 국가는

---

6) Thomas Hobbes, *Leviathan*(1651), XVII-1, Oxford, p. 112〔토머스 홉스, 『리바이어던 1』, 진석용 옮김, 나남출판, 2008, 228쪽〕. 이하 이 책의 인용은 본문 중에 '(*Leviathan* 장-단락 수, 쪽수/번역본 권수, 쪽수)'로 표기.

눈앞에 다가온 적이 있어야만 생성되고, 그 적의 규모에 의해서만 크기가 결정된다. 그렇게 국가 간의 힘의 균형은 사념되는 것이다. 따라서 슈미트의 정치적인 것은 적을 전제로 하는 동지의 형성 원리라 할 수 있다. 전쟁의 담당자인 근대의 주권국가는 적의 강대함에 맞선 균형상태를 위해 생성된 것이며, 그런 한에서 국외와 국내의 평화는 달성될 수 있다. 그 때문에 적은 국가를 생성시키고, 국가에 대한 것으로서만 의미를 지닌다. "사적인 개인Privatmann에게는 정치상의 적이 없는"(*BP* 52/69) 것이다.

한편 스트라우스의 잠재성으로의 '적'은 전쟁의 기억과 관련되어 사념된다. 홉스가 정치론의 고유 원리는 "경험에 의해 충분히 기초 지어져 있다"고 말할 때, 그 경험이란 17세기 당시의 잉글랜드내전을 가리킨다. 이 내전의 경험은 인간의 올바른 삶과 사회의 질서를 위해 기초를 부여해주는 것이다. "충성과 정의를 위해서는, 한 전쟁의 기억 이상으로 교훈을 주는 것은 없다."[7] 그리고 국가주권에 문제를 제기하거나 그 근거에 회의를 나타내는 것에 대해 홉스는 다음과 같이 대답한다. "〔주권자의 권력에 대한〕 최대의 반대는 언제, 어디에서 그러한 권력을 신민이 승인했는가를 사람들이 물을 때 등장한다. 그러나 되물어야 한다. 언제, 어디에 찬탈과 내전으로부터 오랫동안 자유로웠던 왕국이 있었는가라고. 대외 전쟁 이외에 파괴된 적 없이 오랫동안 영속했던 나라들에서, 신민은 주권자의 권력에 대해 추궁한 적이 없었다. 하지만 최악의 상태에 빠진 적도 없고, 국가 생성의 원인을 심려한 적도 없고, 그러한

---

7) 이상의 인용문은, Thomas Hobbes, *Behemoth or the Long Parliament*〔1668〕, Ferdinand Tönnies ed.〔1889〕, The Univ. of Chicago Press, 1990의 헌사.

무지로부터 매일의 비참한 고통을 맛본 적 없는, 그러한 인간의 행위로부터 비롯된 추궁은 무효하다"(*Leviathan* XX-19, 139/1권, 277).

이러한 전쟁의 기억은 말의 바른 효용으로부터 도출되어야만 한다. "[말에 의해] 사람들은 사고를 기록하고, 후에 상기하며, 서로의 이익과 교류를 위해 공표한다. 말 없이는, 사자나 곰이나 늑대와 마찬가지로, 사람들 사이에 국가도 사회도 계약도 평화도 존재하지 않는다"(*Leviathan* IV-1, 20/1권, 50). 기억을 붙들고 사고를 기록하고 공표하는 언어에 의해 국가는 기초를 획득한다. 그리고 이 언어야말로 적을 도야하는 수단이다. "자연 속에서 사는 피조물들은 이나 뿔이나 손으로 적을 응징하려고 한다. 마찬가지로 혀로 적을 괴롭히는 경우도 있지만, 적을 통치하는 경우에 이 행위는 [……] 응징이 아니라 교정과 시정이다"(*Leviathan* IV-4, 21/1권, 53). 전쟁의 기억을 말하는 언어는 이렇게 인간의 위험성이라는 적을 도야시킨다. 이 언어에 의한 인간 상호 간의, 그리고 그 자신의 교정과 시정에 의해 인간의 올바른 삶과 사회의 질서가 가능해지는 것이다.

적의 크기에 비례하여 국가를 구성함으로써, 또한 자기 안의 적을 기억과 언어를 통해 도야함으로써, 근대의 정치적 기획은 개인의 안전을 보장하게 된다. 이를 거꾸로 보면 눈앞에 적이 현전하지 않는다면, 혹은 적을 자신 안에서 발견하지 못한다면 이 정치적 기획은 무너지고 만다. 하지만 슈미트와 스트라우스가 보기에 이런 근대의 정치적 기획은 당대에 위기에 직면했다. 스트라우스의 지적대로 당대 부르주아의 지배적인 문화에 대한 사고는 정치적 사고에서 적을 말소시켰다. 그래서 슈미트와 스트라우스는 적을 중심에 두고 '정치적인 것'을 20세기의 '보편화'에 대항하는 정치적이며 도덕적인 원리로서 대치시킨 것이다.

이 '보편화' 속에서 적은 '어떻게' 소실되었을까? 바꾸어 말하면 '적'이나 '위협'을 어떻게 처리했을까? 이 소실과 처리의 과정은 슈미트 및 스트라우스와 동시대를 산 고뇌에 가득 찬 위대한 사상가에 의해 서사화된다. 그 위대한 사상가를 살펴봄으로써 적이 보편적인 전 지구적 질서와 근대 합리주의 속에서 모습을 감췄다기보다, 역사-지리적 공간 속으로 쫓겨나 변용을 강제당했다는 점이 밝혀질 것이다. 그 위대한 사상가란 다름 아닌 프로이트다. 프로이트에 의한 이 변용을 검토하면서, 20세기의 보편주의 속에서 적이 어떻게 소실되는가를 확인해보자.

두 개의 근대: 홉스와 로크 사이에서

지금까지 살펴본 것처럼 슈미트와 스트라우스는 홉스를 근거로 하여 하나의 정치적 기획을 제시한다. 그 안에서 적은 현전하거나 잠재하면서 이 정치적 기획을 근저에서 지탱했다. 그런데 그들이 이러한 정치적 기획을 20세기 초에 제시한 까닭은, 홉스 이후의 서구 정치사상의 주된 흐름이 적이나 전쟁을 인간 세계로부터 말소하려는 보편주의의 방향을 택했다는 판단 때문이었다. 일례로 로크는 자연상태를 다음과 같이 정의한다.[8]

〔자연상태는〕 완전히 자유로운 상태이며 〔……〕 평등의 상태이기도

---

8) 이 논의와 관련해서는, 김항, 「국가, 전쟁, 노마드」, 『말하는 입과 먹는 입』, 새물결, 2009 참조.

하다. 하지만 방종의 상태는 아니다. [······] 자연상태에는 이를 지배하는 하나의 자연법이 있고, 어느 누구도 그것에 따르지 않으면 안 된다. [······] 그렇게 만인이 타인의 권리를 침해하거나 서로 상처주거나 하는 것이 억지되어 평화와 전 인류의 존속을 목적으로 하는 자연법이 지켜지는 것처럼, 자연법의 집행은 각각의 사람에 위탁된다. 이렇게 하여 법의 위반이나 침해를 방지하기 위해 처벌하는 권리를 각각의 사람이 갖는 것이다. [······] [이 권리는] 죄인을 처분할 때 자신의 격렬한 감정이나 법 바깥의 엉터리 같은 짓에 의거하는 따위의 절대적이고 자의적인 권력이 아니다. [······] 자연법을 범함으로써 위반자는 신이 인간의 상호적 안전을 위해 그들의 행위에 가한 제한인 이성과 일반적 균형의 규칙이 아닌 다른 규칙에 따라 살겠다고 스스로 선언한다. [······] 그는 인류에게 위험한 존재가 된다.[9]

이 자연법의 위반자야말로 전쟁을 일으키는 늑대나 사자이다.

전쟁상태는 적의와 파괴의 상태다. [······] 사람이 자기에게 싸움을 걸거나 적의를 나타낸 자를 파괴해도 좋은 것은 그가 늑대나 사자를 죽여도 되는 것과 같은 이유에서이다. 왜냐하면 이러한 사람들은 이성의 보통법의 구속 아래에 있는 것이 아니라 단지 폭력의 법칙을 알 뿐이며, 따라서 맹수, 즉 만약 그가 그 손에 걸려들면 반드시 죽임을 당하기 마련인 위험하고 유해한 동물로 취급되어도 어쩔 수 없기 때문이다(*STG* III-16,

---

9) John Locke, *Second Treatise of Government*[1690], Prometheus Books, 1986, II-4~8, pp. 8~11[존 로크, 『통치론』, 강정인·문지영 옮김, 까치, 1996, 11~15쪽]. 이하 이 책의 인용은 본문 중에 '(*STG* 장-단락 수, 쪽수/번역본 쪽수)'로 표시.

1장 20세기의 보편주의와 '정치적인 것'의 개념 51

15/23).

로크의 자연상태는 홉스의 그것과 달리 자연법이 지배하고 있는 상태다. 홉스에 의하면, "자연의 모든 법은 〔······〕 완전한 자연상태에서는 원래 법이 아니라 사람들을 평화와 순응으로 행하게 하는 성질들"(*Leviathan* XXVI-39, 203/1권, 350)이지만, 로크에게 자연법은 처벌 권리를 개개인에게 부여하는 실질적인 것이다. 주의해야 할 것은 이 처벌 권리가 '범법자criminal'에 대한 처벌을 지시한다기보다는, 분쟁을 일으킨 존재를 즉각적으로 법 바깥에 있는 자로, 곧 '무법자outlaw'로 간주할 권리를 지시한다는 사실이다. 타인에게 위해를 가하여 전쟁을 일으키는 자는 법 바깥으로 추방된다. 이 위반자는 이미 인간이 아니고 위험하고 유해한 맹수인 것이다. 이미 살펴본 바와 같이, 이런 논리는 슈미트가 논박한 바 있는 "인류를 입에 담는 일"이다. 로크에게 '적'은 인류 바깥으로, 법 바깥으로 추방되어 보편적인 이성이 명하는 바에 따라 죽임을 당할 수밖에 없기 때문이다. 그런 의미에서 로크에게는 슈미트가 말하는 적이 없다.

또한 자연법에 의해 평화와 존속을 명령받은 인간은 자기 안에 위험성을 발견할 필요가 없다. 왜냐하면 인간에게 "타인을 사랑하는 것은 자신을 사랑하는 것과 같이 의무"(*STG* II-5, 9/12)이기 때문이다. 이 상호애相互愛의 의무 속에서 인간은 위험한 존재가 아니다. 인간이 이 의무를 준수하지 않을 때, 그/그녀는 이미 인간이 아닌 짐승이며 죽임을 당해도 된다. 인간은 절대로 위험한 존재가 될 수 없고, 위험한 존재가 되면 곧바로 비인간이 되는 것이다. 그래서 로크의 세계에는 슈미트의 적이 없고, 로크의 인간에게는 스트라우스가 말한 내면의 적이 살지 않는다.

이렇듯 이미 로크의 단계에서는 슈미트와 스트라우스적 의미의 '적'은 사유에서 말소된다. 그런 적은 법 바깥으로, 인간 바깥으로 추방되어 비인간으로 정의되기 때문이다. 이런 맥락에서 스트라우스는 로크로 대변되는 홉스 이후의 정치적 사유를 비판했다. "[홉스 이후의] 사상가들은 자연상태를 몽상하거나, 혹은 그들이 주장하는 역사나 인간의 본질에 대한 더 깊은 통찰에 근거하여 자연상태를 망각해버렸다"(NCP 101).

반복하지만 슈미트와 스트라우스는 이러한 망각에서 탈각하기 위해서 홉스의 사유를 이후 전개된 자유주의의 계보에서 분리시키려 했다. 이런 기획의 배경에 제1차 세계대전에서의 독일의 패배와 이후 성립한 바이마르 체제가 있다는 것은 말할 필요도 없다. 이 배경 아래 국제연맹 주도로 실현되려던 전쟁의 위법화[10]와 자유주의·다원주의적 질서의 확립은 적의 현전과 잠재성을 법과 인간성의 외부로 밀어냈던 것이다. 하지만 슈미트와 스트라우스에게 근대적인 질서는 적의 존재 없이는 성립할 수 없는 것이었다. 슈미트에게는 "올바른 적justus hostis"과의 대결에 전쟁을 한정시키는 유럽 공법 체제가, 스트라우스에게는 자신의 위험과 마주하는 것에 의해 문화를 연속시키는 새로운 도덕이 각각 홉스를 발단으로 하는 근대적인 정치-도덕 질서의 요체였기 때문이다.

여기서 문제는 과연 실제 세계 속에서 슈미트나 스트라우스가 말하

---

10) 국제연맹 주도로 1928년에 체결되어 1929년에 효력을 가진 '파리부전조약,' 즉 '켈로그-브리앙조약Kellogg-Briand Pact'이 이런 흐름을 상징적으로 보여준다. 이 조약은 분쟁 해결 수단으로서의 전쟁을 불법화하여 주권국가의 교전권을 제한했다. 이는 개별 국가를 넘어선 보편 질서 구상을 실현시킨 것으로, 슈미트는 이에 대해 강력한 이의를 제기했다.

는 적이 소멸되었는가 하는 물음이 아니다. 실제 세계를 대상으로 하는 담론은 개별자의 판단과 역사적 국면에 따라 결정되기 마련이기 때문이다. 따라서 여기서 문제 삼고자 하는 것은 사유의 기획 차원에서 슈미트나 스트라우스의 적이 소멸되었는가 하는 점이다. 이미 살펴봤듯이 로크로부터 이어지는 자유주의와 다원주의의 근대 기획 속에서 적은 비인간의 형상으로 추방당했다.[11] 또한 두 차례의 세계대전을 거치면서 슈미트와 스트라우스가 아무리 저항하려 했어도, 로크적 패러다임이 정치사상과 국제정치학에서 큰 영향력을 행사한 것도 사실이다.[12] 하지만 전체주의를 경험한 20세기의 사유는 근대의 발자취를 단순히 홉스적 세계에서 로크적 세계로의 '진보'로 파악할 수만은 없었다. 인류의 진보를 가능케 한 과학기술적 합리성이 새로운 야만으로 전락했다는 '계몽의 변증법'이나, 프랑스혁명이 잉태한 보편 인권과 국민국가의 원리가 전체주의의 씨앗이 되었다는 '근대의 역설'은 홉스에서 로크로 이르는 길이 평탄한 진보라는 믿음을 줄 수 없었기 때문이다.[13]

따라서 슈미트와 스트라우스가 추출한 홉스의 '근대'와 로크의 '근대' 사이에는 모종의 비약이 있다. 두 세계 사이를 '진보'라는 매끄러운

---

11) 이는 고대 로마 시대로부터 이어져 내려오는 법적 패러다임의 계승이라고도 해석할 수 있다. '만인의 적'이라 낙인찍혀 인류의 울타리 바깥에 거주하는 비인간의 형상으로 표상되었던 '해적'의 패러다임이 그것이다. 이에 관해서는 Daniel Heller-Roazen, *Enemy of All: Piracy and the Law of Nations*, Zone Books, 2009 참조.

12) 케이건Robert Kagan이 2003년 이라크 침공에 즈음하여 이른바 '신보수주의neo-conservatism'의 매니페스토적 글에서 "홉스적 세계와 칸트적 세계의 대립"이란 표현으로 국제연합을 중시해온 자유주의/보편주의/이상주의를 비판한 것도 이런 맥락 속에서 이해할 수 있다. Robert Kagan, "Power and weakness," *Policy Review* no. 113, 2002(http://www.hoover.org/research/power-and-weakness).

13) 막스 호르크하이머·테오도어 아도르노, 『계몽의 변증법』, 김유동 외 옮김, 문학과지성사, 2001; 한나 아렌트, 『전체주의의 기원 1·2』, 이진우 외 옮김, 한길사, 2006 참조.

개념으로 단순히 이을 수는 없는 것이다. 이를 지금까지의 맥락을 염두에 두고 바꿔 말해보자면, 적은 그렇게 손쉽게 법이나 인류 바깥으로 추방될 수 있는 존재가 아니라고 할 수 있다. 로크는 전쟁을 일으킬 수 있는 인간의 위험성을 세계 바깥으로 추방하는 것이 도덕적이고 자연법적인 준칙이며, 그것은 신에게서 유래하는 보편 이성의 명령이라 말했다. 그러나 로크와 같이 초월적 신으로부터 비롯된 보편 이성이라는 '데우스 엑스 마키나'를 등장시킴으로써 적을 소멸시킬 수는 없다. 18세기 이래의 계몽주의가 신을 비롯한 온갖 형이상학적 전제를 일소하고 어디까지나 인간의 역사와 사회에서 도덕과 정치의 기초를 마련하려 했기에, 적의 소멸은 철저히 인간 세계 속에서의 어떤 계기를 최종심급으로 삼아 정당화될 수 있기 때문이다. 이를 위해 인간 세계의 계몽이나 진보를 매끄럽고 눈부신 인간의 성과로 내세우는 것은 불가능하다. 20세기에 계몽이 야만으로, 보편이 전체주의로 전락하는 변증법을 목도했기에 그렇다. 다시 말해 슈미트와 스트라우스가 사회질서의 근간으로 삼으려 했던 적은 단순히 계몽과 진보의 기획으로 말소될 수 없는 것이다.

따라서 로크적 근대를 정당화하기 위해서는 적의 소멸을 '데우스 엑스 마키나' 없이, 또한 계몽과 진보에 대한 순진한 믿음 없이 사유하는 기획이 요청된다. 이 기획을 실천에 옮긴 이가 다름 아닌 프로이트이다. "계몽주의의 적자"[14]인 프로이트는 적을 인간 역사의 시원에서 살해된

---

14) Peter Gay, *A Godless Jew: Freud, Atheism, and the Making of Psychoanalysis*, Hebrew Union College Press, 1987, p. 41. 또한 계몽주의가 순진한 이성 신앙이라기보다, 인간의 비이성적인 위험성과의 대결 속에서 사고를 형성했다는 것에 대해서는 Peter Gay, *The Enlightenment*, Norton, 1977[피터 게이, 『계몽주의의 기원』, 주명철 옮김, 민음사, 1998]; "The enlightenment in the history of political theory," *Political Science*

것으로 자리매김하고, 이 원천적 살해를 이후 인간 문명의 종교·도덕·문화의 기원으로 삼는다. 이러한 프로이트의 작업을 통해 적은 단순히 추방당하는 것이 아니라, 보편적인 전 지구적 질서와 근대 합리주의 아래에서 변용을 겪는다. 여기에 이르러 스트라우스가 주장하는 인간의 위험한 본성에 대한 승인은 원천적 살해 행위에 대한 속죄로서 변용되어, 인간 정신의 정상적인 발달과 인간 문화의 이성적 진보의 증거가 된다. 즉 개개의 인간 실존을 습격하는 '외부의 적'과 스스로를 파멸로 이끄는 인간의 '내면의 적'은, 프로이트에 의해 역사와 진보의 이야기 속에 제자리를 발견하는 것이다. 그리고 이 자리는 전 지구를 진보의 시간 축에 따라서 서열화시키는 식민주의와의 관계 속에서 지정학적으로 배치된다. 이제 프로이트의 작업을 확인하면서 '적'이 어떻게 변용되는지를 살펴볼 차례이다.

적의 변용: 전 지구적 질서와 근대 합리주의

다시 한 번 홉스를 상기해보자. 홉스에게 주권국가의 크기는 적의 강대함과 비례한다. 주권국가는 적의 힘에 맞추어 자신의 구체적 실존을 획득하는 것이다. 하지만 주권국가가 생성하기 전에 현전하는 이 적은 대체 누구의 적일까. 적 이전에 국가가 생성할 수 없다면, 적은 반드

Quarterly Vol. 69 no. 3, 1954, pp. 374~389 참조. 또 18세기 계몽주의의 경제적 사고가 인간의 파괴적 열정을 부인한 것이 아니라 이용하려는 발상에서 성립되었다는 것을 논증한 것으로서 Albert O. Hirschman, *The Passions and the Interests: Political Arguments for Capitalism before Its Triumph*[1977], Princeton UP, 1997 참조.

시 국가 생성 전에 현전하지 않으면 안 된다. 그런 한 이 적은 국가 성립 이전의 개별 생명에 대한 적일 수밖에 없다. "누군가가 작물을 심고, 씨를 뿌리고, 집을 짓고, 쾌적한 거처를 마련하면, 다른 이들이 힘을 합쳐 찾아와 그 노동의 성과뿐 아니라 생명과 자유까지 빼앗게 될 것이다" (*Leviathan* XIII-3, 83/1권, 170).

즉 적은 언제나 국가 이전의 인간 실존에 대한 적이며, 항상 그것보다 크고 강력하다. 슈미트가 홉스에 의거하여 각성시킨 근대의 정치적 기획은 이 실존이 절대로 대등하게 맞서 대적할 수 없는 적에 근거한다. 이 적과 인간 실존의 비대칭성은 유럽 공법이 몰락하고 적이 범죄자화해도 변하지 않는다. 한정 전쟁이든 잔멸 전쟁이든 적 앞에서 인간 실존은 무력할 수밖에 없다. 즉 이 정치적 기획에서 인간 실존은 이미 방어 수단을 빼앗긴 채 폭력에 노출된 상태로 눈앞에 다가온 강대한 적과 대치한다. 그런 의미에서 슈미트의 적은 소멸하지 않는다. 적은 항상 도처에서 각각의 인간 실존보다 강대한 것으로서 현전한다. 그 때문에 각각의 인간 실존은 항상 강대한 폭력과 위협에 드러난 '벌거벗은 생명bare life'이 될 수밖에 없는 것이다.

그리고 이 적과의 비대칭적인 힘의 차이는 인간이 갓 태어난 상태, 즉 아기의 상태를 원풍경으로 한다. "만약 계약이 없으면, 지배는 어머니에게 있다. 왜냐하면 혼인에 관한 법률이 없는 완벽한 자연상태에서 누가 아버지인가는 어머니에 의해 선언되지 않는 한 알 수 없기 때문이다" (*Leviathan* XX-5, 20/1권, 267). 여기서 홉스는 자연적인 지배 형태로 인식되어온 부권조차도 계약에 근거한 것이라 주장하고 있다(모권의 자연성·근원성을 둘러싼 주제는 일단 보류해두자[15]). 하지만 중요한 것은 어머니와 아버지의 계약에 의해 부권이 확립되었다는 홉스의 지적보다는, 부권의 기초가 되는 어머니의 선언이 아버지의 습격에서 비롯된다는 사실이다. 즉 어머니가 자기의 아이를 아버지의 지배 아래 내맡기는 것은, 아기에게 위해를 가할 수 있는 강대한 아버지의 현전과 습격 때문인 것이다.[16] 아렌트가 말하듯 "인간의 탄생이 단순한 자연적인 사건이 아니라, 한 사람의 인간이 특수하고 유일하며 반복 불가능한 실재로서 나타나는 세계와 관계하는 한,"[17] 인간은 스스로를 죽일 수 있는 강대한 힘을 지닌 자에게 종속하는 형식으로 생명을 부여받는다. 따라서 최초의 적은 강대한 아버지이다.[18] 그리고 이 적의 살해를 통해 인간 문화는 생성된다.[19]

어느 날, 추방된 형제들이 연합하여 아버지를 죽여 먹어버리고 거기

---

15) 이 주제에 관해서는 Gina Victoria Shaffer, "The missing wives of *Leviathan*," *The Seventeenth Century* Vol. 19 no. 1, 2004; Wendy Gunther-Canada, "Catharine Macaulay on the paradox of paternal authority in Hobbesian Politics," *Hypatia* Vol. 21 no. 2, 2006, pp. 150~173 참조.

16) 로크는 아기가 이러한 위기 상황 속에서 태어나는 것을 부정하기 위해, 아기를 구체적인 가족이 아니라 사회 속에서 태어나는 자로서 추상화한다. Margaret J. M. Ezell, "John Locke's images of childhood: Early eighteenth century response to some thoughts concerning education," *Eighteenth-Century Studies*, Vol. 14 no. 2, 1983~1984, pp. 139~155 참조.

17) Hanna Arendt, *The Human Condition*[1958], The Univ. of Chicago Press, 1998, pp. 96~97[한나 아렌트, 『인간의 조건』, 이진우·태정호 옮김, 한길사, 1996, 152쪽].

18) Gil Anidjar, *The Jew, the Arab: A History of the Enemy*, Stanford UP, 2003, p. 82. 여기에서 아니자르는 프로이트가 아버지의 살해로부터 기인된 죄의식과 공포의 전이라는 정신분석을 통해 서양 사상사 중에서 가장 적의 역사에 근접한 인물이었다고 주장한다.

19) 프로이트의 계몽 기획은 칸트의 정언명령을 세속적인 인간 역사 속에 정위하는 것이었다. 즉 신이나 이성에 의한 초월적 명령이 아니라, 역사적으로 인류 스스로의 행위에 근거한 문명의 기초야말로 개인의 정신병이나 인류의 문명 파괴적인 충동을 막을 수 있는 계몽의 보루였던 것이다. Michael Mack, "Freud's other enlightenment: Turning the tables on Kant," *New German Critique* no. 85, 2002, pp. 3~31 참조.

서 아버지 혈족에 종지부를 찍는다. 그들은 단결하여 개개의 인간에게 불가능했던 것을 감행하여 그것을 실현했던 것이다. 〔……〕 확실히 폭력적인 원부原父는 형제 집단의 모두에게 선망의 대상이며 두려운 규범이었다. 거기에서 그들은 원부를 전부 먹어 치우는 행위를 통해 아버지와의 일체화를 수행하고, 각각이 아버지의 강력함의 일부를 자신의 것으로 만든다. 인류 최초의 축제일지 모르는 토템 향연이란 이 중대한 범죄 행위의 반복이며 기념제일 것이다. 그리고 이 행위와 함께 사회적 조직, 도덕적 제약, 종교 등 많은 것이 시작된다.[20]

최초의 적은 아버지였다. 자신을 초월하는 절대자로부터 해방된 수평적인 인간 문화는 이 적의 제거에 의해 시작된다. 그리고 이 행위를 반복하지 않기 위하여 제도가 성립한다. 즉 인간 문화는 살해된 적에 대한 애도 작업에 기초한 것이다. 그리고 이 부재하는 적은 역사의 기원에 자리하지만, 그 기원 안에서 인간의 위험성은 이미 순화된다. 왜냐하면 인간 문화가 아버지 살해를 반복하지 않는다는 약속에 근거하고 있다면, 문화는 기원에서 이미 인간의 위험한 본성을 포기한 대가이기 때문이다. 이 포기로 인해 그 이후 인간 문화에서 금지나 명령은 준수되어야만 한다. 이에 대한 위반 행위는 외면적으로는 범죄로서, 내면적으로는 이상한 정신으로서 각각 '교정'의 대상이 된다. 따라서 인간 문화의 도덕적이고 정치적인 기초는 그 자신의 위험성과 항상 마주하면서 도야하는 데 있는 것이 아니라, 위험한 행위를 하지 않는다는 최초의 약속

---

20) Sigmund Freud, *Gesammelte Werke 9*(*Totem und Tabu*〔1913〕), Fischer Verlag, p. 171〔지그문트 프로이트, 『토템과 터부』, 『종교의 기원』, 이윤기 옮김, 열린책들, 2004, 215 쪽〕.

의 준수에 있는 것이다. 이때 약속을 준수하게 하는 것은 살해된 아버지, 즉 부재하는 적에 대한 사랑과 증오의 감정이다. 이 감정이 토템이나 교리나 정언명령으로서 인간 문화를 형성해왔던 것이다.

프로이트는 이렇게 '데우스 엑스 마키나'나 '계몽과 진보에 대한 순진한 믿음' 없이 적이 세계 저편으로 사라진 인간 문화를 정당화한다. 여기서 적은 눈앞에 현전하거나 내면에 숨어 있지 않지만 사라지지도 않는다. 적은 부재하면서 그 강대한 힘을 그대로 유지한다. 그것은 항시 현전하여 마주하는 것은 아니지만, 항상 커다란 힘으로 남아 도덕적 기초가 된다. 그런 의미에서 프로이트가 사념하는 보편적인 전 지구적 질서와 근대 합리주의에서 적은 사라진 것이 아니다. 슈미트와 스트라우스에 의해 각성된 근대의 정치적 기획은 그들이 비판한 다원주의·자유주의의 질서 안에서 양태를 바꾸어 존속한다. 그리고 프로이트의 기획 속에서 이렇게 변용된 적의 거처는 식민주의와 착종된 지정학적 시공간에 마련된다.

로크는 이미 이를 암시한 바 있다. "전 세계는 처음에는 아메리카와 같은 상태였다"(*STG* V-49, 30/50). 이렇게 로크에게 아메리카는 전 세계의 기원이다. 로크로부터 기원하는 근대의 합리주의적 정치사상에서 지구상의 공간은 이렇듯 시간적인 서열로 사고된다. 공간적으로는 수평적 지평 속에 동시적으로 공존하는 유럽과 아메리카는 여기서 가치의 위계화를 통해 원시와 문명으로 시계열화되어 사념되는 것이다. 프로이트가 인간 문화의 기원으로 간주한 적은 여기서 그 장소를 발견한다. "(미개사회에는) 우리보다 원시인과 매우 가깝다고 생각되는 인간, 즉 옛날 인간의 직접적인 자손 혹은 그 대표자로 간주되는 인간이 살고 있다. 야만인이나 반半야만 민족에 대해서 우리는 이러한 판단을 내린다."[21] 여기서 프로이트가 말하는 야만인이나 반야만 민족이 거주하는 미개사회란 아메리카로 대표되는 유럽 바깥의 땅이다. 프로이트는 동시대의 아메리카를 아직도 원천적 적과 가까운 관계에 있는 인간들이 사는 공간으로 표상한 것이다. 그런 의미에서 보편적인 전 지구적 질서와 근대 합리주의에서 적의 변용은 문명과 야만을 시공간적으로 배열한 식민주의 속에서 가시적인 지정학적 배치를 얻는다. 20세기의 보편주의와 식민주의는 이렇게 적을 역사와 문명의 저편으로 배치하여 계몽과 진보와 합리화된 세계를 구축했던 셈이다.[22]

따라서 20세기로부터 퇴각하여 '정치적인 것'의 사고를 탈환하기 위해서는, 이러한 적의 변용과 배치를 어떻게 전용하는가를 과제로 삼아야 한다. 여기서 이 과제와 본격적으로 마주할 수는 없지만 대략의 방향성을 제시하면서 논의를 일단락 짓기로 한다.

탈보편과 탈식민 사이의 정치적 사유

제2차 세계대전 이후 칼 슈미트는 세 차례에 걸친 치욕적인 수감과 심문을 겪어야만 했다. 연합군은 그를 나치 체제에서 '왕관을 쓴 법학자'로 간주했기 때문이다. 스스로를 유럽 공법학의 계승자로 자처한 칼

---

21) Sigmund Freud, 앞의 책, p. 5[지그문트 프로이트, 『토템과 터부』, 『종교의 기원』, 열린책들, 30쪽].
22) Kenneth S. Calhoon, "The education of the human race: Lessing, Freud, and the savage mind," *The German Quarterly* Vol. 64 no. 2, 1991, pp. 178~189; Mercer Cook, "Jean-Jacques Rousseau and the negro," *The Journal of Negro History* Vol. 21 no. 3, 1936, pp. 294~303 참조.

슈미트는 이 경험을 통해 유럽 공법이 역사의 뒤안길로 퇴장했음을 몸소 체험할 수 있었다.[23] 그렇게 해서 탄생한 대작이 『대지의 노모스』(1950)이다. 이 작품에서 슈미트는 유럽 고유의 법질서가 자연과 인간에 대한 어떤 이해를 바탕으로 성립했는지를 고대부터 동시대까지 아우르며 웅장한 규모로 그려낸다. 그래서 이 작품의 후반부는 유럽 공법 체제의 붕괴를 알리는 19세기 말의 상황을 주된 논의 대상으로 삼는다. 이미 1927년 『정치적인 것의 개념』에서 격렬한 어조로 비난과 증오를 퍼부었던 미국 주도의 보편주의가 여기서는 차분한 성찰의 대상으로 논구되는 것이다.

『대지의 노모스』에서 슈미트는 유럽의 법 제도가 유럽이라는 고유하고 구체적인 "땅Land"에서 발원한 것으로, 그 근원을 뜻하는 노모스 nomos가 "취득하다nemein"(슈미트는 독일어 '취득하다/취득nehmen/nahme'의 어원이라 주장한다)란 동사에서 유래한 데에서 알 수 있듯이, 유럽의 "땅을 취득Landnahme"함으로써 비롯된 구체적 장소화의 산물임을 전제하고 있다.[24] 즉 유럽의 법 제도는 유럽을 대지의 노모스, 즉 지구상의 법 제도가 발원한 중심으로 삼아 성립한 것으로서, 유럽 땅이 지구상의 다른 어떤 땅과도 구분되는 장소임을 근원으로 삼고 있다는 것이다. 슈미트는 이것을 유럽에서 발원한 "구체적 질서"라 개념화하면서, 19세

---

23) 수감 중의 슈미트가 유럽 공법학의 종언을 담담히 서술한 작품으로는, Carl Schmitt, *Ex Captivitate Salus: Erfahrungen der Zeit 1945/47*, Greven Verlag Köln, 1950 참조. 여기서 그는 이제 법학자들이 '침묵'해야 할 때라 말하면서 자신을 영어[囹圄]의 몸으로 만든 미국 주도의 보편주의와 그로 인한 유럽 공법의 종언을 몸소 증언한다. "나는 '유럽 공법'에 대한 최후의 자각적 대표자이자 실존적 의미에서 최후의 교사이고 연구자이며 그 종말을 베니토 세레노가 해적선 항해에서 겪었던 식으로 체험했다"(앞의 책, p. 75).

24) Carl Schmitt, *Der Nomos der Erde*, Duncker & Humblot, 1950, 1장 참조[칼 슈미트, 『대지의 노모스』, 최재훈 옮김, 민음사, 1995].

기 말 이래의 보편주의가 유럽의 구체적 질서인 "유럽 공법" 체제를 붕괴시켰다고 말한다.

유럽 공법이 〔땅과 장소의〕 구분을 모르는 보편적인 세계법으로 몰락해가는 것은 더 이상 막을 수 없었다. 일반적-보편적인 것으로 해체된다는 것은 동시에 지금까지의 전 지구적 대지의 질서가 멸망하는 일이었다. 그 자리를 공허한 규범주의가 대신하게 된다. 수십 년간에 걸쳐 표면상으로만 일반적 승인을 얻은 규칙들이 말이다.[25]

여기서 말하는 "전 지구적 대지의 질서"야말로 유럽이라는 구체적 장소에서 발원한 법질서, 즉 유럽 공법 체제이다. 따라서 슈미트에게 당시까지의 법질서란 어디까지나 유럽 고유의 것이었으며, 유럽 바깥으로 확장된 법질서는 더 이상 법질서가 아니다. 전 지구적 차원에서 보편적으로 타당한 세계법은 법이라는 이름이 붙어 있지만 법의 고유한 성격을 상실한 규칙의 총체에 지나지 않는다. 그런 규칙의 공허한 묶음은 유럽과 유럽 바깥을 구분하는 공간 의식을 상실한 것이고, 문명과 진보의 척도를 무화시킨 공허한 규범주의인 것이다. 슈미트는 이러한 유럽 공법의 몰락이 유럽 열강의 아프리카 분할을 논의한 1885년의 제1차 콩고회의에서 시작되는 것으로 설명한다. "콩고회의에서 1914~1918년까지에 이르는 세계 정치의 발전은 유럽의 문명과 진보에 대한 믿음이 더 이상 아무런 국제법적 제도도 형성하지 못한다는 사실을 알려준다."[26]

---

25) 앞의 책, p. 200〔칼 슈미트, 『대지의 노모스』, 270쪽〕. 인용문 안의 보충 설명은 인용자에 의함.
26) 앞의 책, p. 199〔칼 슈미트, 『대지의 노모스』, 296쪽〕.

콩고회의는 유럽 열강이 벨기에의 콩고 영유권을 승인한 회의로서, 유럽 열강의 식민지 분할이 어떤 원칙 위에서 이뤄졌는지를 확인할 수 있는 역사적 사례이다. 슈미트는 이 회의에서 식민지를 국가 영토의 일부분으로 간주하는 단초가 마련되었음을 읽어냄으로써, 유럽 고유의 '국가'와 그 바깥의 식민지를 구분하는 공간 의식이 상실되는 계기가 되었다고 말한다.[27] 유럽 바깥에 국가의 영토를 인정함으로써, 유럽이라는 땅에 고유한 구체적 질서가 파괴되었다는 것이다. 이랬을 때 유럽 내 국가로 한정되어 있던 전쟁은 인류 차원으로 확대되어 한계를 상실한다. 『정치적인 것의 개념』에서 정식화된 '적과 동지'의 구분이 사라지는 것이다. "인류에게는 적이 없기" 때문이다. 그래서 슈미트에게 유럽 공법 체제의 붕괴는 다름 아닌 '정치적인 것'의 상실이었다. 그것은 지구상에 '적'이 사라지는 일이었던 셈이다.

따라서 『대지의 노모스』에서 그려진 유럽 공법 체제의 붕괴 과정은 적이 사라지고 정치가 불능 상태에 빠진 두 차례의 세계대전 이후의 세계이다. 그러나 슈미트가 정치적인 것의 붕괴로 묘사한 역사 과정 속에서 적은 상실되지 않았다. 국제콩고회사 설립을 통해 벨기에의 콩고 지배 및 유럽 열강의 아프리카 분할을 자유주의 경제 질서의 원칙 위에서 질서화한 벨기에 국왕 레오폴 2세는 다음과 같이 말했다.

문명이 아직 침투하지 않은 지구의 유일한 부분에 문명을 뿌리내리게 하는 일, 전 주민의 머리 위에 드리운 암흑을 걷어내는 일, 이것은 말하자면 이 진보의 세기에 어울리는 십자군 원정인 것이다.[28]

---

27) 앞의 책, pp. 188~200 참조.

이 발언은 1876년 브뤼셀에서 열린 지리학회의 연설 중에서 인용한 것이다. 여기서 레오폴 2세는 콩고회사의 설립, 즉 벨기에의 콩고 식민지화를 "십자군 원정"에 비유한다. 주지하듯이 십자군 원정은 기독교에 적대하는 이슬람과의 전쟁이었다. 따라서 벨기에 국왕은 식민지 영유를 적과의 전쟁으로 전유하고 있는 셈이다. 그런 의미에서 전 지구를 하나의 공간으로 이해하고 문명과 진보의 가치 서열에 따라 배열하는 보편주의는 적의 정복을 목적으로 삼는다. 슈미트가 이해한 바와 달리 전 지구의 보편화는 야만과 미지의 세계에 대한 전쟁이었고, 그것이 바로 식민지 쟁탈이었음은 말할 필요도 없다. 슈미트와 스트라우스가 유럽의 고전적 법질서 및 도덕의식을 통해 고수하려 했던 '정치적인 것'은 이렇게 전 지구적 차원에서 모습을 바꿔 존속하고 있었던 것이다.

20세기라는 유래 없는 전 지구적 보편주의를 경험한 현재, 인류의 역사는 슈미트나 스트라우스가 말하는 고전적 유럽의 정치 및 도덕 원리로 질서를 재편할 수 없다. 또한 자유주의 경제질서를 통해 균질화된 전 지구적 세계가 칸트적 보편주의보다는 식민지화를 내장한 정치적 보편주의의 산물임은 명백하게 밝혀진 지 오래이다. 그렇다면 도래할 '정치'는 어떤 '정치적인 것'의 개념 위에서 구상되어야 하는가? 아마도 그것은 특정 지역의 전통에 기대지 않으면서도, 식민주의를 내장한 공허하고 폭력적인 식민주의적 보편화에서도 벗어나는 구상이어야 할 것이다. 즉 유럽 태생의 주권국가에 정치를 일임하지도 않고, 전 지구를 서열화하여 진보를 정치의 절대 목적으로 삼는 일도 멈춰야 하는 것이다.

---

28) 앞의 책, p. 190〔칼 슈미트, 『대지의 노모스』, 256~257쪽〕.

신자유주의가 국가마저도 승자 독식의 무한 경쟁 원리를 관철시키기 위한 도구로 삼는 체제인 한, 국가가 독점하는 정치나 성장과 진보를 맹목적으로 신봉하는 정치가 미래를 위한 길이 아님은 명백하기 때문이다.

따라서 탈보편과 탈식민의 정치적 사유는 제도나 가치를 통해 적을 개념화하는 일에서 벗어나는 데에서 가능할 수 있다. 그것은 적의 존재를 새로이 정의하는 데에서 출발해야 한다. 한 집단에 대립하는 집단도 아니고 진보에 뒤쳐진 야만도 아닌, 적을 포착하고 개념화하고 발화하고 관계 맺는 새로운 사유가 요청되는 것이다. 이를 위해서는 일본의 사상가 후지타 쇼조가 말한 "안락에의 전체주의"로부터 벗어나는 일이 필요하다.

경험을 회피하기 위해 현재 자신의 안락한 상황에 자발적으로 예속되는 것은 지금까지는 없던 새로운 형태의 예종隸從이다. 그러한 상태를 사회적으로는 혈색 좋게 죽어 있는 상태라 말해도 좋을 것이다. 운동도 잘하고 힘들여 머리도 쓰며 일도 잘하지만, 대립적 타자—경쟁자는 같은 목표를 향해 경합하는 자이지 사회구조상의 대립자는 아니다. 그것은 '집안싸움'에 지나지 않는다—와의 상호 관계를 살아가지 않는 한, 사회 형성 면에서 볼 때 그것은 시체나 다름없다. 그리고 이 역설적인, 볼이 통통하게 살찐 시체야말로 현대판 건강의 지배적인 형태가 아니겠는가.[29]

---

29) 후지타 쇼조, 「오늘의 경험」(1982), 『전체주의의 시대경험』, 이순애 엮음, 이홍락 옮김, 창비, 2014, 30쪽.

여기서 후지타는 경험을 "대립적 타자"와의 관계 속에서 정식화하고 있다. 그는 이 대립적 타자를 "자신을 원초적인 혼돈 속으로 되돌려놓는 절대적 타자"[30]라고 규정하며, 경험이란 이 혼돈 속에서 타자와 사물을 만나는 공포의 경험이라 말한다. 도래할 정치적인 사유는 이렇게 사물과 타자와 만나는 경험의 쇄신을 요청한다. 즉 정치적인 것의 재구성을 위해서는 제도나 가치 차원의 변혁이 아니라 인간의 경험을 재생시키는 일이 필요한 것이다. 그람시의 말대로 낡은 것은 죽어가는데 새로운 것은 태어나지 않는 현재, 인간 사회의 새로운 질서는 자연과 사물과 타자 경험의 근본적 변혁에서 가능해질 것이다. 이렇듯 정치의 쇄신은 권력이나 통치 차원의 문제라기보다는 인간 경험을 다시 정의하려는 사유의 과제이다. 질서의 쇄신보다 경험의 쇄신, 20세기의 보편주의를 넘어선 정치적 사유를 위한 시급한 과제를 조심스레 제시하면서 두서없는 글을 마무리한다.

---

30) 앞의 글, 32쪽.

2장

전쟁의 정치, 비판의 공공성
── 슈미트와 하버마스 사이에서

문제의 소재

1990년, 하버마스는 『공론장의 구조변동』 재판을 출간하면서 긴 서문을 덧붙인다. 여기서 그는 1989년 영역본 출간을 계기로 미국 노스캐롤라이나에서 열린 학술회의의 발표들을 언급하며, 스스로의 작업이 갖는 한계와 의의를 재검토했다.[1] 이 학술회의에서의 주된 논점은 '공공성/공론장Öffentlichkeit, public sphere'[2]의 규범적 지위의 타당성, 부르주아 공론장에서 배제된 하위 공론장의 성격과 지위, 젠더적 구분에 입각한 공공성 이론의 총체적 재검토 등 1960년대 이래 영미권에서 '문화연구'

---

1) 이 학술회의의 발표 논문들은 Craig Calhoun ed., *Habermas and the Public Sphere*, MIT Press, 1992 참조.
2) 이 개념을 번역할 때 영어, 일본어, 한국어 모두 일관된 용어를 사용하지 못함은 주지의 사실이다. 이 글에서도 문맥에 따라 '공공성'과 '공론장'을 혼용했다.

라는 기획 아래 이뤄진 다양한 연구 성과를 하버마스의 작업과 대질시키는 것이었다. 이에 대해 하버마스는 학술회의의 발표뿐 아니라 자신의 저서가 출간된 이후에 이뤄진 다양한 연구를 참조하면서, 자신의 작업을 포함한 근대 서구의 공공성 형성 연구가 보다 넓은 조망과 깊은 논점을 갖춰야 함을 인정했다.[3]

그러나 동시에 그는 결코 스스로의 기본 문제 설정 자체를 수정할 뜻이 없음을 단호한 어조로 강조한다. "그럼에도 불구하고 나는 본 연구 전체를 인도한 지향점을 이전과 같이 고수한다. 사회복지국가의 대중 민주주의는 스스로의 규범적 자기 이해에 따른다면, 정치적으로 기능하는 공론장의 요청을 진지하게 받아들이는 한에서만 자유법치국가의 헌법과 연속될 수 있다"(『공론장』, 37). 여기서 하버마스는 사적 영역(개인, 가족, 시장)과 국가 사이의 관계를 둘러싼 서구 정치 이론의 두 가지 패러다임을 변증법적으로 통합하려는 자신의 기획을 재확인하고 있다. 18세기의 자유주의적 국면 이래 서구의 정치경제학은 시장의 자유와 통제 사이에서 방향을 조정해왔으며, 마르크스와 케인스 경제학의 영향 아래 국가의 시장 규제와 복지 정책을 추동하는 사회민주주의적 패러다임은 시장 방임을 원칙으로 하는 자유주의와 대립해왔다. 이 대립이 최근 들어 신자유주의의 등장으로 새롭게 전개되고 있다는 것은 주지의 사실이다. 즉 자유주의와 사회민주주의는 서로 대립하는 두 가지 벡터로 인식되기 마련이었으며, 개별 국가의 정당정치도 이 대립선을 따라 재편되어왔던 것이다.

---

3) 위르겐 하버마스, 『공론장의 구조변동』, 한승완 옮김, 나남, 2001, 15~37쪽. 이하 이 책의 인용은 본문 중에 '(『공론장』, 쪽수)'로 표기하고 번역을 다소 수정했다.

하버마스의 공공성 기획은 이런 대립에 대한 개입이라는 의미를 갖는다. 그는 사민주의적인 사회복지국가가 자유주의의 법치국가 원리와 대립하는 것이 아니라, 후자의 변증법적 자기 이해가 전자의 체제로 귀결됨을 논증하려 했던 것이다. "[자유주의 법치국가의 사회복지국가로의] 전화는 자유주의 전통과의 단절이 아니라 연속성을 특징으로 한다. [……] 복지국가는 바로 자유주의국가의 법적 전통의 연속선상에서 사회적 관계를 형성하기 위해 필요하다. 왜냐하면 이 국가도 역시 국가와 사회 전체의 법질서를 보장하려 하기 때문이다. 국가가 점증적으로 사회질서의 담지자로 상승하자마자, 그것은 자유주의적 기본권의 금지명령적 규정을 넘어서 어떻게 복지국가적 간섭을 통해 '정의'가 실현될 수 있는가를 적극적으로 지시할 수 있다고 확신하게 된다"(『공론장』, 346).

따라서 '작은 정부'(자유주의)와 '큰 정부'(사민주의)는 대립하는 것이 아니라, 전자의 이념을 실현하기 위해 변증법적으로 등장한 것이 후자라는 것이 하버마스의 주장이라 할 수 있다. 절대군주의 자의적 권력 행사에 맞서 개인의 자유를 보호하고 확대하려 했던 자유주의의 문화적 실천을 '부르주아 공공성'이라 할 수 있다면, 이에 기반하여 성립한 자유주의 법치국가는 통치 권력의 행사를 계몽적 이념하에 규제(금지/제한)하여 (계몽주의적 의미의) '정의'를 실현시키려 했다. 하지만 하버마스에 따르면 자유주의의 법이념은 통치 권력의 규제에 국한된 '국가의 법제화'만을 목표로 한 것이 아니다. 그것은 "사회적 부와 공론의 생산에 기회 균등한 참가를 적극적으로 보증"(『공론장』, 345)하는 '사회의 법제화'를 근원적으로 내포하는 것이었기에 그렇다. 따라서 자유주의가 추구하는 정의가 실현되기 위해서는 사적 영역의 자유에 국가가 개입하는 것을 금지하는 것으로는 부족하며, 부르주아 공공성을 통해 매개된 법치국가의 다양한 제도가 적극적으로 사적 영역에 개입하여 '사회의 법제화'를 추동해야 한다. 즉 사회복지국가는 자유주의 법치국가의 '방어적인 자유 보호 원리(금지/명령)'가 시민들의 공론을 매개로 하여 '적극적인 정의 실현(사회의 법제화)'으로 질적 전화를 이룬 결과 탄생한 체제인 셈이다.

이러한 하버마스 공공성 연구의 기본 구도는 1960년대 이래 전개될 그의 이론적 작업을 근저에서 지탱하는 기본 틀로 작용해왔다. 그래서 그는 1990년도 서문에서 '체계에 의한 생활세계의 식민화' 테제(1970년대)를 거쳐 『의사소통행위이론』(1981)에 이르는 '토의deliberation' 민주주의 논의의 기본 관심이 공공성 연구의 연속선상에 있음을 강조했던 것이다. "정당성의 원천은 개인들의 선결된 의지가 아니라 그것의 형성 과정, 즉 토의 자체이다"(『공론장』, 43). 이런 그의 입장은 『사실성과 타당성』(1993)에서의 이론적 심화를 거쳐 최근의 유럽연합 헌법과 관련된 논의 안에서도 전혀 변하지 않았다. '유럽 민족'이 존재해본 적도 없고 형성 불가능하다는 이유로 유럽연합 헌법의 불가능성을 설파하는 이들을 향해, 하버마스는 "유럽적 정체성의 형성을 위해서는 유럽 전체를 포괄하는 정치적 공론장의 생성"이 필요하며, 유럽연합 헌법은 유럽 민족이 아니라 유럽 인민의 '토의'에서 정당성 원천을 갖는다고 주장했기 때문이다.[4] 즉 하버마스는 사회복지국가의 사적 영역에 대한 개입, 체계에 의한 생활세계의 식민화, 그리고 유럽연합 헌법 제정 등 눈앞에서 벌어지는 정치적 현안에 언제나 '공론장=토의의 장'을 '정의'와 '정당성'의 근거로 하여 비판적으로 개입했던 것이다.[5]

---

4) 위르겐 하버마스, 『아, 유럽: 정치저작집 11권』, 윤형식 옮김, 나남, 2012, 134쪽.

하버마스가 60년 가까운 세월 동안 자신의 이론적 영위를 지탱하는 근본 틀을 변경시키지 않았던 것은, 자율적 시민의 비판적 토의를 근간으로 하는 공공성의 이념과 공론장의 실천이 '지배 제도의 탈지배화'를 끊임없이 추동한다는 믿음 때문이었다. "공공성의 '지배'란 그 자신의 이념에 따르자면 그 속에서 지배 일반이 해소되는 것과 같은 질서이다"(『공론장』, 3장 11절). 이론의 내적 발전 과정에서 국가적/사적 영역의 대당이 체계/생활세계의 대당으로 바뀜에 따라 전체적인 논의 구도가 변화하기는 했지만, 하버마스는 호르크하이머Max Horkheimer와 아도르노Theodor Adorno 등 비판이론 1세대가 '도구적 이성'이라 부른 삶의 총체적인 지배 체계를 공공성의 이념으로 탈지배화하는 것이 계몽과 근대라는 '미완의 프로젝트'를 완수하는 길이라 믿었던 셈이다.

이런 믿음은 공론장의 재봉건화나 생활세계의 식민화라는 도구적 이성의 발현 속에서도 견지되었다. 법의 지배를 근간으로 하는 자유주의 법치국가이든, 사회에 대한 행정력의 적극적인 개입을 지향하는 사회복지국가이든, 법제화와 행정 개입은 모두 '토의'에 기반을 둘 때 '정치의 도덕화'를 이끌어내어 '정의'를 실현할 수 있는 것이다. 여기서 하버마스의 고투가 시작된다. 근원적으로 지배의 해소를 지향하는 공공성의 질서가 왜 재봉건화나 생활세계의 식민화와 같은 지배 일반의 법칙으로 변질되고 마는 것일까? 하버마스의 이론적 고투는 이 물음에 대한 응답으로 이해될 수 있다. 이 과정에서 그는 결코 순진하게 인간의 합리적 판단이나 행위나 커뮤니케이션 능력을 신봉했던 것이 아니다. 오히려

---

5) 공공성 연구가 하버마스의 이론적 기획 전반에서 변하지 않은 기본 틀로 남아 있다는 사실에 대해서는, 박홍원, 「공론장의 이론적 진화: 다원적 민주주의에 대한 함의」, 『언론과 사회』 20권 4호, 2011, 179~229쪽 참조.

그는 지배의 탈지배화를 이끌어낼 수 있는 힘이 토의에 내재해 있음을 발견하고 증명하려 했다. 즉 인간 이성에 대한 맹목적 신뢰가 아니라, 인간 상호 간의 견제와 질시까지를 내포하는 토의 과정 속에 일방적 지배를 해소하는 원리가 내재해 있음을 논증하려 했던 것이다.

그런 의미에서 하버마스의 이론적 영위에서 결정적인 물음은 '왜 탈지배화를 지향하는 공공성의 질서가 지배의 질서로 변질되느냐?'라고 할 수 있을 것이다. 지금까지 전개된 하버마스 비판은 이 물음에 대해 매우 '본질주의적인' 대응을 해왔다. 데리다Jacques Derrida나 로티Richard Rorty 등 하버마스와 논쟁을 벌였던 많은 이들은 하버마스가 '공공성-커뮤니케이션-토의'에 부여한 규범적 지위 자체에 회의의 눈길을 던졌던 것이다.[6] 그렇기에 이들 사이에 벌어진 논쟁은 '신학 논쟁'에 가까운 양상을 보였다. 즉 인간의 커뮤니케이션하는 이성 능력을 믿느냐 아니냐 하는 양자택일의 물음처럼 말이다. 뒤에서의 논의는 이러한 신학 논쟁을 비껴가면서 하버마스의 이론적 영위에 대한 내재적 독해를 수행하고자 한다. 이를 통해 하버마스의 이론적 영위가 내장한 내적 균열을 적출하고, 탈지배화를 지향하는 공공성의 비판적 가능성을 새롭게 가늠해보고자 하는 것이 논의의 목표이다. 이를 위해서는 하버마스의 공공성 논의가 출발한 논쟁의 맥락으로 돌아가볼 필요가 있다. 그랬을 때 하버마스의 공공성 논의가 칼 슈미트가 설정해놓은 역사철학적 자장과의 대결 속에서 형성되었음이 확인될 것이고, 공공성의 정치적 실천과

---

6) 하버마스와 관련된 논쟁에 관해서는, 윤평중, 『푸코와 하버마스를 넘어서』, 교보문고, 1990; J. Niżnik & J. Sanders ed., *Debating the State of Philosophy: Habermas, Rorty, and Kolakowski*, Preager, 1996; 矢代梓, 『啓蒙のイロニー』, 未来社, 1997; 미셸 푸코 외, 『자유를 향한 참을 수 없는 열망』, 정일준 편역, 새물결, 1999; 위르겐 하버마스, 『탈형이상학적 사유』, 이진우 옮김, 문예출판사, 2000 참조.

그 제도화/규범화 사이에 내재한 균열을 문제화할 수 있을 것이다. 우선 1950년대 서독의 정치적이고 지적인 맥락으로 논의를 옮겨보도록 하자.

'괴테의 교양'과 '투쟁하는 민주주의'

제2차 세계대전에서의 패배 직후, 20세기 초의 대역사가 마이네케 Friedrich Meinecke는 폐허가 된 베를린을 보면서 "완전히 불타버린 분화구와 같은 무력 정치의 결말"이라 묘사했다. 1936년 독일에서 성인의 1일 섭취 칼로리가 3,075킬로칼로리였던 데 비해 1947년에는 1,300킬로칼로리였고, 1주당 1인 육류 섭취량은 3,700그램이었던 데 비해 400그램으로 극감했던 실정이었으니 말이다. 이때 유행하던 신조어에 'fringsen'이라는 동사가 있다. 이는 쾰른의 추기경 프링스Joseph Frings에서 유래한 동사로, 그가 패전 직후의 절도나 약탈을 보며 "살아남기 위해 하는 짓이니 도둑질이나 죄라고 할 수도 없다"고 발언한 데서 온 말이다. 이 추기경의 이름 뒤에 동사형 어미 -en을 붙여 '프링스식으로 한다,' 즉 '배고프니 어쩔 수 없이 훔쳐도 된다, 추기경도 용서했으니'라는 함의를 갖게 되었다.[7] 이런 상황 속에서 패전 후 독일의 복구는 시작되었다. 나치즘과 전쟁에 시달리던 인민은 이제 생활고에 신음하게 되었던 것이다. 그러나 이 생활고는 구체제와 나치즘에 대한 강력한 거부와 뼈저린 반성이라기보다는, 기묘한 은폐와 회고로 정치-문화적 심성을

---

7) 三島憲一, 『戰後ドイツ──その知的歷史』, 岩波新書, 1991, 5~6쪽.

이끌게 된다. 다소 길지만 당시 인민의 나치즘에 대한 회고를 인용해보자.

아무도 나치 따위는 아니었습니다. 옆 마을에는 몇 명 있었을지 모르지만요. 20킬로미터 정도 떨어진 이 지역 중심 도시가 나치즘의 온상이었음은 틀림없습니다. 하지만 사실을 말하자면 이 마을에는 공산주의자가 많았어요. 우리는 언제나 빨갱이라 불렸습니다. 유대인이요? 이 지역에는 원래 유대인이 그렇게 많지 않았어요. 두 명 정도였나요? 여섯 명이었나? 그들은 끌려갔습니다. 나는 유대인 한 명을 6주간 숨겨준 적도 있어요. 나는 유대인들과 잘 지냈어요. 나치는 돼지 새끼들이죠. 그런 정권은 넌더리가 납니다. 우리도 힘들기 그지없었습니다. 공습이 있었지요. 몇 주씩이나 지하실에 갇혀 살았어요. 미국은 대환영입니다. 우리는 미국에 아무런 불안도 느끼지 않습니다. 우리는 나쁜 짓 따위는 하지 않았으니까요. 우리는 나치가 아니었으니까요(한스 엔첸스베르거Hans Magnus Enzensberger, 『폐허 속의 유럽』).[8]

전후 독일을 대표하는 비평가 엔첸스베르거는 이 독일인을 인터뷰한 미국인 저널리스트의 말을 덧붙인다. "어쩌면 좋을까? '우리는 나치가 아니었으니까요'라니. 이 문장은 곡으로 만들어서 독일인 모두가 후렴으로 부르면 좋겠다. 모두 똑같은 말을 하고 있으니. 그렇게 모두가 싫어했다면, 어떻게 나치 정권이 5년 반이나 전쟁을 계속할 수 있었던 것일까? 독일인 단 한 사람도 이 전쟁을 단 한 순간도 환영한 적은 없다고

---

8) 앞의 책, 11쪽에서 재인용.

한다. 우리는 어떻게 반응해야 할지 모른 채 경멸스런 표정으로 그저 서 있을 수밖에 없었다." 이렇듯 나치의 기억은 잊고 싶은 것이라기보다는 덮어버리고 싶은 것이었다. 이는 당시 대다수 독일인의 반응이었으며, 나치와 전쟁의 책임과 반성보다는 독재와 공습의 고통스러운 경험을 의식의 전면에 내세우는 분위기였던 셈이다. 그래서 패전 직후의 생활고는 나치 체제에 대한 엄중한 책임 추궁을 연합국의 전범 재판에 미뤄둔 채 몸과 마음의 평온함을 추구하도록 사람들을 추동했다. 즉 생활고는 패전 자체라기보다는 나치와 전쟁에서 비롯된 오랜 기간의 것이며, 독일 인민은 십수 년 전부터 고통에 시달려왔으니 협력자라기보다는 피해자라는 발상이 사람들의 머리를 지배했던 셈이다.

여기에는 미국 점령 지구에서 행해진 비非나치화 처리 방법도 크게 일조했다. 프랑크푸르트와 뉘른베르크가 속한 미국 점령 지구에서 점령군은 각 개인마다 나치 시대에 당원이었는지 어떤 직업을 가졌었는지를 조사하여, 일정 기준 이하일 경우 '비나치화'된 것으로 간주하여 일반 시민으로 복귀시켰다. 이를 통해 상당수의 사람들이 과거의 심성과는 무관하게 민주주의 신봉자로 거듭날 수 있었다. 당시 이 조치를 두고 유명 세제 '페르지르'에 빗대어 비나치화 증명서를 "페르지르 증명서"라 야유하는 일이 유행했을 정도로 기계적이고 형식적 조치였음은 말할 필요도 없다. 이렇게 내부적으로나 외부적으로 나치의 기억을 쉽게 덮어버릴 수 있는 분위기가 조장되었고, 이는 패전 후에 불어닥친 괴테Johann Wolfgang von Goethe나 실러Friedrich von Schiller 열풍, 즉 독일적 교양주의에 대한 동경과 회고로 이어지는 정치-문화적 분위기로 이어진다.[9]

---

9) 앞의 책, 15쪽.

이런 분위기를 예고한 일이 헤르만 헤세Hermann Hesse의 1946년 괴테상 수상이라 할 수 있다. 헤르만 헤세는 제1차 세계대전이 시작될 무렵부터 로맹 롤랑Romain Rolland 등과 함께 반전운동을 일으켜 독일 국민에게 공분을 샀으며, 이후 스위스로 이주하여 삶을 영위했다. 물론 제2차 세계대전에 대해서도 강한 거부감을 나타냈고, 나치 독일에 협력한 독일 지식인층에게 혐오의 말을 쏟아낸 것은 말할 필요도 없다. 그런 헤세와 교류하는 것은 나치 시기 독일 지식인에게는 매우 부담스러운 일이었기에 아무도 그와 말을 나누려고 하지 않았으나, 전쟁이 끝나자마자 헤세에게 '줄을 서는' 서독 지식인이 폭발적으로 늘었다. 헤세와의 교류를 통해 '반나치'의 증표를 얻고 싶었던 것이다. 그러나 헤세는 이런 분위기에 노골적인 반감을 표현하면서 서독 지식인의 위선적 자기변명을 비난했다.

그러나 헤세에게 1946년 괴테상이 돌아간 것은 망명자의 이런 통렬한 비판 때문이 아니었다. 패전의 폐허 위에서 괴테상이 상징하는 '독일의 순수한 정신'을 헤세의 '무해한' 순수 교양주의형 인간상으로 재건설하자는 것이 헤세가 수상한 이유였기 때문이다. 이미 같은 해 노벨문학상을 수상함으로써 '평화와 순수'의 아이콘으로 자리매김한 헤세가 패전 독일의 정신적 재건을 위해 더할 나위 없는 인물로 떠올랐던 셈이다. 이는 19세기 프로이센, 바이마르공화국, 그리고 나치라는 혼돈의 근세사가 아니라, 18세기 칸트와 실러의 계몽주의 시대의 평온함으로 새로운 독일을 재건하려는 의지의 표명이었다. 즉 피비린내 나는 전쟁과 학살을 정면으로 받아들이고 냉철한 자기 성찰에 기초하여 국가를 재건하는 것이 아니라, 나치를 독일 정신사의 이탈 현상으로 치부하여 그 실상을 은폐함으로써 '시인과 철학자의 나라'로서의 독일을 되찾으려는

것이 패전 후 서독의 문화적 분위기였던 것이다.[10]

이런 맥락 속에서 1947년 프랑크푸르트의 괴테하우스 재건 사업이 논의된다. 공습으로 파괴된 괴테하우스를 재건하려는 것은 이해가 가지 않는 일도 아니지만, 앞에서 말했듯이 인민의 곤궁이 극에 달한 시점에서 거액의 돈을 들여 괴테하우스를 재건하겠다는 의지는 '순수 독일'의 재건에 대한 열망이 그만큼 컸다는 것을 의미한다. 이 사업을 둘러싸고 다양한 논의가 전개되었는데, 바이마르의 바우하우스 계열 건축가들은 고색창연한 18세기 풍의 건물을 재건하자는 시 당국의 계획에 반대했다. 그 까닭은 왜 조국이 폐허가 되었는지를 깊이 반성한다면 무엇보다도 인민의 생활세계 속에 괴테하우스가 녹아들어가야 함에도, 당국의 계획은 18세기의 건축물을 재건함으로써 독일의 무구하고 순수한 정신성을 박물관의 유물처럼 전시하려 한다는 데에 있었다. 물론 사업은 주거 아파트를 중심으로 한 괴테하우스의 재건(바우하우스의 계획)이 아니라 당국의 계획대로 실현되었다. 현재 프랑크푸르트의 관광 명소인 괴테하우스는 이렇게 패전 후 독일의 역사 기억의 망각과 연관되어 있는 셈이다.[11]

이렇듯 패전 직후 서독은 과거의 망각과 기억의 선별을 통해 현재와 미래의 독일 상을 만들어나갔다. 아데나워 정권은 이러한 역사 인식에 바탕을 두고 동서 냉전의 서방 측 유럽 전초기지를 자처함으로써 비약적인 경제 발전을 이룩했다. 나치를 '일탈'로 규정하고 자유민주주의의 모태였던 유럽 계몽주의를 체현한 국가/민족으로 스스로를 자리매김

---

10) 앞의 책, 16쪽.
11) 앞의 책, 38~44쪽.

함으로써, 미국이 주도하는 서방세계의 일원이 된 것이다. 이러한 패전 후 서독의 발걸음의 정치적 함의는 1949년에 제정된 '본 기본법Bonner Grundgesetz'에서 읽어낼 수 있다. 1990년 독일 통일까지 서독에서 헌법 역할을 해온 이 기본법 제21조에는 "자유롭고 민주적인 기본 질서"라는 표현이 등장한다.[12] 이 표현은 기본법의 근본 이념 혹은 가치를 나타낸 것으로, 기본법의 각 조문이 기초해 있는 '정상성normality'이다. 즉 이 정상 질서의 이념과 가치에 위배되는 행위는 기본법상의 자유가 인정되지 않는 것이다. 따라서 본 기본법은 어떤 행위나 표현이 그 법에 적합한지 아닌지를 가늠하는 '상위의 결정 단위'를 요청한다. 그것이 바로 '연방헌법재판소'이다. 본 기본법 체제하에서 서독 시민의 행위는 헌법재판소의 판단에 따라 그 위헌 여부가 가려지게 된 것이다.[13]

헌법이 근거를 두고 있는 근본 이념과 가치, 즉 법치 상태가 안정적으로 유지될 수 있는 '정상성'이란 발상은 바이마르공화국에서 나치의 '합법 쿠데타'에 이르는 과정에 대한 반성의 발로라 할 수 있다. 주지하다시피 나치는 바이마르공화국 의회에서 다수당의 위치를 점함으로써 정권을 장악한 '합법 정권'이었다. 패전 후 서독의 기본법은 이러한 '합법 쿠데타'를 방지하기 위해, '자유롭고 민주적인 기본 질서'를 해친다고 헌법재판소에서 판단하는 집단의 결사의 자유뿐 아니라, 집단이나 개인의 표현과 행위에서의 자유권까지 제한하는 장치를 마련했던 것이다. 법률을 통해서 법 체제를 지키려는 소극적 민주주의가 아니라, 적극적으로

---

12) 본 기본법의 조문은 http://www.bundestag.de/bundestag/aufgaben/rechtsgrund lagen/grundgesetz/index.html 참조.
13) 본 기본법의 자유민주적 기본 질서에 관해서는, 박규하, 「서독 기본법상의 자유민주적 기본 질서」, 『고시연구』 17권 6호, 1990, 93~113쪽 참조.

초헌법적 조치를 통해 민주주의를 수호하려는 "투쟁하는 민주주의"가 바로 이러한 패전 후 서독의 정치 패러다임이다.

본 기본법에서 강력하게 표명된 '사회적 법치국가'의 이념도 이러한 맥락에서 이해될 수 있다. 사회적 법치국가란 자유주의 법치국가의 원리, 즉 국가의 권력을 규제하여 사적 영역의 자유를 최대한 보장하는 소극적 자유주의에서 벗어나, 국가가 적극적으로 사적 영역에 간섭함으로써 법치국가의 원리를 관철시키는 적극적 자유주의를 표방한 것이라 할 수 있다. 자유주의적 전통 안에서는 사적 영역으로 간주되는 생존과 관련된 노동, 고용, 의료 등에 국가가 개입하여 법률을 통해 이른바 '복지'를 실현하는 것이 사회적 법치국가의 특징인 셈이다.[14]

사회적 법치국가를 처음 주창한 것은 독일 사민당 계열의 법학자들이었기에, 이 이념이 사회주의적 발상에서 비롯된 것임은 틀림없다. 하지만 여기서 중요한 점은 사회적 법치국가의 이념이 투쟁하는 민주주의와 마찬가지로 법치국가적인 원리를 넘어서 적극적인 국가 개입을 통해 사회의 '정상성'을 지켜내려는 패러다임이었다는 사실이다. 서독은 1950년대 아데나워 정권하에서 고도 경제성장의 길을 걷게 되는데, 사회적 법치국가의 이념은 국민의 생존과 안전을 보장함으로써 국가 차원의 경제 발전을 이룩하는 정치적 기반을 제공했던 것이다.

그런 의미에서 패전 후 서독은 과거의 망각에 기반한 순수 독일로의 귀환이라는 역사 인식에 바탕을 두고, 투쟁하는 민주주의와 사회적 법치국가의 이념을 통해 눈부신 경제성장을 이룩할 수 있었다. 이 과정에

---

14) 이에 관해서는, 김민규, 「사회적 법치국가에 대한 구조분석」, 『동아법학』 19호, 1995, 39~68쪽; 크리스티안 프리드리히 멩거, 「본 기본법에 있어서 사회적 법치국가의 개념」, 김효전 옮김, 앞의 책, 269~297쪽 참조.

서 나치를 둘러싼 불편한 논쟁이나 좌우 대립을 축으로 한 이데올로기적 쟁투는 공적 장에서의 주된 논제가 되지 못했다. 어디까지나 중요했던 것은 본 기본법 체제로 상징되는 전후 서독의 '정상성'을 지키는 일이었기 때문이다. 하버마스는 이러한 패전 후 서독의 정치사회적 흐름에 대해 비판적 입장을 취했다. 그는 나치를 하나의 일탈로 취급하는 역사 기억에도, 미국 주도의 서방세계를 맹목적으로 추종하는 아데나워 정권의 정책에도 동의하지 않았다. 하버마스가 보기에 저 '정상성'은 독일적 교양을 통한 과거의 망각, 미국 주도의 자유민주주의 추종, 중산층의 동물적 안정을 추구하는 경제성장 정책 등 역사의식과 정치의식이 마비된 결과물에 지나지 않았기에 그렇다. 이런 그의 입장이 최초로 표명된 것이 1953년의 하이데거Martin Heidegger 비판이다.

1953년 하버마스는 한 편의 글을 『프랑크프루터 알게마이네 차이퉁』에 게재한다. 「하이데거에 의한, 하이데거에 대항한 사유Mit Heidegger gegen Heidegger denken」라는 제목의 글로, 하이데거의 1935년 강의가 1953년에 『형이상학 입문』이란 제목으로 출간된 것을 비판한 것이었다. 나치에 협력했다는 이유로 공직에서 추방당한 하이데거는 패전 직후부터 오랫동안 칩거했다. 그러나 대학과 저널리즘 세계에서는 하이데거의 제자나 애독자가 활약을 펼쳤고, 나치에 대한 협력은 그의 철학적 작업과 무관하다고 여겨지는 분위기였다. 아니, 철학자의 정치적 과오를 은폐하고 몰래 독서에 탐닉하는 일을 넘어서, 하이데거 철학의 신비롭고 고매한 실존주의적 경향은 순수 정신으로의 회귀를 지배적 경향으로 삼던 서독 문화계에서 숨은 경전 역할을 할 정도였다.

그런 하이데거의 나치 시기 강의가 최초로 간행된 것이 바로 『형이상학 입문』이었는데, 이를 비판하는 글을 계기로 약관 24세의 하버마스는 일약 유명한 논객으로 등장한다. 아마도 하버마스의 이 기고문은 패전 후 서독에서 이뤄진 최초의 본격적인 공개적 하이데거 비판으로(야스퍼스Karl Jaspers가 자신의 일기에 신랄하게 비판한 수고나 마르쿠제Herbert Marcuse의 서한이 있긴 했지만), 하이데거의 나치 시기 언설이 그대로 간행된 데 대한 강력한 이의 제기였다.

이 글에서 하버마스는 이 강의의 한 구절을 문제 삼으며 하이데거 철학을 지렛대로 하여 패전 후 서독의 문화적 분위기를 신랄하게 비판한다. 그 구절이란 "이 운동의 내면적인 진리와 위대함(지구적 의미를 갖는 기술과 새로운 시대의 인간과의 만남)"으로, 하버마스는 여기서 '운동'이 바로 '나치즘'을 가리킨다고 지적한 후, 하이데거는 패전 후에도 여전히 나치에 대한 자신의 생각을 바꾸고 있지 않음을 비판한다. 물론 하이데거가 단순히 나치에 대해 찬동했다는 것은 아니다. 그는 이미 1935년 이후에는 나치로부터 멀어졌으며, 이 강의는 그 시기에 열린 것이다. 하버마스가 비판하는 것은 하이데거가 자신의 협력을 되돌아보지 않고 어디까지나 관조자의 입장에서 나치즘을 '존재의 역사'라는 스스로의 사색으로 포섭하고 있는 점이며, 자신의 중요한 철학적 개념이나 용어가 전혀 다른 상황에서도 유의미하다고 주장할 수 있는 파렴치함이다. 즉 하이데거는 인간의 역사가 아무리 요동쳐도 꿈쩍하지 않고 정신과 사색의 순수성 속에서 세계를 관조하는 고매한 위치에 서 있다는 것이 하버마스의 비판의 요점인 셈이다. 그리고 그것은 결국 '역사 기억'의 문제로 집약된다.

몇백만 명의 인간이 계획적으로 살해되었음을 오늘날 우리는 알고 있다. 그러나 이 일 또한 숙명적인, 어쩔 수 없는 오류로서 존재사 속에서 이해되어야 하는 것일까? 이런 살해는 일정한 책임하에 그것을 실행한 사람들의 실제 범죄가 아니었는가? 그리고 민족 전체의 양심의 아픔 아닌가? 예전에 있던 것, 우리가 예전에 그랬던 것과 애써 대결하려는 어려움을 받아들이기 위해, 우리는 항복 이래 8년의 세월을 보낸 것이 아니었던가? 과거의 책임 있는 행위를 해명하고, 이에 대해 알 수 있는 일을 보존하는 것이 사려 깊은 이들의 고귀한 사명 아니었던가?[15]

하버마스가 보기에 하이데거는 스스로의 철학을 인간 역사 속에 내던져 투쟁하기보다는, 인간 역사를 스스로의 철학 체계 속으로 끌어들여 자기변명으로 일관하는 인물이다. 그것은 결코 "고귀한 사명"을 완수하려는 "사려 깊은 이들"의 행위가 아닌 것이다. 물론 하버마스의 하이데거 비판은 하이데거만을 대상으로 삼은 것이 아니다. 그는 하이데거 비판을 통해 나치의 통치와 이에 대한 협력의 기억을 제대로 마주하지 못한 서독 사회 전체를 향해 이의를 제기했던 것이기 때문이다. 하버마스가 『공론장의 구조변동』을 집필한 것은 이러한 맥락에서이다. 그는 당대 서독의 상황을 "정치의 위기"라 비판한 라인하르트 코젤렉Reinhart Koselleck의 『비판과 위기Kritik und Krise』를 논박하면서 『공공성의 구조변동』을 썼고, 이를 통해 당대 서독의 현실에 개입하려 했다. 하버마스는 공공연하게 슈미트의 정치관과 역사철학을 원용하면서 서독의 현실을 비판한 코젤렉의 시도 또한 나치에 대한 기억과 평가를 왜곡하는 것이라 간주했기 때문이다. 다음으로 코젤렉의 논의와 하버마스의 비판을 살펴봄으로써 하버마스의 공공성 기획이 출발 지점에서 내장한 비판의

---

15) Jürgen Habermas, *Philosophisch-Politische Profile*, Suhrkamp, 1998, p. 69,

식의 근원을 검토해보자.

프리메이슨과 인류: 정치와 도덕의 변증법

하버마스가 1950년대 중반 교수자격논문을 준비하던 시기, 코젤렉은 『비판과 위기』라는 제목의 박사논문을 제출하고(1953년) 그것을 단행본으로 출간한다(1959년). 이 작업을 통해 코젤렉은 당대의 냉전 체제가 계몽주의 지식인들의 '비판=비평'이 초래한 유럽의 항구적 '위기'의 결과물이라 말하면서, 서독을 포함한 당대 유럽이 미국과 소련의 지배하에서 정치적 불구 상태로 전락했음을 비판했다. 코젤렉의 이러한 주장은 제2차 세계대전 이후의 국제정치 상황을 바이마르공화국 시기의 칼 슈미트의 진단을 따라 분석한 것이라 할 수 있다.

칼 슈미트는 『정치적인 것의 개념』에서 제1차 세계대전 이후 국제연맹이 주도하는 국제정치를 주권과 정치의 말살이라 격렬하게 비판했다. 익히 알려진 바와 같이 슈미트는 '정치적인 것'을 물리적 충돌의 실제적 가능성이 있는 적과 동지의 구분으로 정의했으며, 그 정치적인 것은 적과 동지의 구분을 결정하는 근대 주권국가를 전제한다고 주장했다.[16] 이러한 슈미트의 사유는 홉스가 말한 근대 주권국가의 존재 이유, 즉 주권자와 신민 사이에 맺어진 '보호와 복종'의 계약으로부터 도출된 것이라 할 수 있다. 슈미트에 따르면 홉스의 주권자는 영토 내 신민의 생

---

16) Carl Schmitt, *Der Begriff des Politischen*[1932], Duncker & Humblot, 1987, pp. 20~21, 27, 33[칼 슈미트, 『정치적인 것의 개념』, 김효전·정태호 옮김, 살림, 2012].

명과 생활을 보호해주는 대신 절대적인 복종을 약속받는다. 이런 전제 위에서 국가commonwealth를 위협하는 적이 누구인지를 결정하는 권한이 주권자에게 귀속되며, 근대 유럽에서 탄생한 주권국가는 이 결정과 신민에 대한 보호를 '정치'의 요체로 삼는 것이다.[17]

제1차 세계대전 이후 슈미트의 국제연맹 비판은 주권으로부터 적이 누구인지를 결정하는 권한을 빼앗고, 그 결과 정치적인 것을 말살시켰다는 데에 집중된다. 슈미트에 따르면 국제연맹은 각 주권국가를 초월하는 권한을 가짐으로써 주권의 고유 권한인 적이 누구인지를 결정하는 권한을 박탈했다. 그것은 1928년에 체결된 '켈로그-브리앙조약,' 즉 '파리부전不戰조약'에서 구체화된다. 이 조약에 따르면 주권국가 고유의 권한인 교전권은 국제연맹의 승인하에 이뤄져야 하는데, 슈미트는 이 조약이야말로 주권국가를 형해화하고 고유한 의미에서의 근대적 정치를 말살시키는 일이라 비난을 퍼부었다.[18]

여기서 중요한 것은 슈미트가 국제연맹이라는 초주권적 권한을 가진 기구가 적과 동지의 구분 자체를 무화시킨다고 주장한 것은 아니라는 점이다. 오히려 슈미트의 주장은 국제연맹이 초주권적 권한을 통해 적을 결정하게 되면, 전쟁은 피비린내 나는 전면전으로 폭주하여 철저하게 비도덕적인 양상을 띠게 되리라는 것이었다. 각 주권 사이의 전쟁은 결코 상대를 도덕적·신앙적으로 말살하는 전면전으로 비화하지 않는다. 주권국가는 모두 유럽 공법에 따라 전쟁을 질서화함으로써 성립했기 때문이다. 그러나 국제연맹이 지목하는 적은 '인류의 적'이기에 그들

---

17) 앞의 책, p. 53. 또한 칼 슈미트, 『정치신학』[1922], 김항 옮김, 그린비, 2010, 50~52쪽도 참조.

18) Carl Schmitt, *Der Begriff des Politischen*, pp. 51~52.

은 "법의 바깥"[19]에 있는 것으로 선포되고, 인류와 전적으로 다른 이질적 존재라는 이유로 말살되어야 할 것으로 규정된다. 이랬을 때 정치는 극단적으로 '비정치화'된다는 것이 슈미트의 국제연맹 비판의 요체이다. 국제연맹은 '인류'라는 보편적 이름으로 적을 모두 비인간화하여 전쟁을 극단적 파괴의 양상으로 이끈다는 것이 슈미트의 주장인 셈이다.

그러므로 슈미트의 정치적인 것은 고유의 평화 원리를 내포하는 개념이다. 그것은 물리적 충돌을 주권국가에 독점시킴으로써 사람들 사이의 피비린내 나는 쟁투를 완화시키는 근대 유럽의 고안물이었던 것이다. 제1차 세계대전 이후 인류 보편의 이름으로 탄생한 국제연맹이라는 초주권적 제도는 이러한 근대 유럽의 전면전 제한 원리를 파괴하는 것에 다름 아니었다. 즉 내면 신앙과 외적 표현/행위를 구분하고 전자에 대한 불간섭을 선포함으로써 종교 내전(상대방을 악마로 규정하고 말살하려던 전면전)을 종식시킨 근대 주권국가의 정치 원리가 인류의 이름 아래 파괴되었던 것이다.

코젤렉의 『비판과 위기』는 이러한 슈미트의 주장을 밑바탕으로 삼아, 냉전 체제로 인한 동시대의 정치적 위기의 기원을 계몽주의에서 찾은 작품이다. 코젤렉은 홉스-슈미트를 따라 17세기 절대주의 국가의 정치 원리를 보호와 복종에서 찾는다. 그러나 코젤렉이 그리는 절대주의 정치 체제는 독재 체제나 전체주의 사회가 아니다. 그는 개인의 표현/행위 차원에서의 복종과 국가의 개인 내면에 대한 불간섭은 17세기 절대주의 국가가 견지한 정치 원리였다고 진단한다. 이것이 절대주의 국가의 공적 원리에 다름 아니었다.[20] 이를 통해 절대주의 국가의 정치는 어

---

19) 앞의 책, p. 47.

떤 개인이나 집단을 절대 악으로 간주하여 말살하는 종교 내전과 같은 패러다임에서 벗어날 수 있었다는 것이 코젤렉의 주장이다.

그러나 이러한 절대주의 국가의 정치 원리는 자유로운 개인의 내면으로 인해 위기를 맞이하게 된다. 이미 슈미트가 지적한 바 있듯이, "[홉스는] 정치 체계 속에 내적이고 사적인 사상과 신앙의 자유에 대한 유보를 두었는데, 이 유보야말로 강력한 리바이어던을 내부로부터 파괴한 것이며, 죽을 수도 있는 신der sterblichen Gott의 목숨을 끊어버리는 맹아가 된 것이다."[21] 그리고 개인 내면의 자유에 대한 유보가 절대주의 국가 쇠퇴의 맹아가 되는 과정이야말로 코젤렉이 규명하려 했던 역사 과정이다. 코젤렉은 이 맹아가 절대주의 국가에 '정치적 위협'으로 전화되는 결정적 국면을 '프리메이슨'의 비밀 결사에서 찾는다.

프리메이슨은 부르주아 도덕 원리의 실현이었다. "이에 힘입어 프리메이슨은 통합의 중심이 되었고, 이 통합이 없다면 영원히 멀리 떨어져 살았을 사람들 사이의 진정한 우정을 조율하는 수단이 되었다."

그러나 이 사회적 세계의 통합에서 더욱 중요한 사실이 있다. 그것은 이 통합이 기존의 정치에 대한 거부의 표현이라는 사실이다. 즉 국가 바깥의 도덕법칙에 의한 정치가 아니라, 매 순간 국가의 필요에 따라 이뤄지는 기존의 정치에 대한 거부 말이다. "우리는 모든 정치에 단호히 반대

---

20) Reinhart Koselleck, *Critique and Crisis: Enlightenment and the Pathogenesis of Modern Society*, The MIT Press, 1988, pp. 15~40.
21) Carl Schmitt, *Der Leviathan in der Staatslehre des Thomas Hobbes*[1938], Hohenheim, 1982, p. 86. 여기서 '죽을 수도 있는 신'이란 홉스가 '국가=리바이어던'에 붙인 명칭이며, 국가는 신처럼 지고의 존재이지만 신과 달리 전쟁이나 혁명 등으로 인해 파괴될 수 있음을 함의한다.

한다." 프리메이슨은 자신들의 헌법 6조에서 이렇게 말한다. 그리고 그들은 18세기 내내 이 신념을 관철시켰고 오늘날에도 그렇다.[22]

프리메이슨이 하나의 극한적 패러다임을 이루는 부르주아적 내면의 자유는 비밀 결사의 형태로 '통합'을 지향하게 된다. 이 비밀 결사는 철저하게 "자신들이 만든 장막"[23]에 가려져 있고, 그 안에서 자신들만의 도덕적 위계와 통합의 원리를 작동시킨다. 이를 통해 부르주아는 자신들에게 고유한 "제3의 힘"을 획득하게 된다.

부르주아가 자신들에게 고유한 사회적 형식을 획득하는 것은 프리메이슨의 집합소를 통해서였다. 프리메이슨의 비의秘儀는 교회의 비의와 국가의 비밀스러운 정치를 모방하면서 제3의 지대를 만들어냈다. 그것은 그래서 자신들 고유의 법으로 생명력을 얻는 제3의 힘에 의한 비의였다. 로크가 말했듯이 그것은 신의 법과 국가의 법 곁에 마련된 '사적인 검열의 법'으로 전진해나갔던 것이다.[24]

이렇게 마련된 제3의 힘을 통해 프리메이슨은 자신들만의 "사적인 검열의 법"을 창출한다. 물론 프리메이슨은 시대와 지역에 따라 내부 규율이 다양하게 전개되었다. 하지만 코젤렉이 중요시한 것은 프리메이슨이 국가나 교회와는 전혀 다른 내적인 질서에 의해 규율되는 결사체였다는 사실이다. 그리고 이 결사체는 폐쇄적이었지만, 그 결사의 대상

---

22) Reinhart Koselleck, *Critique and Crisis*, p. 74.
23) 앞의 책, p. 70.
24) 앞의 책, p. 72.

은 '인간'이었다는 점에서 열린 결사체였다. 교회가 교인을, 국가가 신민을 각기 고유한 법의 통제 대상으로 삼았다면, 프리메이슨의 법은 보편적 인간을 규율 대상으로 삼는 보편화의 길을 걷게 된다. "사회적 평등은 국가 바깥에서의 평등이었다. 프리메이슨의 집합소에서 구성원 the brother은 더 이상 신민이 아니다. 그는 자유롭게 생각하고, 계획하고, 프리메이슨의 일에 관여하는 자유로운 인간 중 한 사람이었던 것이다."[25]

코젤렉에 따르면 이것이 계몽주의가 표상하게 될 "'인류'라는 새로운 엘리트"[26]의 원천이다. 이제 이 엘리트들은 절대주의 국가의 정치 원리가 절대 인지하지도 상상하지도 못한 '인류'라는 평등한 규정하에 커피하우스, 살롱, 아카데미, 그리고 거리에서 제3의 지대를 형성하게 된다. 코젤렉은 이 제3의 지대를 지배하는 도덕원리가 절대주의 국가의 정치를 쇠퇴로 내몰았다고 주장한다. 프랑스혁명의 이념에서 상징되듯이, 더 이상 권력은 군주라는 구체적 인격으로부터 유래하는 것이 아니라 인류라는 보편적 형상으로부터 비롯된다. 이제 국가는 이 상위의 보편 원리가 주장하는 정의를 실현하기 위한 기구이지, 공적 영역을 독점적으로 지배하는 군주의 구체적 인격과 분리 불가능한 '리바이어던'이 아닌 것이다.

코젤렉은 슈미트를 따라 이 과정이야말로 '정치적인 것'의 상실 과정에 다름 아니라고 주장한다. 슈미트가 국제연맹에서 주권국가의 권능을 무화시키고 상회하는 초주권적 제도체를 보았듯이, 코젤렉은 프리

---

25) 앞의 책, p. 72.
26) 앞의 책, p. 77.

메이슨을 극한적 패러다임으로 하는 부르주아 자유주의의 법치국가가 보다 상위의 권위를 따르는 것을 정치의 실종이라 보았다. 이때 국가는 구체적인 현안들에 자율적으로 '결단'을 내리는 정치의 최종심급이라 기보다는, 인류라는 이름의 보편적 원리를 대신 실행하는 단순한 기구로 전락한다. 코젤렉은 이런 과정이 계몽주의와 프랑스혁명으로 추동되어 1950년대의 냉전까지 이르렀다고 분석하는데, 미국과 소련은 전 세계를 하나의 이념으로 통일시키려는 '프리메이슨'의 후예이기 때문이다. 즉 미국과 소련이 준비하고 있는 최후 결전은 상대방을 보편 원리의 적으로 간주하여 말살할 것을 원리로 삼는 '항구적 위기'의 결과물이라는 것이다.

따라서 계몽주의가 꽃피운 '비판'은 프리메이슨이라는 극한의 패러다임을 통해 현존 세계를 항구적인 '위기'로 몰아넣은 주범이었던 셈이다. 코젤렉은 이런 맥락에서 패전 후의 서독이 국가로서의 정치적 기능을 담지하지 못한 채 미국과 소련이 주도하는 위기 국면에 스스로를 내맡기고 있음을 비판했다. 그가 보기에 서독이 국가의 요체인 기본법 질서를 상회하는 '정상성'을 설정한 것은 국가주권을 계몽주의에서 발원한 '보편 원리'에 내맡긴 결과에 다름 아니었다. 즉 서독 국가는 미국이 주도하는 인류적 보편 원리 혹은 자유민주주의의 정의를 '정상성'의 이름으로 수호하고, 그 이념을 대신 집행하는 대리 기구라는 것이 코젤렉의 비판이었던 것이다. 그리고 이는 단순히 미국 주도의 국제 질서를 비판하고 서독의 자주성을 회복하자는 주장이라기보다는, 인류를 인류의 이름으로 파멸로 몰고 갈 수 있는 냉전 체제에 대한 계보학적 비판이었다. 인류의 이름으로 전개된 혁명 과정이 인류를 전멸시킨다는 이 '정치와 도덕의 변증법'이야말로 슈미트-코젤렉의 핵심적 비판이었던 것이다.

전쟁 없는 정치: 공공성과 주권

1959년에 코젤렉의 작품이 출간되자 하버마스는 이듬해 서평을 통해 비판을 시도한다. 앞에서 살펴보았듯이 하버마스도 1950년대 서독 체제를 옹호했던 것은 아니다. 그런 의미에서 하버마스와 코젤렉은 모두 당대의 서독 체제에 비판적 입장을 취했다고 할 수 있다. 하지만 하버마스와 코젤렉의 비판은 정반대 방향에서 이뤄진 것이다. 왜냐하면 하버마스는 슈미트를 계승한 코젤렉의 동시대 비판이 나치즘과 파시즘에 대한 적절한 비판과 청산이 될 수 없을 뿐 아니라, 오히려 나치즘과 파시즘의 긍정적 가능성을 인정하고 정당화하는 함의를 갖는다고 보았기 때문이다. 그는 이 서평에서 코젤렉과 함께 하노 케스팅Hanno Kesting의 『역사철학과 세계 내전Geschichtsphilosophie und Weltbürgerkrieg』(1959)을 비판의 대상으로 삼고 있는데, 이 책으로부터 코젤렉과 케스팅의 역사철학을 인용하면서 이들의 나치즘과 파시즘에 대한 은밀한 긍정을 적출한다.

"미국의 진보 의식 및 사명 의식이 내포한 선별적 분할 능력은 볼셰비즘과 마찬가지로 강하다. 양자가 다른 점에서 아무리 다르더라도 그렇다. 양자는 전쟁을 십자군 원정으로 변질시키고 내란으로 만든다. [……] 양자는 '비인간'의 당파에 대해 '인간'의 당파를 대표하고 있기 때문이다. 이를 통해 양자는 유럽 내란의 역사로부터 충분히 알려져 있는 적과 범죄자의 구분을 폐기하고 대결을 극단화한다." 그러나 이에 대한 반대 당파인 파시즘은 케스팅에 의해 여백으로 남겨져 있다. [……] 케스팅은 '파시즘'이라는 악마적 적을 책에 등장시키지 않았다. 만약 등장시켰다면 [적을 악마로 간주하는 미국과 소련 주도의] 연합국의 역할은 케스팅의 구상과 달리 정당화되었을 것이다. 그러나 사람들이 [파시즘이 생략된 이 책에서] 경험하는 것은 동서 대립과 함께 확립된 내란 상황을 파시즘과 나치즘이 30년간 지연시켰다는 사실이고, [연합국의 승리가] 보수적인 혁명의 훌륭한 맹아를 타락시켜 체면을 구겼다는 것이며, [파시즘과 나치즘의] 패배로 인해 [미국과 소련에 대항하는] 유럽 보수주의 세력으로부터 기반을 제거해버렸다는 사실이다.[27]

하버마스가 슈미트를 계승한 코젤렉과 케스팅을 비판한 현실적인 까닭이 여기에 있다. 이들의 역사철학에 따르면 인류 혹은 노동계급(역사상 유일한 보편적 지위를 획득하게 될 계급)의 이름으로 전쟁을 수행하는 미국과 소련은 필연적으로 적을 비인간, 즉 악마로 간주하게 되며, 이는 제2차 세계대전 이후 인류의 이름으로 독일과 일본의 전범을 처벌한 데에서 알 수 있는 사실이다. 그렇기에 동서 냉전은 적의 말살을 목표로 하는 전 지구적 세계 내전의 양상을 띤다는 것이다. 하버마스는 이러한 코젤렉과 케스팅의 역사철학적 작업에서 파시즘과 나치즘의 자리가 어디인지를 따져 물으며, 이들의 작업 속에서 파시즘과 나치즘은 미국과 소련이 주도하는 전쟁의 극단화와 세계 내전화를 지연시킨 유럽 보수주의의 훌륭한 맹아로 평가된다고 비판한다. 이랬을 때 홀로코스트라는 미증유의 파국을 지상에 등장시킨 나치즘의 죄악은 기억의 저편으로 망각되는 것을 넘어, 냉전 체제를 극복할 가능성을 지닌 정치적 자원으로서 적극적인 평가의 대상이 될 위험성까지를 내포하게 된다. 하버마

---

27) Jürgen Habermas, *Philosophische-Politische Profile*, pp. 441~442

스가 보기에 이런 역사 평가는 나치에 대한 망각보다도 더 심각한 정치적 귀결을 가져올 수 있었던 셈이다.

하버마스는 코젤렉의 작업이 내포한 이러한 정치적 위험성을 나치즘에 대한 옹호라는 이데올로기 차원에서만 비판하지 않는다. 오히려 그는 코젤렉이 제시한 유럽 근대의 발자취를 거꾸로 전복시킴으로써, 당대의 정치 상황을 다른 방향에서 비판적으로 포착하려 했다. 그것은 코젤렉이 냉전 위기의 근원으로 본 프리메이슨적인 계몽주의에 대한 비판을, 절대주의 국가의 지배를 탈지배화하는 자유주의적 비판 기획으로 재전유하는 기획으로 이뤄지게 된다. 그것이 바로『공론장의 구조변동』으로 열매를 맺게 될 하버마스의 야심찬 비판이론 기획이라 할 수 있다.[28]

공공성이 자연의 질서라는 규준에 따라 공공적인 토론 속에서 입증할 사안들, 즉 이성적인 동시에 정당하고 적절한 것은 곧바로 사적인 도덕감정과 동일시되어서는 안 된다. 그것은 문인들의 자기 이해에도 대응하지 않는 것이며, 사적 개인들의 공공적인 판단을 정치적 권력에 적용할 때 실제 일어난 것에도 대응하지 않는다. 사적인 여러 견해는 공공성에 의해 공공의 의견으로 매개됨으로써 그 실체를 변화시키기 때문이다. 로크의 사적 검열의 법은 물론 시민의 의견opinion에 기초해 있지만 근원

28) 하버마스의 코젤렉 비판에 대해서는, Keith Michel Baker, "Defining the public sphere in eighteenth-century France : Variations in the theme by Habermas," Craig Calhoun ed., *Habermas and the Public Sphere*, p. 181 ; Piet Strydom, *Discourse and Knowledge: The Making of Enlightenment Sociology*, Liverpool UP, 2000, pp. 262~264 ; Niklas Olsen, *History in the Plural: An Introduction to the Work of Reinhart Koselleck*, Berghahn Books, 2011, pp. 80~86 등을 참조.

적으로 공론public opinion에 기초해 있는 것은 아닌 것이다. 〔……〕 정치적 결정의 공개성은 공공성 자신의 이념에 따라 '진리가 아니라 권위가 법을 만든다'는 원칙의 역전을 가능케 할 터였다. 〔……〕 〔그것은〕 정치의 도덕화 자체가 아니라 공공성의 원리로 매개된 정치의 합리화가 목적이었다. 나중에 이 목적은 공공성이 의회에서 국가기관으로 제도화되자마자 부르주아적 법치국가라는 형태 속에서 모순에 찬 형태이기는 하지만 실현되었다. 동시에 이 목적 속에서는 매우 단순한 이데올로기이긴 하지만 어떤 이념이 내재해 있다. 즉 정치적인 권위란 공공성이라는 매개체 속에서 이성적인 권위로 해소되어, 지배는 그 집합 상태에서 변화하리라는 이념 말이다.[29]

따라서 하버마스는 프리메이슨적 비밀 결사 속에서 인류의 이름으로 보편화된 도덕이 정치를 부식시킨다는 코젤렉의 '정치의 도덕화' 테제에 맞서, 프리메이슨적 비밀 결사의 도덕이 공론장에서 토의되어 정치에 영향을 미칠 때 모종의 변화가 일어나, '정치의 합리화'를 추동하는 '공공성'이 통치 권력의 지배를 탈지배화시킨다는 역사 이해를 내세웠던 것이다. 『공론장의 구조변동』 속에서 다양한 측면으로부터 검토되고 음미되게 될 18세기 계몽주의와 자유주의 국면의 공공성의 이념과 공론장의 실천은 '공론'이라는 매개를 통해 절대주의 국가의 지배가 합리화되는 과정에 대한 핍진한 증명이었다. 그것은 프리메이슨적 비밀 결사와 계몽주의의 비판이 도덕의 이름으로 적을 악마화하고 전쟁을 극단화하는 역사의 방향이 아니라, 사적 비판이 공개적인 장의 토론을

---

29) Jürgen Habermas, *Philosophical-Political Profile*, pp. 436~437.

통해 매개됨으로써 주권국가의 통치 구조를 변경시키는 '정치의 합리화'라는 방향을 지시하는 기획이었던 것이다. 이런 맥락 속에서 하버마스는 다음과 같은 언명을 『공론장의 구조변동』에서 핵심적인 테제로 기입하게 된다.

> 부르주아적 법치국가의 이념, 즉 모든 국가 활동은 공론에 의해 공인된 여러 규범의 가능한 한 완벽한 체계 속에 구속되어야 한다는 이념은 이미 지배 기구로서의 국가 일반의 제거를 목표로 한다. 주권의 발동은 그 자체 사악한 것apokryph으로 간주된다. 〔……〕 입법 권력과 집행 권력의 구분은 규칙과 행위, 질서 짓는 지성과 집행하는 의지의 대립을 모델로 성립했다. 입법은 '권력'으로서 구성되지만, 그것은 정치적 의지의 발동이 아니라 이성적 합의의 성과로 간주된다. 〔……〕 '권위가 아니라 진리가 법을 만든다'는 홉스 명제의 이 역전은 공론의 기능을 주권 개념으로 파악하려는 시도에서는 공허해진다. 〔……〕 공론은 의지를 이성으로 전화시키는 것이며, 이 이성의 사적 논의의 공공적 경합 속에서 공공 이익을 위해 실천적으로 필요한 것에 대한 합의로 형성될 것이다(『공론장』, 167~168).

'주권자는 예외상태를 결정하는 자'라는 저 유명한 슈미트의 테제야말로 여기서 하버마스가 뒤집으려 하는 정치 이해의 핵심이다. 슈미트의 이러한 이해는 물론 세속화된 신학으로서의 법학이라는 고유의 정치신학에 따른 것이지만, 그와 더불어 끔찍한 전쟁 속에서 스스로의 정치철학을 단련시키면서 '보호와 복종'을 국가의 존재 이유로 이해한 홉스의 국가론을 염두에 둘 때, 그의 테제는 전쟁을 범례로 하여 국가와 정치를 이해한 결과물이라 할 수 있다. 하버마스는 홉스-슈미트-코젤렉으로 이어지는 정치 이해를 "이성적으로는 해소되지 않는 지배 의지"로 정치를 이해하는 것이라 비판한다.[30] 따라서 하버마스에게 정치란 전쟁을 범례로 하는 '지배 의지'가 아니다. 슈미트와 코젤렉이 '인류'의 이름으로 도덕이 보편 원리가 될 때 전쟁이 극단적인 적의 말살로 이어짐을 우려했다면, 하버마스는 '인류'라는 보편 이념이 공론장에서의 토론으로 매개되어 등장할 때 '지배 의지'의 탈지배화를 추동하여 전쟁 자체를 억제하는 '정치의 합리화'를 이뤄낼 수 있다고 본 것이다.

그런 의미에서 하버마스가 공공성의 이념을 통해 당대 서독의 현실에 개입한 것은 미국 주도의 냉전 이데올로기를 체현한 '정상성'이 아니라, 어디까지나 '정상성'을 도구로 하여 국가기구의 지배가 관철되는 상황을 비판하기 위한 것이었다. 그가 볼 때 1950년대 서독의 상황은 자본주의와 미국 주도의 냉전적 자유민주주의의 원리로부터 벗어나는 모든 행위와 표현을 정상성의 이름으로 배제하는 체제를 만들어가고 있었다. 코젤렉은 이에 대한 비판으로서 슈미트가 비판한 정치의 도덕화 테제로 맞선 반면, 하버마스는 정상성의 이름으로 국가를 형해화하는 것에 반대하는 동시에 국가의 법치를 서독 시민의 공론에 기초 지음으로써 정치를 합리화하려 했던 것이다. 즉 미국이 조종하는 냉전 체제의 대리인으로서의 서독 국가가 아니라, 공공성의 기획을 통해 인류라는 보편 이념을 냉전의 이데올로기적 도구로부터 구출하여 지배로서의 정치를 탈정치화하는 정당성의 근거로 삼으려 했던 셈이다.

이후 하버마스의 이론적 영위는 이러한 기획을 지속시키려는 시도로

---

30) 앞의 책, pp. 436.

이해될 수 있다. 서두에서 언급했듯이 1970년대에서 1990년대에 이르는 자본주의 체제의 급격한 변화와 냉전 체제의 해체로 인해 이론 자체는 끊임없이 변화와 진화를 거듭했지만, 하버마스가 인류, 자유, 보편, 합리성 등의 근대 계몽주의로부터 비롯된 정치 이념을 포기한 적은 없다. 이미 살펴봤듯이 이러한 그의 이론적 영위는 '지배의 탈지배화'라는 공공성의 기획을 전쟁을 범례로 하는 주권과 예외상태의 패러다임에 대립시키는 데에서 출발했다. 그리고 두 차례의 세계대전, 냉전 체제, 식민지 해방전쟁, 그리고 세계 도처에서 벌어진 분쟁은 하버마스의 이론적 고투를 지속시키기에 충분한 현실적 이유를 제공했다. 이를 거꾸로 말하자면, '지배의 탈지배화'라는 하버마스의 공공성 기획은 전혀 그 실현의 기미를 보이지 않았던 것이라 할 수도 있다. 즉 여전히 전쟁은 정치의 극한적 범례로 현전하고 있는 것이다.

따라서 하버마스와 슈미트-코젤렉의 대립은 현재진행형이라 할 수 있으며, 공공성 기획의 현재적 가능성이란 이 지점에서 검토되어야 한다. 그것은 인간의 합리적 커뮤니케이션 능력을 믿느냐 마느냐의 문제라기보다는, 인간의 정치를 전쟁이라는 패러다임하에서 이해하는 것을 근절할 수 있는 가능성을 모색하는 일이다. 하버마스의 '지배의 탈지배화'로서의 공공성은 이런 측면에서 가늠되어야 한다. 이제 그 가능성을 시론적으로 검토하면서 논의를 마무리하도록 한다.

비판과 정지: 공공성 기획의 재전유를 위하여

조르조 아감벤은 『예외상태』 4장에서 벤야민과 슈미트 사이의 숨겨진 논쟁을 논제로 삼아 '예외상태'를 둘러싼 서구 정치사상의 근원적 대립을 분석한다. 그에 따르면 '주권자란 예외상태를 결정하는 자'라는 슈미트의 테제는 벤야민의 「폭력비판을 위하여Zur Kritik der Gewalt」에 대한 응답으로 제시된 것으로, 법규범이 결코 가닿을 수 없는 '예외상태'를 법규범 내부에 묶어두려는 시도이다.[31] 이때 '예외상태'란 벤야민이 「폭력비판을 위하여」에서 제시한 '신의 폭력göttliche Gewalt'의 형상으로 상징되는데, 이 형상은 기존의 법률질서를 정지시키는 힘으로 제시된다. 벤야민은 총파업을 예로 삼아 이 폭력의 현실적 현현을 제시했는데, 총파업이 법질서를 멈추는 힘으로 기능할 수 있는 까닭은 결코 비합리적인 이유에서가 아니다. 오히려 벤야민은 총파업을 주권의 대칭적 형상으로 제시하기 때문이다.

바이마르헌법하에서 노동자의 파업권은 법률적으로 보장된 사항이었다. 그런 의미에서 파업권은 법률에 규정된 권리로서 법 체제 내부에서 정당화된다. 하지만 개별 파업이 아니라 전면적 파업, 즉 총파업은 법률 체계 자체를 넘어서는 사태를 촉발한다. 그것은 파업권을 보장하는 자본주의와 국가 통치 자체를 능가하는 권능을 갖는데, 그 까닭은 총파업이 국가와 자본주의의 작동을 일거에 멈추기 때문이다. 다시 말해 총파업은 통치와 착취가 작동하기 위한 '정상적 상황'을 일거에 정지시키는 사태인 셈이다. 그런 의미에서 총파업은 법 체제의 안과 바깥에 걸쳐 있는 사태이자 힘이다. 한편에서 총파업은 파업권이라는 법률적 정당성을 가진 사태이지만, 다른 한편에서 그 정당성이 비롯되는 법 체제 자체를 총체적으로 무화시킨다는 점에서 법 체제 바깥을 열어젖히

---

31) 조르조 아감벤, 『예외상태』, 김항 옮김, 새물결, 2009, 4장 참조.

는 힘인 것이다.

아감벤에 따르면 슈미트는 법 체제의 안과 바깥에 걸쳐 있는 총파업이란 사태에 대응하기 위한 『정치신학*Politische Theologie*』을 기획했다. 벤야민의 「폭력비판을 위하여」가 법 체제를 아래로부터 해체하는 잠재력을 제시하고 있기 때문이었다. 그래서 슈미트는 총파업에 대항하여 주권이란 형상을 제시한다. 주권은 법 체제 내부에서 정당화되는 최고의 권능이지만, 그 법 체제 자체를 만들어내는 권능이란 점에서 법 체제 외부의 힘이기도 하다. 그래서 슈미트는 '주권자란 예외상태를 결정하는 자'라 정식화했다. 즉 주권은 법 체제의 안과 바깥이 어디서 결정되는지를 예외상태를 통해 가시화하는 권능인 셈이다. 그런 의미에서 주권자는 예외상태를 위로부터 통제하는 힘이라 할 수 있다. 언제 어떤 사태가 법 체제를 위협하는지를 결정하고 진압하는 것이 주권자인 셈이다.

그래서 벤야민과 슈미트의 대립은 총파업과 주권 사이에서 이뤄진다고 할 수 있다. 벤야민은 아래로부터 법 체제 자체를 멈추는 힘을, 슈미트는 위로부터 법 체제를 멈추려는 사태를 통제하는 힘을 각각 제시했던 것이다. 슈미트가 전쟁으로부터 정치를 이해하려 했던 까닭이 여기에 있다. 그는 국가가 법 체제의 정지를 뜻하는 비상사태를 범례로 하여 정치를 이해하려 했다. 그것은 어떠한 예기치 못한 사태가 일어나도 주권국가의 권능이 그것을 통제해야만 하는 정치적 패러다임으로 이어진다. 반면 벤야민은 주권국가의 권능을 멈추는 일을 정치의 임무로 제시한다. 억압받은 자들의 전통이 스스로 각인하고 있는 "진정한 예외상태wirkliche Ausnahmezustand"의 창출을 정치의 임무로 주장하는 것이다.

그런 의미에서 하버마스의 공공성 기획은 벤야민의 '신의 폭력'을 어떻게 일상적 토론 속에 내장시키느냐에 그 가능성이 놓여 있다. 하버마스가 지적하듯이, 부르주아 공공성의 정치적 기능은 일상적이고 사적인 토론을 의회나 여론 형성 기구 등으로 제도화하여 근대의 자유주의적 법치국가를 탄생시켰다. 또한 이 법치국가는 소극적 자유의 보장이 아니라, 적극적인 개입을 통한 정의의 실현을 통해 자유의 폭을 확장시키는 사회의 법제화를 이뤄냈다. 하지만 하버마스 자신의 고투에서 알 수 있듯이, 이러한 자유주의 법치국가의 자기 발전 과정 속에서 지배 기구로서의 국가라는 성격은 전혀 퇴화되지 않은 채, 과학기술의 발전에 힘입어 오히려 더욱 잔인한 전쟁을 통해 지배 의지의 관철을 고집하고 있다. 슈미트와 코젤렉의 비판이 유의미한 까닭이 여기에 있다. 따라서 하버마스의 공공성 기획이 갖는 잠재력을 재전유하기 위해서는, 국가의 지배 의지를 정지시키는 권능을 총파업이라는 예외적 상황이 아니라 일상적 커뮤니케이션 속에 정위시키는 가능성을 적극적으로 찾아야 한다.

이렇게 볼 때 하버마스의 공공성 기획이 목표로 하는 '지배의 탈지배화'는 '지양의 변증법'이 아니라 '정지의 비판' 속에서 그 가능성을 개화할 수 있다. 공공성은 전쟁을 범례로 하는 지배 기구로서의 국가를 합리화시키는 '지양의 변증법'이라기보다는, 전쟁 패러다임을 일상에서 관철시키는 온갖 장치들을 '이렇게 통치당하려 하지 않을 의지'로 '정지시키는 '비판'을 요체로 한다. 그것은 공론장이나 토의를 통해 지배를 탈제도화함과 동시에, 새로이 제도화하는 문턱의 자리에서 '정지'를 요체로 하는 일상적 비판을 도처에서 꽃피우는 것을 의미한다. 과연 이 정지의 비판을 일상적 공간 속에서 전개할 수 있을까? 그것은 과도하게 정치의 합리화를 지향했던 공공성의 정치를 상대화하고, 비합리적으로 보였던 일상의 갖가지 행위 속에서 정지의 계기를 발견해나가는 시선을 요구할 것이다. 그것이 지배의 탈지배화를 제도화시키는 공공성 기획의 곁에서, 그 기획의 마르지 않는 원천인 지배를 정지시키는 힘을 재전유하는 일에 다름 아닐 것이기에 그렇다.

제2부   정치신학의
        쟁점들

3장

'적의 소멸'과 정치신학
─칼 슈미트의 카테콘과 메시아

칼 슈미트의 서사

제1차 세계대전이 유럽 사상계에 던져준 충격과 뒤이은 니힐리즘은 새삼 거론할 필요가 없을 만큼 지성사 연구에서 수도 없이 다뤄져왔다. 유럽뿐만 아니라 지구적 차원에서도 제1차 세계대전을 맥락화하지 않고서 20세기 문화-지성사를 서술하는 건 불가능하다. 그것은 개인 차원에서는 실존적 위기를 의미했고, 국가 차원에서는 총력전의 가공할 만한 파괴력과 공포를 실감케 했으며, 유럽을 중심으로 한 세계사적 차원에서는 서구 문명으로부터 발원한 근대성에 대한 총체적 회의를 야기했다. 제1차 세계대전을 거치면서 인간과 문명의 모든 것이 새로운 언어의 지평 위에서 사유되고 발화되어야만 했던 것이다.

칼 슈미트를 읽는 작업은 바로 이런 문제 상황을 반反혁명의 정치신학을 통해 조망하는 일을 의미한다. 그의 작품들은 제1차 세계대전이라는 세계사적 사건의 후과後果를 법학과 신학, 그리고 고유의 역사철학으로 그려낸 장대한 서사 체계이다. 이 서사는 몇 가지 계기로 구성된다. 우선 패전국 독일의 정신사적 상황이 배경으로 자리한다. 이를 니콜라우스 좀바르트Nicolaus Sombart는 "군인과 시민"의 대결로 요약한다. 제2제국 이래 성립한 근대 국민국가 독일에서는 군인(남성성)과 시민(여성성) 사이의 투쟁이 주요한 정치적 대립이었으며, 제1차 세계대전 이후 성립한 바이마르공화국은 군인에 대한 시민의 승리였다는 것이다. 칼 슈미트는 이 시민 지배에 대한 증오와 적개심으로 군인의 저항을 대변하는 보수 반혁명의 사상가였던 셈이다.[1]

여기에 슈미트 고유의 가톨릭 정치신학이 가세한다. 드 메스트르 Joseph de Maistre와 도노소 코르테스Juan Donoso Cortés로 대변되는 19세기 유럽의 반혁명 가톨릭 정치신학자들을 소환하면서, 슈미트는 무정부주의자에 대한 투쟁을 개시한다. 이 싸움에서 그는 반혁명의 정치신학자와 무정부주의자가 공유하는 '임박한 종말'이라는 역사철학을 세계사의 최종 국면으로 이해하며, 수다를 일삼으며 결단하지 못하는 자유주의자, 즉 시민(여성)은 반혁명 정치신학의 진정한 적이 아님을 설파한다. 그의 눈에 자유주의에 기초한 의회민주주의는 지상의 구원을 약속하며 등장하는 적그리스도anti-Christ인 무정부주의자들을 제압하지 못한다. 지상의 유토피아라는 현란한 속임수로 역사 세계의 최종 단계를 이야기하는 무정부주의자는 오로지 대심문관의 독재를 통해 제압

---

1) Nicolaus Sombart, *Die Deutschen Männer und Ihre Feind: Carl Schmitt Ein Deutsches Schicksal Zwischen Männerbund und Matriarchatsmythos*, Carl Hanser Verlag, 1991, 1장 참조. 여기서는 일역본인, 『男性同盟と母権制神話：カール・シュミットとドイツの宿命』, 田村和彦: 法政大学出版局, 1994를 참조했다.

되어야 하며, 이것이야말로 종말을 지연시키는 '카테콘Katechon(억제하는 자)'의 임무이다. 가톨릭교회의 존재 이유가 적그리스도의 도래와 통치를 억누르는 것이라면, 카테콘이란 슈미트의 가톨릭 정치신학을 정당화하는 신학적 형상인 것이다.[2]

이상이 독일 정신사와 신학-역사철학의 맥락이었다면, 마지막으로 슈미트의 본령인 법학이 가세한다. 스스로 '일개 법률가'로 자처했던 슈미트로서는 제1차 세계대전 이후의 법학은 강력한 개입이 불가피한 흐름으로 나아가고 있었다. 그가 인내를 갖고 바라보기 힘든 법학적 흐름이란 한스 켈젠Hans Kelsen으로 대변되는 신칸트학파 법실증주의의 흐름이었고, 이는 앞에서 말한 '시민(여성)' 지배에 걸맞은 법학이었다. 켈젠 학파가 설파하는 규범주의와 보편주의는 슈미트가 보기에 법의 존립근거를 위태롭게 하는 것이었는데, 법률 체계란 헌법을 정점으로 한 규범의 총체라 가정하는 '규범주의'와 한계 영역 없이 인류 모두에게 타당한 법을 상정하는 '보편주의'는 유럽 고유의 주권국가 질서에 바탕을 둔 '유럽 공법 체제'에 대한 부정이었기 때문이다. 규범주의와 보편주의는 16세기 이래의 유럽적 맥락에서 형성된 '구체적 질서'로서의 법 체제를 무화시키는 일이었으며, 슈미트에게 유럽이라는 구체적 질서가 아니라 추상적인 '인류'나 '정의' 따위는 법의 존립 근거가 될 수 없었다. 즉 켈젠 학파의 법 이론은 법 체제를 파괴하는 '시민 정신의 발로'였던 것이다.

또한 슈미트가 보기에 국제연맹 창설로 대변되는 제1차 세계대전 이후의 국제정치-국제법 체제는 주권국가로부터 전쟁의 권한을 박탈하

---

2) 이에 관해서는 김항, 「독재와 우울: '최후의 인간'을 위한 결정 혹은 각성」, 『말하는 입과 먹는 입』, 새물결, 2009 참조.

여 '적과 동지'라는 정치 고유의 대립을 무화시킨다. 그 귀결은 '인류의 적'이라는 형상 아래 전 지구를 동질화하고 보편화하여, 국가 간으로 제한되었던 전쟁을 인류의 파멸을 초래할 수 있는 무제한의 전쟁으로 탈바꿈시킨다. 이에 맞서 슈미트는 유럽 공법 체제를 옹호하기 위해 홉스 이래의 '결단주의Dezisionismus'를 주장하면서 인격적 주권과 예외상태를 규범과 보편주의에 맞세운다. 『독재Die Diktatur』(1921)와 『정치신학』(1922)에서 『정치적인 것의 개념』(1927)에 이르는 일련의 팸플릿은 이 투쟁의 기록으로 간주될 수 있다.

따라서 칼 슈미트를 읽는 일은 독일 정신사, 신학-역사철학, 법학이라는 세 가지 계기가 결합한 서사와 마주하는 것을 의미한다. 여기에는 패전국 국민으로서의 파토스, 가톨릭 신자로서의 확고한 세계관과 신앙심, 그리고 유럽 공법의 마지막 후계자로서의 자존심이 복잡하게 뒤엉켜 있다. 그가 구축한 제1차 세계대전 이후의 서사란 이러한 격정과 신앙과 지성으로 빚어낸 종말적 상황에 대한 대처였으며, 이른바 '서양의 몰락'이라는 상황 아래에서 역사 세계의 정당성을 지켜내고자 한 고투의 산물이다. 그에게 법이란 창조와 구원 사이의 '유예된 시간'의 질서를 의미하며, 가톨릭교회의 권위와 세속 국가의 권력은 구원을 참칭하는 적그리스도를 억제하는 역사 세계의 수호자, 즉 카테콘이다. 무정부주의, 보편주의, 의회민주주의 등은 슈미트에게 적그리스도의 형상으로 비춰졌으며, 이에 대한 투쟁이야말로 그가 평생을 바친 과업이었던 것이다.

이상의 사안들을 확인하고 머리에 남겨두면서 하나의 소박한 질문을 던져보자. 과연 슈미트는 구원을 믿었던 것일까? 다시 말해 그에게 메시아의 도래란 무엇이었을까? 이에 답하는 일은 쉽지 않다. 그가 메시아에 대해 속내를 말하는 일은 드물었기 때문이다. 그런데 이 질문은 단순한 호기심의 발로가 아니다. 칼 슈미트와 메시아니즘messianism의 관계를 묻는 일은 제1차 세계대전 이후의 지성사를 지배하던 숨겨진 맥락을 드러내는 일이기 때문이다. 그것은 최근 십수 년간 조르조 아감벤을 위시하여 다수의 연구자들이 주목해온 슈미트와 발터 벤야민 사이의 문제적 관계가 속하는 자장이며,[3] 야콥 타우베스Jacob Taubes가 열어젖힌 서구 현대 지성사의 숨겨진 신학적 계보이기도 하다.[4] 뒤에서는 칼 슈미트와 그와 동시대를 살았던 '마르키온Marcion의 후예들' 사이의 숨겨진 대화를 재구성함으로써 제1차 세계대전 직후의 서구 지성사의 한 단면을 제시하고, 이를 통해 슈미트의 평생에 걸친 작업이 '적의 소실'이라는 신화와 대결하는 일이었음을 밝혀보려 한다. 우선 칼 슈미트의 35년 뒤늦은 에릭 페터존Erik Peterson에 대한 응답을 독해하는 일로부터 시작해보자.

'파르티아의 화살'은 어떤 상처를 남겼나: '정치신학의 일소'와 '근대의 정당성'

'정치신학의 일소'라는 전설

1969년, 80세를 넘어선 슈미트는 그가 '하나의 전설 혹은 신화'라 부

---

3) 조르조 아감벤, 『예외상태』, 김항 옮김, 새물결, 2009, 4장; Samuel Weber, "Taking exception to decision: Walter Benjamin and Carl Schmitt," in *Benjamin's Abilities*, Harvard UP, 2008; 김항, 「신의 폭력과 지상의 행복」, 『안과밖』 23집, 2010과 본서 4장 참조.
4) 야콥 타우베스, 『바울의 정치신학』, 조효원 옮김, 그린비, 2012 참조.

른 것과 뒤늦은 대결을 시도한다. 바로 에릭 페터존의 「정치 문제로서의 일신교Der Monotheismus als politisches Problem」(1935)에 대한 응답인 『정치신학 II』(1970)를 출간한 것이다. 이 책의 집필 동기를 슈미트는 다음과 같이 밝힌다. "이 책에서 검토하고자 하는 것은 1935년에 출판되어 짧은 기간 안에 하나의 학문적 전설이 된 신학적 소품이다. 전설은 말한다. 1935년의 이 소품은 모든 정치신학을 궁극적으로 일소했다고. 이런 훌륭한 전설에 대해서는 말을 아껴야 하며 그것을 파괴하는 일 따위는 불가능하다. 그래서 이 책은 이 소품의 논증과 최종 테제 사이에 어떤 내적 관계가 있는지를 검토하는 일로 방향을 잡는다."[5]

칼 슈미트가 말하는 신학적 소품에서 에릭 페터존은 기독교 교리를 콘스탄티누스 대제의 통치를 찬양하기 위해 '유용流用한' 교부 에우제비우스를 비판함으로써, 이를 히틀러와 나치즘에 찬동한 슈미트를 비꼬기 위한 유비적 서사로 제시했다. 페터존은 이 책의 마지막 각주에서 칼 슈미트를 언급하며 "정치신학이란 개념은 슈미트의 『정치신학』이란 책에서 소개되었는데, [……] 여기서는 '정치신학'의 신학적 불가능성의 구체적 예를 보여주려 했다"[6]고 말한다. 슈미트의 이름은 이 책의 마지막 각주에서 비로소 등장하지만, 1935년 당시 이 책이 슈미트 비판을 위해 집필되었음은 자명한 사실이었다. 나치즘을 해박한 법학과 신학의 언술로 정당화하려 했던 슈미트에 대한 과거 동료 페터존[7]의 통렬한 야유는 당시 망명 중에 있거나 나치에 대한 협력을 거부했던 수많은

---

5) Carl Schmitt, *Politische Theologie II*, Duncker & Humblot, 1984, p. 9[칼 슈미트, 『정치신학 II』, 김효전 옮김, 『동아법학』 16호, 1993, 250쪽].
6) Erik Peterson, *Theological Tractates*, Michael J. Hollerich trans., Stanford UP, 2011, pp. 233~234.
7) 슈미트와 페터존은 1920년대 본대학의 동료 교수로 친분이 두터웠다.

지식인의 찬탄을 받았다. 슈미트가 말하는 "학문적 전설"이란 페터존의 저작에 대한 당대의 이런 반응이 1945년 이후에도 여전히 생생하게 살아 있음을 적시하는 말이다. 35년이 지난 1970년, 슈미트는 한스 바리온Hans Barion을 인용하여 페터존의 공격을 "파르티아의 화살"이라 말하며, 이 오래된 상처를 치유하겠다고 밝힌다.[8] 이 35년 뒤늦은 자기 치유의 시도가 의미하는 바는 무엇일까?

슈미트의 응수는 난해하기 그지없는 신학 및 서구사의 해석과 에피소드로 가득 차 있다. 이것을 온전히 독해하기 쉽지 않은 까닭이다. 그럼에도 응수를 간추리자면, 우선 슈미트는 해방신학의 등장 등 1960년대의 상황 속에서 정치신학이 낡은 것으로 간주됨을 확인한다. 이는 페터존의 학문적 전설이 여전히 현재진행형임을 증명하기 위한 서술이라 할 수 있다. 다음으로 페터존의 소품에 대한 본격적 해부가 시작된다. 여기서 슈미트는 콘스탄티누스와 에우제비우스의 사례가 정치신학의 전형적 사례가 될 수 없다는 사실과 교회가 전례를 중심으로 하는 조직이기는 하지만 결코 현세의 정치와 분리되어서 존재할 수 없다는 사실을 듦으로써, 페터존의 주장이 부당한 편향을 지니고 있음을 논증한다.[9] 이후 슈미트의 논의는 군주제, 일신교, 삼위일체론, 구원론에 이르는 광범위한 영역을 둘러싸고 전개된다. 그 전개 과정에서 다양한 기독교 교리와 관련된 슈미트의 반박이 얼마나 정당한 것인지 가늠하는 일은 여기서의 과제가 아니다.[10] 오히려 중요한 것은 현란하게 배치된 기독

---

8) Carl Schmitt, *Politische Theologie II*, p. 10〔칼 슈미트, 『정치신학 II』, 251쪽〕.

9) 앞의 책, pp. 44~51.

10) 이에 관해서는 György Geréby, "Political theology versus theological politics: Erik Peterson and Carl Schmitt," *New German Critique* 105, vol. 35 No. 3, 2008, pp. 7~31 참조.

3장 '적의 소멸'과 정치신학   111

교 교리와 공법학적 해박함 사이에서 엿볼 수 있는 슈미트의 페터존 비판의 핵심이다. 그것은 페터존의 논의가 신학적이라기보다는 '정치적'이라고 규탄하는 대목이다.

[페터존의 논의는] 1925년부터 1935년까지 시기 프로테스탄트 신학의 위기로부터 비롯된 정치적 문제에 대한 정치적 해답이다. 페터존은 아무 문제가 없어 보이는 교리주의Dogmatismus로 회귀함으로써 이 위기를 벗어나, 위기에 좌우되지 않는 순수 신학의 영역을 다시 발견했다고 믿었다. 그러나 그의 논증을 자세히 검토해보면, 그 교의학적이고 신학적인 논증은 에우제비우스라는 원형을 매장함으로써 위력을 나타냄을 알 수 있다. 이를 통해 비로소 1925년부터 1935년까지의 적에 대해 구체적으로 공격하고 있는 것이다. [……] 페터존의 글이 가능케 한 것, 즉 그 핵심은 이 [정치신학이라는] 대문제를 일소한 일이 아니라 하나의 정치적 신화를 유효하게 이용한 데 있는 것이다.[11]

여기서 말하는 1925~1935년 사이의 프로테스탄트 신학의 위기란 바이마르공화국 시기 프로테스탄트 교회가 겪은 우여곡절을 지칭한다. 상세하게 다룰 수는 없지만, 프로테스탄트 교회가 국가와 맺고 있던 관계(보호와 종속)에서 커다란 변화를 겪은 일을 말하며, 교회와 현실 정치 사이에 새로운 관계가 모색되어야 했던 변환의 시기를 지시한다. 페터존은 이런 상황 속에서 에우제비우스를 제물로 삼아 순수 신학을 옹호하는 제스처를 보였지만, 사실 이것은 고도로 정치적인 언설이라는 것

---

11) Carl Schmitt, *Politische Theologie II*, pp. 85~86[칼 슈미트, 『정치신학 II』, 305쪽].

이 슈미트의 판단이다. 따라서 정치신학을 일소했다는 페터존의 언설 자체가 정치적인 의도로 쓰인 것임에 비추어 볼 때, 슈미트의 논박은 정치적이지 않은 신학 논의는 존재할 수 없다는 주장이었다. 그가 반복해서 페터존의 "일소한다erledigen"가 신학적인 용어가 아님을 강조한 까닭이 여기에 있다. 페터존의 주장은 신학적이 아니라 정치적이라는 것이다. 그리고 정치신학을 일소하겠다는 주장마저 정치적이라는 슈미트의 주장은 『정치신학 II』의 근저에 흐르고 있는 슈미트의 숨은 의도를 추적 가능케 하는 실마리이다.

'근대의 정당성'과 그노시스

사실 이 책은 기묘한 형식을 취하고 있다. 주의 깊게 보면 본론의 서두를 장식하는 한 단락이 페터존과 직접 관계없는 당대의 상황을 묘사하고 있고, 페터존 비판이 마무리된 이후 후기의 형태로 다시 당대의 상황에 대한 검토가 재개되기 때문이다. 마치 페터존 비판은 이 당대 상황에 대한 개입을 위한 장대한 삽입구처럼 배치되어 있는 형국인 셈이다. 그 당대의 상황이란 다음과 같다. 다소 길지만 인용해보자.

무신론자, 무정부주의자, 실증주의 과학자에게 모든 정치신학은 모든 정치적 형이상학과 마찬가지로 학문상 이미 일소되었다. 왜냐하면 그들에게 신학이나 형이상학은 학문으로서는 먼 옛날에 이미 일소되었기 때문이다. 그들이 여전히 정치신학이라는 말을 사용한다면, 그것은 단지 어떤 것이 전면적이고 정언적으로 형편없는 것임을 나타내기 위한 표어이거나 비난을 위해서이다. 그러나 부정의 욕망은 하나의 창조적 욕망이다. 그것은 부정된 것을 무로부터 산출하여 변증법적으로 창조할 수 있는 것이다. 신이 세계를 무로부터 창조했을 때 신은 무를 놀라운 것으로, 즉 세계가 그로부터 비롯되는 것으로 전환시킨 것이다. 오늘날 이를 위해서는 더 이상 신을 필요로 하지 않는다. 자기주장, 자기표현, 자기수권 등 자기Selbst라는 접두어를 가진 다양한 개념이 나타내는 것은 스스로가 무한의 신세계를 만들어낼 수 있다는 사실이기 때문이다. 이 신세계는 게다가 자기 및 자기 자신의 존립 가능성의 조건을 만들어낼 수 있다. 적어도 그 실험실적 조건은 말이다.[12]

본론의 처음을 장식하는 이 내용 뒤에는 단락을 달리하여 다음과 같은 내용이 이어진다. "이 책의 검토 대상인 모든 정치신학의 일소라는 주장은 이런 무신론적, 무정부주의적, 실증주의적 일소와 아무런 관계가 없다."[13] 페터존에 대한 응답으로 기획된 책의 본론을 왜 페터존과 "아무런 관계"가 없는 무신론, 무정부주의, 실증주의의 정치신학 일소로 시작한 것일까? 그것은 『정치신학 II』가 페터존 외에 또 하나의 '주적'을 향한 응수이기 때문이다. 그 주적이란 한스 블루멘베르크Hans Blumenberg의 『근대의 정당성Die Legitimität der Neuzeit』(1966)이다. 이 책에서 블루멘베르크는 세속화 테제에 대한 비판과 더불어 슈미트가 말하는 정치신학적 패러다임을 근본적으로 비판하는데, 앞의 인용문 중 "자기"라는 접두어 운운하는 부분이 블루멘베르크의 열쇳말인 "인간적

---

12) 앞의 책, p. 12〔칼 슈미트, 『정치신학 II』, 252쪽〕.
13) 앞의 책, p. 12〔칼 슈미트, 『정치신학 II』, 252쪽〕.

자기주장humane Selbstbehauptung"을 염두에 둔 것임은 말할 필요도 없다.

　슈미트의 블루멘베르크와의 본격적인 대결은 『정치신학 II』의 후기에서 전개된다. 물론 짧은 지면이기에 블루멘베르크의 방대한 체계를 본격적으로 세세하게 해부하는 것은 아니지만, 슈미트는 블루멘베르크의 엄청난 작업 속에서 커다란 위험을 감지했음을 암시하며 경계심을 나타낸다. "이 책은 엄청난 저서이며 명쾌한 테제와 수록된 방대한 자료 등으로 우리 법학자들로 하여금 현대적 상황에 대해 발언토록 요구한다."[14]

　슈미트로 하여금 이렇게 발언하게 한 블루멘베르크의 작업은 말 그대로 '근대의 정당성'을 기초 짓는 일이었다. 슈미트도 지적하듯이 정당성Legitimität이란 법학 용어로 "과거에 의해 역사를 정당화하는 개념"인데, 블루멘베르크는 근대의 정당성이란 과거가 아니라 미래의 새로운 것에 기초한다는 역전된 테제를 내세운다. 중세를 관통하여 절대적인 것(신학이나 형이상학)의 지배가 지상의 존재, 즉 인간의 생을 위기로 내몬 결과, 정당방위로서 긴급피난의 형태로 과학과 기술을 발전시켰고, 이에 따라 근대는 과거나 초월적인 것 따위의 절대적 근거가 아니라 "자기주장"을 정당성의 기초로 삼을 수 있었다는 것이다. 따라서 근대의 여러 사상적 영위를 모두 기독교적 형이상학의 세속화된 형태라고 서술하는 지성사 서술은 블루멘베르크에게 비판의 대상이 된다. 슈미트의 정치신학적 테제, 즉 "현대 국가론의 중요 개념은 모두 세속화된 신학 개념"[15]이란 테제 따위가 그런 비판 대상의 핵심임은 말할 필요도 없다.[16]

---

14) 앞의 책, p. 110[칼 슈미트, 『정치신학 II』, 321쪽].
15) 칼 슈미트, 『정치신학』, 김항 옮김, 그린비, 2010, p. 54.
16) 블루멘베르크의 논의는 에릭 푀겔린Eric Voegelin과 칼 뢰비트Karl Löwith 등으로부터 촉

이를 두고 슈미트는 "간과할 수 없다"[17]고 말한다. 그리고 그 까닭은 블루멘베르크가 자신의 테제를 혼란스러운 종교적·종말론적·정치적 관념의 세속화와 한데 묶어 비판했기 때문이라고 말한다. 슈미트는 블루멘베르크에 응수하면서 "국제법상의 전쟁론은 적과 범죄자를 구별함으로써 다른 나라 사이의 전쟁에 중립을 지킬 수 있는 유일하게 가능한 이론적 기초를 제공했는데, 현대에 이르기까지 이러한 위대한 합리적 '진보'를 가져다준 것이야말로 국가"였으며, "나 자신과 나의 정치신학에서 근대라는 시대의 전환점을 이루는 것은 바로 이 일"이라고 주장한다.[18] 즉 블루멘베르크의 자신에 대한 비판은 핵심을 벗어났으며, 그는 자신이 말하는 국가와 정치신학 사이의 진정한 의미를 보지 못했다는 것이다.

이런 응수는 또한 보다 넓은 신학–역사철학적 맥락 속으로 이동하여 자리매김되며, 여기서 『정치신학 II』의 숨은 의도가 드러난다. 그것은 기독교 신학에 내장되어 있는 '내전Stasis'의 원리를 재확인하는 일이며, 슈미트는 이를 '적과 동지'의 구분이라는 스스로의 정치 이해의 신학적 기초로 삼아 무정부주의, 무신론, 실증주의를 비판한다. 슈미트가 블루멘베르크의 작업에서 감지한 것은 이 '내전'의 계기를 말소하는 일이었다. 그것도 명쾌한 테제와 방대한 자료를 통해 설득력 있게 제시된 이

발된 세속화 테제에 대한 반박으로 등장하여, 이후 수많은 논자가 참여한 이른바 '세속화 논쟁'의 한가운데에 자리하는 것이다. 1966년 초판 발행 이후 가다머나 슈미트의 비판에 응답하기 위해 블루멘베르크는 1974년에 새롭게 쓴 부분을 포함한 『근대의 정당성』 증보판을 출간한다. 이 증보판의 1부는 난해하여 논쟁적 맥락의 전모를 모르면 이해할 수 없지만, 블루멘베르크의 주장을 명료하게 이해하기 위한 간결한 정보를 전달해준다.

17) Carl Schmitt, *Politische Theologie II*, p. 110〔칼 슈미트, 『정치신학 II』, 321쪽〕.
18) 앞의 책, p. 111〔칼 슈미트, 『정치신학 II』, 322쪽〕.

주장은 그 어떤 학설이나 주장보다도 자신의 정치신학을 위기에 빠트릴 수 있는 가능성을 내포한 것이었다. 함께 전개된 페터존 비판이 분량은 압도적이라 하더라도 블루멘베르크 비판에 비해 긴장도가 떨어지는 것은 이 때문이며, 블루멘베르크라는 축을 개입시켜보면 슈미트와 페터존은 적대한다기보다는 오히려 동지적 관계에 가깝다. 슈미트와 페터존은 어디까지나 정치신학이라는 자장 속에서 대립하고 있기에 그렇다.

슈미트는 블루멘베르크의 그노시스gnosis 해석을 실마리 삼아 근대의 정당성 테제가 내포하는 위험성을 지적한다. 블루멘베르크의 근대의 정당성 테제는 그노시스적 이원론의 극복이라는 서구 기독교 세계의 정신사적 문제 영역에서 도출된 것이다. 그는 1966년판 『근대의 정당성』 서두(증보판에서는 2부 서두)에서 "근대란 '그노시스주의의 시대'라 불리는 것이 보다 어울린다"는 에릭 푀겔린의 주장을 뒤집어, "근대는 그노시스의 극복"이라고 말한다.[19] 블루멘베르크에 따르면 중세 초기의 그노시스주의 극복은 실패로 끝났으며, 이 정신적 외상이 중세 말기까지를 지배하여 근대의 자기주장을 가능케 했다. 이때 그노시스주의란 슈미트가 '내전'의 사유라 부른 초기 기독교의 이단적 경향을 말하는데, 그 핵심적 물음은 전지전능하고 정의로운 신이 세계를 창조했다면 세상에 널려 있는 '악'은 어떻게 설명할 것인지를 둘러싼 것이었다. 여러 복잡한 논의가 있지만, 한마디로 말하자면 그노시스주의는 이 물음을 창조의 신과 메시아 사이의 구분을 통해 극복했다. 블루멘베르크는 그노시스의 사유 체계를 마르키온의 기본 사상을 통해 설명한다.

---

19) Hans Blumenberg, *Die Legitimität der Neuzeit*, Suhrkamp, 1999, p. 138.

신을 세계의 전능한 창조주라 칭하고 이렇게 증명된 전능의 신에 대한 신뢰를 기초 짓는 신학은, 그와 동시에 이 세계의 파괴와 그로부터의 인간의 구원을 이 신의 중심적 행위로 삼을 수 없다. [……] 세계와 인간을 창조하여 인간에게 이행할 수 없는 율법을 부여하고, 구약성서에 전승되듯 민족의 역사를 변덕스런 폭군처럼 이끌었으며, 스스로를 위해 희생과 예배를 요구한 신은 사악한 데미우르고스Demiourgos이다. 스스로 창조하지 않은 인간에 대해 구원의 의무를 전혀 갖지 않음에도 구원을 가져다주는 신, 이 '미지의 신'은 이유가 없는, 그렇기에 순수한 사랑의 존재이다. 이 신성이야말로 스스로가 창조한 것이 아닌 우주를 소멸시키고, 스스로가 부여한 것이 아닌 율법에 대한 불복종을 고지하는 힘을 갖는다. 구원이란 그래서 무엇보다도 먼저 우주의 근본적이고 불투명한 기만을 인간에게 계몽하는 일임이 명백해졌다.[20]

마르키온으로 대표되는 그노시스의 사상은 이렇게 사악한 창조의 신과 그의 세계를 파멸로 이끄는 구원의 신을 대치시킨다. 초기 기독교의 교부들은 이런 그노시스적 사유에 대항하기 위해 어떻게든 논리를 구축해야만 했다. 논리상으로 볼 때 마르키온의 주장이 기독교보다 일관됐기 때문이다. 그런 의미에서 지상의 교회는 우주/세계가 왜 유지되면서도 파멸되어 구원되어야 하는지를 설명해야만 하는 임무를 떠맡게 된다. 이는 지상의 삶이 부정되고 파괴되어야 할 창조신의 작품이라는 마르키온적 논리에 대한 응수였다. 삼위일체설이란 이 과정에서 창조신과 구세주가 동일 존재의 서로 다른 두 위격임을 설파하여 창조와 구원

20) 앞의 책, pp. 141~142.

의 통일을 꾀한 것이다. 블루멘베르크는 초기 기독교 교리란 이렇게 그 노시스적 현세 부정을 극복하는 과정 속에서 형성됐으며, 그 교리의 그 노시스 극복이 실패로 끝났기에 현세 부정과 메시아의 갈망이라는 서 구 사상사의 오래된 숙제가 잔존했다고 본다. 근대의 자기주장은 그런 과거의 정신사적 유물로부터 결정적으로 해방됨으로써 가능해진 것이 며, 인간의 호기심이 구원의 절대성이 짓누르는 현세적 삶을 긴급피난 시켜 미래에 대한 전망 속에서 "정당화 없는 정당성"이 마련되었다고 주 장한다.[21]

여기서 블루멘베르크의 논증 내용을 자세히 살펴보는 것은 중요하지 않다. 여기서의 관심은 슈미트가 블루멘베르크의 그노시스 극복이라 는 서사에서 '정치의 실종,' 즉 '적의 사라짐'을 본다는 점이다. 슈미트는 삼위일체론의 핵심을 '내전'이라고 본다. 그는 블루멘베르크도 인용하 고 있는 나지안주스의 그레고리우스의 말을 인용하면서, 기독교 신학 의 핵심에 내장된 '내전'론을 추출한다. "일자는 항상 자기 자신에 대해 내전 상태에 있다." 이는 창조신 아버지와 구세주 아들 간의 내전을 뜻 하며, 삼위일체론이 은폐한 마르키온적 대립을 드러내는 일이다. 슈미 트가 보기에 삼위일체설이란 마르키온을 위시한 그노시스적 주장을 얼 버무리는 교리였기에 그렇다. "삼위일체론은 창조자 신과 구원자 신의 차이를 아버지와 자식의 동일성이라는 옷으로 은폐했다"[22]는 것이다. 그래서 슈미트는 말한다. "우리는 삼위일체론의 핵심 부분에서 진정한 정치신학적 내전론과 조우했다. 이렇게 하여 적대성의 문제, 적의 문제

---

21) 앞의 책, 2부 참조.
22) Carl Schmitt, *Politische Theologie II*, p. 120〔칼 슈미트, 『정치신학 II』, 329쪽〕.

는 은폐한 채로 넘어갈 수 없다."[23]

이런 관점에서 보면 슈미트의 페터존 비판은 신학자의 불충분한 신학 교리 이해에 대한 것이라고 이해될 수 있다. 사실 슈미트에게 페터존이 발사한 파르티아의 화살은 상처를 내긴 했지만, 그것은 더 심층의 문제로 가는 탈은폐의 효과를 가진 것이었다. 35년이나 뒤늦은 응답은 페터존을 실마리로, 블루멘베르크의 탈신학-탈형이상학의 언설이 간과할 수 없는 문제를 드러내고 있음을 문제 삼은 것이었다고 볼 수 있다. 그래서 슈미트의 숨은 의도는 다음과 같은 말 속에서 파악되어야 한다.

• 탈신학화는 세계가 정치 형태적이기를 그친다는 의미에서 탈정치화를 함의한다. 그와 함께 적과 동지의 구분이 정치와 정치가 아닌 것의 판별 기준이기를 그친다.

• 모든 일자에 이성二性, 즉 내전 가능성인 'stasis'가 내장되어 있다면 신학은 내전학Stasiologie이 될 것이다.

• 정치의 측면에서 검토해온 나에게 중심 문제는 적의 현실성에 관한 것이다. 내가 검토한 반대 모델인 철저하게 탈신학화된 세계에서 여전히 적이란 것은 가능할까? 나는 가능하다고 생각한다. 이 적 개념을 낡은 정치신학으로부터 전혀 새로운 순수하게 세속적인 세계, 순수 인간적인 인간계라고 표방하는 세계에 전용하면 어떤 일이 일어날까? 이에 대해 엄밀하고 비판적으로 고찰하는 일이야말로 일체의 학문적 인식 능력의 불변의 임무이다.[24]

---

23) 앞의 책, p. 119〔칼 슈미트, 『정치신학 II』, 328쪽〕.
24) 이상의 인용은 각각 앞의 책, pp. 119, 123, 124〔칼 슈미트, 『정치신학 II』, 328, 331쪽〕.

슈미트가 35년 뒤늦게 파르티아의 화살로 인한 상처를 보듬게 된 까닭이 여기에 명백해졌다. 슈미트는 페터존의 비판이 삼위일체설을 절대시하여 신성 안에 내장되어 있는 내전을 보지 못했음을 비판함과 동시에, 블루멘베르크가 그노시스 극복을 지렛대로 삼아 신학 자체를 부정함으로써 정치신학에 고유한 적과 동지의 투쟁, 창조신과 구원자의 내전을 무화시켰음을 '간과할 수 없었던' 것이다. 또한 이는 슈미트가 페터존 및 블루멘베르크와 각각 무엇을 공유하고 있었는지를 명확히 보여준다. 한편에서 슈미트는 페터존과 창조와 구원 사이의 시간을 수호하는 카테콘적 사유를 공유하며, 다른 한편에서 블루멘베르크와는 지상의 삶의 정당성이라는 문제의식을 공유한다. 슈미트는 이를 역사신학적 차원의 내전(창조와 구원의 내전)을 중심으로 하는 카테콘과 노모스(법)적 사유로 전유하고 있는 것이다. 이제 이 사유의 역사적 맥락을 보다 넓게 이해하기 위해, 슈미트와 동세대 사상가 중 마르키온의 후예들을 살펴볼 차례이다. 슈미트가 말하는 "탈신학화된 세계에서의 적"이라는 문제와 마주하기 위해서는 마르키온의 후예들을 반드시 우회할 필요가 있기 때문이다.

아프레게르après-guerre와 마르키온의 후예들

조르조 아감벤은 최근의 저서 『왕국과 영광*Il Regno e la Gloria*』에서 다음과 같은 흥미로운 지적을 하고 있다. "벤야민은 스스로를 기독교와 유대교의 특이한singular 교차점에 자리한 사상가로 자리매김했는데, 그런 그가 종말론 사무소를 주저 없이 재개하려 했을 때 위르겐 몰트만Jürgen Moltmann이나 찰스 도드Charles H. Dodd를 기다릴 필요가 없었다는 사실, 그러나 종말론보다는 메시아니즘에 관해 말하는 것을 더 선호했다는 사실은 놀랄 만한 일이 아니다."[25] 여기서 아감벤이 말하는 "종말론 사무소"는 1925년에 사후 출간된 에른스트 트뢸치Ernst Troeltsch의 저서로부터의 인용이다. "오늘날 종말론 사무소는 대개 폐쇄되었다. 이 사무소가 폐쇄된 까닭은 그 기초가 되는 사상의 뿌리가 일실逸失되었기 때문이다."[26] 트뢸치가 폐쇄되었다고 말하고 벤야민이 다시 문을 연 '종말론 사무소'란 무엇인가? 제1차 세계대전 이후의 역사적 맥락 속에서 칼 슈미트의 정치신학을 이해하기 위해서는, 이 사무소의 폐쇄와 재개와 관련된 사정에 주의를 기울어야 한다. 아감벤의 설명을 조금 더 들어보자.

페터존은 교회의 실재를 두 가지 전제와 연결시키고 있는데(유대인의 개종이 잘 이뤄지지 않고 있다는 사실과 신의 재림이 늦어지고 있다는 사실), 이 두 가지 전제는 깊은 곳에서 연관되어 있다. 이 연관이야말로 페터존을 대표자로 하는 가톨릭적 반유대주의의 특성을 정의하는 것이다. 교회의 실존은 유대교 회당의 지속을 기초로 한다. 하지만 최후에는 "이스라엘의 모든 것이 구원받을 것"이며 교회는 왕국에서 완료될 것이다. 그러므로 이스라엘도 언젠가는 소멸해야만 한다. 이 두 가지 전제 사이에 숨은 연관이 있다는 사실을 이해해야만 트뢸치가 [사후 출간된] 1925년 저서에서 말했던 "종말론 사무소"의 폐쇄가 진정 무엇을 의미하는지

---

25) Giorgio Agamben, *The Kingdom and the Glory*, Lorenzo Chiesa trans., Stanford UP, 2011, p. 8.
26) Ernst Troeltsch, *Glaubenslehre*, Duncker & Humblot, 1925(앞의 책, p. 8로부터 재인용).

이해할 수 있다. 종말론 사무소를 재개한다는 것은 교회와 이스라엘 사이의 연관을 근본적으로 묻는 일을 뜻하는 한에서 세심한 주의를 요하는 일이다.[27]

아감벤이 요구하는 세심한 주의를 기울이는 일은 불가능할지는 몰라도, '종말론 사무소'가 무엇인지 어렴풋이 이해할 실마리가 주어졌다. 우선 이 사무소는 교회의 존립 근거, 즉 신의 임재의 지연 및 유대인의 개종과 깊은 관계를 갖는다. 따라서 이 사무소는 지상에서 신의 왕국 완성까지 신의 섭리를 관리하고 집행하는 교회가 역사적 종말/구원 및 유대인의 개종과 맺는 관계를 관장한다. 즉 이 사무소는 교회 권력이 종말론적 역사철학 및 반유대주의적 정치학과 깊은 관계를 맺고 있음을 상징하는 장소인 셈이다. 이 장소는 물론 구체적인 물리적 영역을 갖고 있지 않다. 하지만 19세기 말에서 20세기 초의 유럽 상황을 상상해보면, 그 장소가 어디에서 다시 스스로를 개시하는지 상상하기는 어렵지 않다. 그것은 슈미트와 동세대 사상가들의 종말론적 '언어' 속에 자리한다. 벤야민은 그 대표적인 인물인 셈이다.

조금 더 종말론 사무소의 내실을 들여다보자. 주지하다시피 19세기에는 수많은 동화된 유대인이 유대교 신앙을 버리고 이른바 '문화 프로테스탄티즘'의 분위기 속에서 자유주의적 계몽의 영향을 받았다. 그러므로 트뢸치가 말하는 종말론 사무소의 폐쇄는 유대인의 개종 문제가 더 이상 정치신학적 적대 상황을 낳지 못함을 지적하고 있다. 또한 철저한 세속화 과정 속에서 종말의 임박이나 구원자의 임재 같은 상상력은

---

27) Giorgio Agamben, *The Kingdom and the Glory*, p. 8.

점점 더 설 자리를 잃어가고 있었다. 블루멘베르크의 말대로, 19세기를 풍미했던 실증주의적 사유와 언설은 그와 같은 낡은 신학과 형이상학에 더 이상 자리를 제공할 수 없었던 셈이다. 트뢸치가 말하는 사상적 뿌리의 일실은 이런 과정을 지칭한다. 계몽과 세속화 과정 속에서 지상 세계의 종말과 유대인에 대한 종교적이고 정치적 박해는 과거의 낡은 유물로 치부되었던 것이다.[28]

그러나 상황은 일변한다. 과학기술과 혁명을 통해 과거의 낡은 신학과 형이상학을 일소했다는 믿음이, 즉 계몽과 세속화를 핵으로 하는 역사 진보에 대한 믿음이 산산조각 나는 사태가 벌어진 것이다. 그것은 주지하다시피 제1차 세계대전이다. 칼 슈미트로 하여금 여러 요소가 복잡하게 착종된 반혁명 정치신학의 서사를 주조하게끔 했던 이 사태는, 그와 동세대 지성들에게도 유사한 신학적이고 역사철학적이고 정치적인 반응을 불러일으켰다. 그 반응의 스펙트럼을 여기서 하나하나 짚어 볼 수는 없지만, 주목해야 할 흐름은 그노시스적 역사신학이다. 타우베스는 이렇게 말한다.

블루멘베르크의 입장은 근대를 그노시스적 시대로 매도하는 [뵈겔린의] 주장을 반박하는 것으로 이해될 수 있다. [……] 나는 블루멘베르크와 뵈겔린 사이의 근대 해석을 둘러싼 논쟁에 개입하고 싶지 않다. 물론 블루멘베르크의 테제 쪽에 무게를 두지만, 또한 근대가 결국 그노시스

---

28) 물론 반유대주의가 사라졌다는 말은 아니다. 많은 논자들이 지적하듯 반유대주의는 뿌리 깊은 심성으로 유럽을 사로잡고 있었다. 하지만 여기서의 맥락에서 중요한 점은 반유대주의가 일종의 문화적이고 정신적 영역에서 잔존했지만, 종교와 정치의 '공적' 영역에서는 약화되었다는 사실이다.

극복을 대표한다고 할 수 있지만, 1920년대부터의 그노시스 회귀가 몇 세기에 걸쳐 '근대'라 불린 의미 구조가 끝났음을 의미하는 것은 아닌지 질문을 던질 필요가 있다. 왜냐하면 문화비평의 상식으로서 처음 인구에 회자되던 '근대의 종언'이라는 문제는, 결국 제1차 세계대전 이후 현재에 대한 자기이해가 위기를 맞이했음을 징후적으로 나타내기 때문이다.[29]

여기서 말하는 "현재에 대한 자기이해"란 블루멘베르크가 근대의 정당성 기초로 삼은 근대의 자기주장과 동일한 개념이다. 과거나 전통이 아니라 새로운 미래에 대한 호기심을 통해 현재를 이해하는 '정당화 없는 정당성'이야말로 근대=현재에 대한 자기이해인 것이다. 그런데 제1차 세계대전 이후 이 개념은 위기를 맞이하여 '근대의 종언'이라는 말이 인구에 회자되기 시작한다. 서두에서 말했던 실존, 총력전, 근대에 대한 회의가 새로운 미래에 기초한 현재의 정당성을 불투명하게 만든 것이다.

타우베스는 이런 상황 속에서 그노시스적 회귀가 나타났다고 진단한다. 그는 두 권의 상징적 저서를 토대로 이 그노시스 회귀를 설명한다. 하나는 에른스트 블로흐Ernst Bloch의 『희망의 원리』(1918)이고 다른 하나는 자유주의 프로테스탄트 신학의 대가 아돌프 폰 하르나크Adolf von Harnack의 『마르키온』(1921)으로, 전자는 종교적이고 정치적인 에세이를 담은 비평서이며 후자는 초기 기독교 이단 연구서이다. 그런데 『희망의 원리』가 단순한 비평서가 아니듯, 『마르키온』도 기독교사 연구서로

---

29) Jacob Taubes, "The iron cage and the exodus from it," *From Cult to Culture: Fragments Toward a Critique of Historical of Reason*, Mara Benjamin trans., Stanford UP, 2010, pp. 138~139. 또한 푀겔린의 주장에 관해서는, Eric Voegelin, "Gnostic politics"[1952], in *Collected Works of Eric Voegelin, Vol. 10: Published Essays, 1940~1952*, Univ. of Minnesota Press, 2000, pp. 223~240 참조.

서의 의미만을 갖진 않는다. 양자는 모두 이른바 자유주의 프로테스탄티즘의 종언(그것은 계몽과 세속화의 위기를 의미했다)이라는 국면 속에서, 또한 제1차 세계대전이 초래한 파국 속에서 나타난 "새로운 종교성"을 증언해주는 책으로 읽힐 수 있기 때문이다.[30]

　그 새로운 종교성이란 마르키온적 색채가 농후한 것으로, 하르나크는 "구원은 원래 상태의 재생을 위한 귀환이 아니라 영광스러운 낯섦의 열림이자 집으로의 귀환"이라 주장했는데, 블로흐는 『희망의 원리』 제2판에서 이 "영광스러운 낯섦"을 "무언가something"로 지칭하며 "이 무언가는 모든 사람의 유년기를 밝혀주지만 아무도 그 빛 속에 들어가본 적이 없는 곳, 바로 '집'"이라 부언한다. 즉 블로흐와 하르나크는 구원이란 절대적으로 낯선 것, 지상에서는 알 수 없는 것, 언제 도래할지 모르는 것이라 정의했던 것이며, 이는 창조주가 만든 세계를 파멸시키고 구세주의 새로운 세기를 갈망한 마르키온적 사유의 부활을 알리는 것이었다.[31] 또한 이 시기의 신학적 패러다임을 대표하는 마르틴 부버Martin Buber와 칼 바르트Karl Barth도 마르키온적 사유를 공유했으며, 현대의 한 대표적 철학 텍스트에서 발견되는 다음과 같은 구절은 마르키온의 영향이 이 시기 얼마나 광범위했는지를 잘 보여준다.[32]

　세계의 의의는 세계 밖에 있어야만 한다. 세계 속에서 모든 것은 있는 대로 있고, 일어나는 일은 일어나는 대로 일어난다. 세계 속에는 가치가 없다. 만약 있다고 해도 그것은 가치라는 이름에 값하는 것이 아니다. 가

30) Jacob Taubes, "The iron cage and the exodus from it," p. 140.
31) 앞의 글, p. 140. 마르키온에 대해서는 본서 187쪽 각주 17 참조.
32) 앞의 글, p. 143.

치라는 이름에 값하는 가치가 있다면 그것은 생기하는 것들, 그렇게 있는 것들 밖에 있어야만 한다. [······]

그러므로 윤리학의 명제도 존재하지 않는다. 명제는 [윤리라는] 고차원을 전혀 표현할 수 없다. [······]

세계가 어떻게 존재하는지는 보다 고차원적인 것으로부터 보자면 아무래도 좋은 것이다. 신은 세계 속에 모습을 드러내지 않는다.[33]

이는 비트겐슈타인의 『논리철학 논고』로부터의 인용이다. 이 희대의 철학자가 남긴 수많은 언어철학적 단편들은 마르키온적 사유의 영향력 아래에 있었다. 지상에서 인간의 언어가 결코 '고차원'의 것을 담아낼 수 없다는 사실, 즉 세계에는 아무런 가치가 없다는 사실, 이만큼 그노시스적 현세 부정에 철저한 사유가 또 있을 수 있을까?[34] 물론 비트겐슈타인이 구원을 기다리는 메시아니즘의 신봉자였는지 아닌지는 확실하지 않다. 다만 중요한 사실은 이 시기의 신학과 철학의 주요한 흐름이 '종말론 사무소'의 재개를 마르키온적 사유를 통해 이뤄냈다는 점이다. 이런 맥락하에서 또 한 명의 강력한 마르키온의 후예인 발터 벤야민의 다음과 같은 발언은 비로소 이해될 수 있다.

메시아 자신이 비로소 모든 역사적 사건을 완성시킨다. 그것도 메시아

---

33) Ludwig Wittgenstein, *Tractatus Logico-Philosophicus*, 1918, 6.41, 6.42, 6.432[루트비히 비트겐슈타인, 『논리-철학 논고』, 이영철 옮김, 책세상, 2006, 112, 113, 115쪽].

34) 마르키온적 사유의 목록 속에 빠트리지 말아야 할 인물이 시몬 베유Simon Weil이다. 조르조 아감벤의 박사논문이 시몬 베유에 관한 것이었음을 상기할 때, 현재 하이데거, 슈미트, 벤야민, 푸코를 둘러싸고 전개되는 그의 사유가 마르키온적 전통과 어떤 연관 관계를 가지는지 탐구하는 일은 매우 중요한 의의를 갖는다.

가 그 역사적 사건이 메시아적인 것에 대해 갖는 관계를 스스로 구원하고 완성하고 만들어낸다는 의미에서이다. 그렇기 때문에 어떤 역사적인 것도 그 자체로부터 메시아적인 것과 연관되기를 바랄 수 없다. 그렇기 때문에 신의 왕국은 역사적 잠재성의 목표가 아니다. 신의 왕국은 목표로 설정될 수가 없다. 역사적으로 볼 때 신의 왕국은 목표가 아니라 종말이다. 그렇기 때문에 세속적인 것의 질서는 신의 왕국에 대한 생각에서 구축될 수 없으며, 그렇기 때문에 신정정치는 아무런 정치적 의미도 가질 수 없고 오로지 종교적 의미만을 갖는다. 신정정치의 정치적 의미를 강력하게 부인했다는 점이 에른스트 블로흐의 『유토피아의 정신』의 가장 큰 공적이다.[35]

더 이상의 주석은 필요 없을 듯하다. 신의 왕국이 지상의 활동, 즉 정치의 목표가 될 수 없다는 사실, 그것은 역사적인 것의 목표가 아니라 '종말'이라는 사실, 이것이야말로 마르키온의 후예들이 사유했던 신학적 역사 이해이다. 이들은 현세의 질서가 절대적으로 미지의 무언가에 의해 종말을 고한다고 보고, 현세에서의 정치나 운동이 신의 왕국을 실현시킨다는 진보주의를 거절했다. 지상의 역사 세계가 의미 없는 한에서, 그것은 모종의 종말을 맞이해야 한다. 그래서 벤야민은 "몰락을 추구하는 일이 세계 정치의 과제이고, 그것의 방법은 니힐리즘으로 불러야 한다"[36]고 말했던 것이다.

물론 이상에서 거론한 마르키온의 후예들이 모두 똑같은 '니힐리즘'

---

35) 발터 벤야민, 「신학적·정치적 단편」[1921/22], 최성만 옮김, 『발터 벤야민 선집 5: 역사의 개념에 대하여/폭력비판을 위하여/초현실주의 외』, 길, 2008, pp. 129~130.
36) 앞의 글, p. 131.

을 표방했던 것은 아니다. 시몬 베유처럼 극단적으로 현세를 부정한 이도 있고, 블로흐처럼 끝까지 현세에서의 운동을 고집했던 이도 있다. 또 벤야민처럼 근대의 시간성 속에서 메시아의 좁은 문을 열기 위해 고군분투했던 비평가도 있다. 하지만 이들 모두에게 흐르는 강력한 파토스는 현재라는 시간이 '절대적'으로 종말을 맞이해야 할 세계라는 감정이다. 이런 감정하에서 이들은 자신의 언어 속에 이 니힐리즘과 종말을 담아내고자 했다. 그노시스가 창조주의 '사악한 세계'에 대한 인식을 첫번째 임무라고 간주했던 것과 마찬가지로, 이들은 제1차 세계대전 이후의 파국을 개혁이나 개선으로 회복할 수 있는 사태가 아니라 절대적으로 이질적인 무언가에 대한 기대 속에서 종말을 맞이해야 하는 것으로 간주했던 것이다. 다다이즘과 초현실주의로 이어지는 아방가르드 운동의 최전성기에, 이렇듯 마르키온의 후예들은 근대를 넘어 인간의 역사세계 자체를 끝장내려는 사유를 전개했다. 이제 슈미트의 지적·정치적영위를 이 마르키온의 후예들과의 대비 속에 자리매김하면서 논의를 마무리해보자.

카테콘과 메시아: 내전을 지속시켜야 한다

슈미트의 카테콘적 사유는 이러한 마르키온적 사유와 공명하면서 형성된 것이다. 1920년대 초 슈미트와 벤야민 사이의 은밀한 대화가 있었다는 사실, 제2차 세계대전 이후 슈미트가 벤야민에게 뒤늦은 응답을 했다는 사실, 그리고 『정치신학 II』에서 슈미트가 벤야민을 "새로운 해방"이라는 맥락에서 인용했음을 감안할 때, 슈미트와 마르키온의 후예들 사이의 공명은 확실한 사실이다.[37] 그래서 슈미트도 나름의 '종말론 사무소'를 재개한다. 마르키온의 후예들과 마찬가지로 현재가 살 만한 세상이 아니라는 사실에 슈미트도 공감한다. 또한 마르키온의 후예들이 마르크스주의이든 자본주의이든 과학기술이든 '진보'를 환상이라 여겼던 것과 마찬가지로, 슈미트도 그런 진보를 거부한다. 그러나 여기서 양자 사이의 길은 갈라진다. 마르키온의 후예들이 진보를 거부하면서 동시에 현세의 모든 질서를 끝내야 하는 것으로 본 반면, 슈미트는 과학기술과 자본주의가 약속하는 진보에서 적그리스도의 도래를 읽어낸다. 다음 같은 젊은 슈미트의 분노는 블루멘베르크 비판으로 고스란히 이어지는 파토스가 오래된 것임을 보여주는 증좌이다. 길지만 슈미트의 파토스를 감지하기 위해서 인용해보자.

인류는 "삼라만상을 알기는 하지만 아무것도 믿지 않는" 애처로운 악마가 되었다. 그들은 모든 일에 관심을 가지지만 어떤 것에도 감동하지 않는다. 그들은 삼라만상을 이해하고 학자들은 역사의, 자연의, 그리고 자기 영혼의 일체를 기술한다. 고뇌에 빠진 빈민들조차도 이 정신의 자식이다. 그들은 상공업이 가져다주는 지상의 천국을 원한다. 그 천국이 이 지상에, 베를린, 파리, 뉴욕에 실현되는 것이다. 그들은 사랑의 신도 은총의 신도 원하지 않는다. 이런 경이로움을 '만들어낸' 우리는 이제 지상에 천국의 탑을 '만드는' 것이 어떻겠는가? 이렇게 해서 가장 중요한, 궁극적인 것이 이미 세속화되었다. 법은 힘으로, 성실은 예측 가능성으

---

37) 조르조 아감벤, 『예외상태』, 4장; 야콥 타우베스, 『바울의 정치신학』, 3장; Carl Schmitt, *Politische Theologie II*, p. 116[칼 슈미트, 『정치신학 II』, 326쪽].

로, 진리는 일반적 승인으로, 미美는 취미로, 기독교는 평화 조직으로 변화했다. 가치의 위조와 변조가 도처에서 영혼을 지배하고 있다. 선악의 구분도 이해관심의 구분으로 대치되었다.

예언처럼 어떤 이미지가 마음에 떠오른다. 적그리스도의 이미지 말이다. 적그리스도는 왜 무서운가? 그자가 그리스도를 모방하여 그리스도와 똑같은 행동을 취함으로써 사람들을 기만하기 때문이다. 그는 친절하고 올바르고 청렴하고 합리적으로 행세한다. 그는 신이 창조한 세계를 모조하고 그리스도와 마찬가지로 처녀의 배에서 태어난다. 이 등골을 오싹하게 만드는 악마는 세계를 개조하여 땅의 모습을 변모시켜 자연을 복종시킨다. 이에 놀아난 인류는 동화 같은 그 작업을 목도한다. 자연은 정복당하여 안정의 시대가 와 신의 섭리를 대신해 모든 일은 예측되고 계획된다. 그는 마법 같은 화폐경제에 의해 이상한 가치를 만들어내고, 나아가 높은 수준의 문화적 요구에도 응하려 한다. 그러나 그것은 진리를 배신하기 위한 것이다. 그들은 회의를 일삼는 것을 자랑한다. 사람들은 세상의 삼라만상이 인간의 손에 의해 좌지우지될 것으로 믿게 된다. 이런 작업의 정점에 거대한 기술이 있다. 이제 인간은 하늘을 난다. 육체 그대로 하늘을 나는 것이다.[38]

이 파토스를 지배하는 종말론적 울림은 마르키온의 후예들도 공유했던 것이다. 블로흐, 하르나크, 벤야민, 그리고 시몬 베유에 이르기까지 제1차 세계대전이 초래한 파국 속에서 모종의 종말을 감지하지 않

38) Carl Schmitt, *Theodor Däublers "Nordlicht"*[1916], Duncker & Humblot, 1991, pp. 60~61.

은 이들은 없었다. 문제는 마르키온의 후예들과 달리 슈미트는 이를 '적 그리스도'의 출현으로 이해했다는 점이다. 벤야민을 위시한 마르키온의 후예들이 절대적으로 이질적인 구원을 그 어떠한 지상의 제도적 구축 물에 의존하는 일 없이 사유하고 발화하고자 했다면, 슈미트는 가톨릭 교회의 오래된 교리(바울)인 카테콘, 즉 종말에 즈음하여 구세주의 참 칭을 억제하는 자에 의존해서 이 종말을 사유하고자 했다. 여기에 슈미 트 고유의 정치신학이 탄생한다. 그는 이 카테콘의 자리를 넓은 의미에 서의 '법학'에 마련하고자 했다. 그와 마르키온의 후예들 사이의 분기점 도 여기서 비롯된다. 법학이 철저하게 지상에서의 질서를 옹호하고 유 지하는 것이라면, 슈미트는 지상의 현세를 부정하는 마르키온과 첨예 한 대립점을 형성할 수밖에 없기 때문이다. 즉 슈미트는 종말에 대한 믿 음을 마르키온과 공유하면서도, 지상에서의 질서를 수호하는 법학자 의 길을 택한 것이다.

이랬을 때 슈미트의 법학은 과학 합리주의에 기반한 법실증주의와 전혀 다른 양상을 띠게 된다. 마르키온의 후예들이 온갖 과학 합리주의 와 실증주의를 거부한 것처럼, 슈미트 또한 법실증주의를 엄격하게 배 격한다. 그것이 인류에게 보편적으로 적용되는 법규범을 설파하는 한, 그것은 세계의 구원을 거짓 선포하는 적그리스도의 율법이었던 것이다. 그래서 국가 간 전쟁을 지탱하던 '적과 동지'의 구분을 철폐하고, 국제 연맹의 보편주의하에 전쟁을 범죄시(=신의 심판)하는 법실증주의의 책 동은 슈미트에게 적그리스도의 형상 외에 아무것도 아니었다. 50여 년 이 지난 1970년, 블루멘베르크의 강력한 과학기술 옹호와 그노시스 배 격은 그래서 슈미트에게 다시금 이 형상을 떠올리게 했을 것이다. 그가 말하는 인간의 호기심을 기초 짓는 '새로운 것'의 '정당화 없는 정당성'

은 새로운 형태의 보편주의, 거짓 유토피아, 적그리스도, 즉 '적의 소멸'을 알리는 표식이었기 때문이다.

여기서 다시 애초의 질문으로 돌아가보자. 과연 슈미트에게 '구원'이란 무엇이었을까? 카테콘과 메시아 사이를 가르는 유예된 시간 속에서 슈미트가 구체화하기를 간절히 바랐던 '적'은 무엇이었는가? 단적으로 말하자면 그에게 구원은 기다리되 오지 말아야 할 시간이며, 적은 맞서 싸워야 하지만 사라져서는 안 되는 존재이다. 기독교 신학이 그노시스와의 대결 속에서 스스로를 단련시켰고, 신학의 논리적 장치를 통해 신의 뜻을 지상에서 관철시키는 교회의 존재 의의가 설파될 수 있었다면, 기독교 정치신학은 구원을 위해 도래하는 사랑의 신, 즉 메시아와 끊임없이 쟁투를 벌여야 한다. 성부와 성자 사이의 관계가 근원적으로 내전이라면, 이 내전은 한쪽의 일방적인 승리로 끝나야 하는 성질의 것이 아니라, 기독교 정치신학 속에서 인간의 역사 세계가 의미와 가치를 획득할 수 있는 근원적 분열이기 때문이다. 마르키온의 후예들은 이 내전을 메시아의 손으로 끝장내기를 원했던 것이며, 슈미트는 이에 맞서 카테콘의 형상을 통해 내전의 지속을 주장했던 것이다.

그런 의미에서 제1차 세계대전 이후 펼쳐지게 될 '보편'의 시대, 즉 미국과 소련이 주도하는 지구화는 슈미트에게 악몽 그 자체였다. 미국과 소련은 각자의 이념에 따라 세계를 하나로 통합하여 그 어떤 내적 분열도 없는 매끄러운 세상을 만들려 했기 때문이다. 슈미트의 나치 가담과 제2차 세계대전 이후의 지적 영위는 이런 맥락 속에서 이해되어야 한다. 슈미트에게 가톨릭교회와 근대 주권국가가 카테콘의 형상이 중첩되는 제도물이었듯이, 나치란 슈미트에게 주권국가 체제의 붕괴 이후에 도래한 카테콘이었다. 나치에게 걸었던 정치신학적 미망이 허망하게 종말을 고한 후, 슈미트는 깊은 침묵으로 빠져든다. 그리고 제2차 세계대전 이후 『대지의 노모스』에서 『파르티잔 이론』에 이르는 지적 영위는 과연 미국과 소련이 주도하는 보편주의, 즉 내전의 종식에 맞설 가능성이 있는지에 대한 타진이었다.

슈미트는 그 안에서 새로운 카테콘을 발견했을까? 이에 답하는 것은 다음 기회로 미룰 수밖에 없지만, 미국 주도의 신자유주의와 테러라는 새로운 전쟁이 주도하는 현재의 세계를 슈미트와 마르키온의 후예들의 대립 속에 정위시키는 일은 유효하고도 유용한 사유 실험일 것이다. 여전히 세계는 비참으로 가득 차 있고, 그 세계가 종말을 고하길 학수고대하는 이들이 있으며, 이 비참이 세계를 하나로 만들려는 보편주의에서 비롯됨을 비판하는 이들이 있기 때문이다. 그런 의미에서 제1차 세계대전 이후 펼쳐진 정치신학적 논쟁은 여전히 되돌아가야 할 현대의 사상적이고 비평적인 자장이라 할 수 있을 것이다.

4장

신의 폭력과 지상의 행복
─발터 벤야민의 탈정치신학

벤야민 르네상스와 숨겨진 비사

1941년, 게르숌 숄렘은 뉴욕에서 출판된 그의 처녀작 『유대 신비주의의 주요 흐름』에서 "발터 벤야민(1892~1940)에게. 형이상학자의 통찰, 비평의 해석적 힘, 그리고 학자의 해박함이 천재성 안에서 하나가 되었던 이 생애의 친구를 기억하며"[1]라는 헌사를 보냈다. 이 책이 출판된 당시, 뉴욕에 발터 벤야민이 누구인지 아는 사람은 망명한 지 얼마 되지 않은 한나 아렌트를 비롯하여 네다섯 명에 불과했다고 한다.[2] 그

---

1) Gershom Scholem, "To the memory of Walter Benjamin"(1892~1940), *Major Trends in Jewish Mysticism*(1941), Schocken Books, 1995.

2) Jacob Taubes, *The Political Theology of Paul*(1987), Dana Hollander trans., Stanford UP., 2004, p. 7[야콥 타우베스, 『바울의 정치신학』, 조효원 옮김, 그린비, 2012]. 야콥 타우베스(1923~1987)는 취리히대학에서 『서양 종말론의 역사와 체계에 관하여*Studien zur Geschichte und System der abendländischen Eschatologie*』로 박사학위를 받은 후(1947),

로부터 60여 년이 지난 지금, 발터 벤야민은 뉴욕뿐 아니라 전 세계에서, 인문학 전공자만이 아니라 대중문화계 종사자에게도 익숙한 이름이 되었다. 이러한 현상은 '벤야민 르네상스'라고 지칭되는데, 비극적으로 삶을 마감한 이 '비평가'에게 이 사후의 명성이 과연 영광된 것인지 허망한 것인지는 알 길이 없다. 다만 벤야민에 대한 관심과 참조가 이제 '벤야민 르네상스'가 아니라 '벤야민 열병'이라고 할 정도로 인문사회과학과 비평계를 사로잡고 있음을 부정할 수는 없을 것 같다.

열병으로까지 번진 벤야민에 대한 관심은 1960년대 아렌트나 마르쿠제를 비롯한 하이데거의 "아이들"[3]이 미국 사상계에 스타로 등장한 것과 궤를 같이하며, 같은 맥락에서 아도르노를 비롯한 프랑크푸르트학파의 작업들이 영미권에 소개되면서 등장했다고 할 수 있다. 주지하다시피 하이데거와 프랑크푸르트학파의 이론이 1960년대 영미권에서 각광을 받은 이유는 정통 마르크스주의적 자본주의 비판을 대신할 가능성 때문이었다. 물론 이미 사르트르를 위시한 실존철학이 꾸준히 자본주의 비판의 또 다른 가능성을 제시했지만, 하이데거와 프랑크푸르트학파의 과학기술 및 도구적 이성 비판은 자본주의 및 근대 정치 전체를 되물을 수 있는 관점과 태도를 제공했던 것이다. 앞에서 말한 벤야

미국과 이스라엘에서 공부했다. 벤야민의 맹우 게르숌 숄렘의 지도하에 예루살렘 헤브라이대학에서 연구 조교로 근무했고, 컬럼비아대학 및 베를린자유대학 교수를 역임했다. 베를린대학에서 유대학Judaistik과 해석학 강좌의 겸임 교수였다는 데에서 알 수 있듯이, 유대 신비주의/기독교 신학과 근대 철학의 관계에 대한 독창적 해석으로 명성을 떨쳤다. 벤야민이 속해 있던 세대의 정신적 상황을 이해하기 위해서는 '제1차 세계대전을 전후한 독일의 부르주아 교양 문화의 쇠퇴'와 '독일 고전파/낭만파/관념론에 내포된 신학적 논쟁' 사이의 관계 양상을 염두에 둘 필요가 있는데, 야콥 타우베스의 이 책은 이를 위한 가장 적합한 정보를 담고 있다. 이어지는 논의는 이 책으로부터 시사받은 바가 크다는 사실을 밝혀둔다.

3) Richard Wolin, *Heidegger's Children: Hannah Arendt, Karl Löwith, Hans Jonas, and Herbert Marcuse*, Princeton UP, 2001.

민 르네상스 또한 이 맥락 속에서 등장한 현상이며, 특히 그의 「기술복제시대의 예술작품」은 이른바 1970~1980년대 '문화연구' 계열의 비판적 미디어 연구와 영화 연구에서 반드시 참조해야 할 문헌으로 열거되기에 이른다. 그리고 1990년대에 이르면 수없이 쏟아져 나온 '근대성modernity'과 '대도시metropolis' 연구에서 벤야민의 '파사주론'이 '정전'의 위치에 올라, 드디어 벤야민 르네상스는 열병으로 번지게 되었다고 해도 과언이 아닐 것이다.[4]

그러나 이것이 벤야민 르네상스의 '정사正史'라고 한다면 그 이면에는 '비사秘史'가 있다. 1980년대 이후 몇몇의 연구자들이 이 비사를 들추어 내려 노력했는데, 그중 대표적인 이가 바로 조르조 아감벤이라 할 수 있다.[5] 이 비사란 발터 벤야민과 칼 슈미트 사이의 숨겨진 대화에서 연유한 것으로, 아감벤은 1995년에 출간된 『호모 사케르』에서 주권론과 관련하여 두 사람의 관계를 언급했고, '호모 사케르' 시리즈의 세번째에 해당하는 『예외상태』에서 본격적인 논의를 전개했다.[6] 물론 아감벤이

---

4) 이와 관련된 문헌 중 프랑크푸르트학파의 긍정성과 정통성을 강조한 고전적 논의로는, 마틴 제이, 『변증법적 상상력: 프랑크푸르트학파의 역사와 이론』, 황재우 외 옮김, 돌베개, 1979를 참조할 수 있으며, 영미권 문화연구와 프랑크푸르트학파 사이의 관계를 재검토하면서 마틴 제이에 대한 비판을 전개한 문헌으로는, Douglas Kellner, "The Frankfurt School and British Cultural Studies: The Missed Articulation"(https://pages.gseis.ucla.edu/faculty/kellner/Illumina%20Folder/kell16.htm)을 참조할 수 있다. 또한 도시 연구에서 벤야민 열병을 잘 보여주는 문헌으로는, 그램 질로크, 『발터 벤야민과 메트로폴리스』, 노명우 옮김, 효형, 2005를 들 수 있다.

5) 아감벤의 본격적인 논의 이전에 이 비사를 다루려 한 문헌을 예시해보면 다음과 같다. Jacob Taubes, *The Political Theology of Paul*; David Pan, "Political Aesthetics: Carl Schmitt on Hamlet," *Telos* no. 72, Summer 1987, pp. 153~159; Samuel Weber, "Taking Exception to Decision: Walter Benjamin and Carl Schmitt"(1992), in *BENJAMIN'S—abilities*, Havard UP., 2008, pp. 176~193; Susanne Heil, *Gefährliche Beziehungen: Walter Benjamin und Carl Schmitt*, J. B. Metzler, 1996.

6) 조르조 아감벤, 『호모 사케르』(1995), 박진우 옮김, 새물결, 2008; 『예외상태』(2003), 김항

본격적인 논의를 개시하기 10여 년 전에 이 비사의 '내부자'라고 할 수 있는 야콥 타우베스는 벤야민 르네상스가 칼 슈미트에 의한 것임을 다음과 같이 지적한 바 있다.

참고로 벤야민 르네상스는 칼 슈미트에 의해 시작되었습니다. 슈미트의 저작 『햄릿 혹은 헤쿠바Hamlet oder Hekuba』는 벤야민의 비애극 저서와 최초로 비판적인 대결을 시도한 책이며, 오늘날에 이르기까지 가장 중요한 대결의 결과입니다.[7]

타우베스가 말하는 슈미트의 대결은 벤야민이 죽은 뒤로부터 16년 뒤늦은 응답이었다. 이미 1930년에 벤야민은 슈미트에게 자신의 비애극 저서, 즉 『독일 비애극의 원천Ursprung des Deutschen Trauerspiels』을 보내면서, 이 책이 슈미트의 『정치신학』 및 『독재』로부터 받은 영향에 감사하는 편지를 보낸 바 있기 때문이다. 그런데 이 관계는 오랫동안 비사로 숨겨진 채 남아 있었다. 그 까닭은 '정사' 편찬의 주인공이 이 편지의 존재를, 따라서 두 사람의 영향 관계를 부인해왔기 때문이다. 그 주인공이란 바로 아도르노였다. 타우베스가 이 편지를 입수한 직후 아도르노에게 전화를 걸어 왜 이 편지가 두 권으로 편집된 벤야민의 서한집[8]에서 누

옮김, 새물결, 2009.

7) Jacob Taubes, *The Political Theology of Paul*, p. 7〔야콥 타우베스, 『바울의 정치신학』, 27쪽〕.

8) Walter Benjamin, *Gesammelte Briefe I · II*, Suhrkamp, 1960. 이후 이 편지는 Walter Benjamin, *Gesammelte Schriften 1 · 3*, Suhrkamp, p. 887과 1997년에 출판된 서한집 III권에 각각 수록되었다. 이하 독일어판 벤야민 선집으로부터의 인용은 본문에 '(GS 권수, 쪽수)'로 표기.

락되었는지 문의했을 때, 아도르노는 "그런 편지는 존재하지 않아"라고 대답했던 것이다.[9] 여기서의 과제는 왜 아도르노가 이렇게 답했는지를 추측하는 일이 아니다. 다만 타우베스의 증언을 염두에 두고 보면, 지금까지 '정사'로 여겨졌던 사실이 특정한 정치적 선택의 산물이었음을 지적해두어야 한다. 즉 바이마르의 보수적 공법학자이자 나치의 어용학자였던 칼 슈미트와 반나치의 급진적 비평가 발터 벤야민 사이의 관계는 덮은 채로 넘어가는 것이 (어떤 이유에서였든) 좋았던 것이다.

그러나 타우베스의 증언과 아감벤의 심층적 연구로 비사는 빛을 보게 되었다. 물론 두 사람이 노골적이지는 않더라도 아도르노의 처사에 매우 비판적인 시선을 보내고 있음은 말할 필요도 없다. 그렇다면 타우베스와 아감벤은 이 비사를 들춰냄으로써 무엇을 말하고자 한 것일까? 아감벤의 말을 따르자면 그것은 "우리 시대의 궁극적 지배의 비밀 arcanum imperii"[10]을 드러내 보이는 일이다. 아감벤은 벤야민과 슈미트의 대결을 이 지배의 비밀을 둘러싼 '거인족의 싸움gigantomachia'으로 간주한 것이며, 이 싸움은 '예외상태'를 '법질서'와의 관계하에 묶어두려는 슈미트와 '예외상태'를 '법질서'로부터 분리시키려는 벤야민 사이의 싸움으로 묘사된다. 이를 위해 아감벤은 1920년대에 벌어진 벤야민의 「폭력비판을 위하여」와 슈미트의 『정치신학』 사이의 응수, 『독일 비애극의 원천』과 『햄릿 혹은 헤쿠바』 사이의 어긋난 대화 등을 면밀히 검토하면서, 벤야민의 '순수 폭력reine Gewalt,' 즉 '신의 폭력göttliche Gewalt'이 무엇을 의미하는지를 탐색한다.[11] 아감벤은 이런 작업을 통해 '정사,'

---

9) Jacob Taubes, 앞의 책, p. 98〔야콥 타우베스, 『바울의 정치신학』, 222쪽〕.
10) 조르조 아감벤, 『예외상태』, 163쪽.
11) 앞의 책, 103~124쪽 참조.

즉 나치와 소비에트와 아메리카를 관통하는 기술-자본주의에 대항하는 비판적 이성의 수호라는 서사를 비껴가면서, 벤야민 고유의 정치성을 '예외상태'와 '신의 폭력' 속에서 탐구하려 했던 것이다. 그리하여 아감벤은 다음과 같은 이미지를 제시한다.

순수한 폭력에 의해 이루어지는 신화적·법적 폭력의 폭로에는 카프카론에서 일종의 잔향으로 등장하는 이미지, 즉 더 이상 집행되지 않고 궁리되는 법이라는 수수께끼 같은 이미지가 대응한다. 따라서 폭력과 권력 사이의 연결망이 절단된 후에도 여전히 가능한 법의 형상이 있다. [……] 그런 식으로 일체의 관계에서 해방된 뒤에도 살아남는 법은 어떤 것일까? [……] 즉 메시아의 완성 이후 법은 어떻게 되는가(이는 바울을 동시대의 유대인들과 대립시켰던 논점이다)? [……] 벤야민은 카프카의 「신임 변호사」에 대한 독해를 통해 바로 이러한 질문들에 대답하려 했던 것이다. 분명히 여기서 문제는 도달해야 할 종착점에 결코 도달할 수 없는 이행 국면도, 법을 유령적 삶 속에 유지시키지만 결론에 도달하지 못하는 무한한 탈구축déconstruction 과정도 아니다. 여기서 결정적인 것은 법이—더 이상 집행되지 않고 궁리되는—정의가 아니라 단지 정의로 이끄는 문일 뿐이라는 사실이다. 정의에 이르는 길을 여는 것은 법을 지우는 일이 아니라 법에서 활력을 빼앗고 작동을 멈추게 하는 일—즉 법을 다르게 사용하는 것이다.[12]

여기서 알 수 있듯이 타우베스와 아감벤이 들춰내려 했던 비사는 정

---

12) 앞의 책, 122~123쪽.

사와 전혀 다른 정치적 '비밀'을 드러낸다. 그것은 도구적 이성과 비판적 이성 사이의 칸트적 대립이 아니라, 법의 작동과 정지 사이에서 펼쳐지는 "궁극적 지배의 비밀"이다. 소비에트의 붕괴와 뒤이은 코소보전쟁과 마주하여 제시된 아감벤의 정치적 비전을 염두에 둔다면, 이 지배의 비밀은 역사의 진보라든가 근대의 정치적 이념이 무력해진 상황을 타개하는 열쇠라고 할 수 있다.[13] 하지만 법에서 활력을 빼앗고 작동을 멈추게 하는 일, 즉 법을 다르게 사용한다는 건 어떤 것일까? 법이 정의가 아니라 정의의 문일 뿐이라는 언명은 무엇을 뜻하는 것일까?

이미 벤야민이 "순수한 폭력이 하나의 구체적 사례를 통해 언제 실제로 있을 것인지를 결정하는 일은 사람들에게 가능하지도 않을뿐더러 시급하지도 않다"(*GS* II.1, 202~203)[14]고 했던 것처럼, 신의 폭력이나 순수한 폭력에 의해 제시되는 법의 이런 이미지를 구체적으로 그려내기란 불가능한 것처럼 보인다. 아감벤이 벤야민을 따라 제시하는 정치적 비전이 매혹적임에도 답답한 것은 그 때문일 것이다. 하지만 이 매혹적이지만 답답한 이미지를 구체화하는 것 이외에 저 '지배의 비밀'을 보다 명확하게 이해하는 일은 불가능하다. 뒤에서는 타우베스와 아감벤이 들춰낸 비사를 보다 폭넓게 탐사함으로써 이 과제와 대면해보고자 한다. 이를 위해 우선 아감벤의 『예외상태』가 슈미트의 『옥중기*Ex Captivitate*

---

13) 이에 관해서는, 조르조 아감벤, 『목적 없는 수단』, 김상운·양창렬 옮김, 난장, 2009, 120~129쪽 참조. 또한 아감벤의 벤야민 및 슈미트 독해의 역사철학적 인식에 대해서는, 김항, 「독재와 우울, '최후의 인간'을 위한 결정 혹은 각성」, 『말하는 입과 먹는 입』, 새물결, 2009, 45~94쪽 참조.

14) 발터 벤야민, 「폭력비판을 위하여」, 『발터 벤야민 선집 5: 역사의 개념에 대하여/폭력비판을 위하여/초현실주의 외』, 최성만 옮김, 길, 2008, 116쪽. 이하에서 한국어판 벤야민 선집의 서지는 '번역본 권수, 쪽수'를 본문의 독일어판 서지 사항 뒤에 병기한다. 또 인용문의 번역은 글의 맥락에 맞게 수정했다.

Salus』에 대한 응답이라는 사실을 확인하면서, 아감벤이 왜 슈미트를 통해 벤야민의 정치적 비전을 도출하려 했는지를 살펴보는 일로 시작해 보자.

칼 슈미트의 결단과 회한

『예외상태』의 에피그램은 다음과 같다. "법학자들이여, 어찌하여 그대들 소임 앞에서 입을 다물고 계시는가?"『예외상태』의 일본어 번역자에 따르면, 원본인 이탈리아어판이 출판된 직후인 2004년『경제 재정 고등교육』이라는 잡지에 실린 인터뷰에서 아감벤은 이 에피그램이 이탈리아 르네상스 시기의 법학자 알베리쿠스 겐틸리스Albericus Gentilis의 "신학자들이여, 타인의 소임 앞에서 침묵하라!"를 변형시킨 것이라 밝혔다고 한다.[15] 그런데 일본어 번역자의 이 친절한 해설은 불충분하다. 아감벤의 에피그램과 겐틸리스의 격언 사이에는 또 하나의 격언이 삽입됨으로써 비로소 하나의 연속을 이루는 서사가 완성되기에 그렇다. 그것은 바로 "침묵하라, 법학자들이여!"이라는 칼 슈미트의 격언이다. 즉 아감벤의 에피그램은 슈미트에 대한 응답이었던 셈이다. 과연 이 응답이 함의하는 바는 무엇일까?

1945년 4월, 나치의 패망 직후 슈미트는 소비에트군에 의해 베를린에서 체포되었으나 즉시 석방되었다. 그러나 같은 해 9월 이번에는 미군이 그를 다시 체포하여 1947년 3월까지 수감했고, 결국 불기소 처분을 받

---

15) ジョルジョ・アガンベン,『例外状態』, 上村忠男・中村克己訳, 未来社, 2007, p. 180.

아 석방되기에 이른다. 이 수감의 기간 동안 자신의 심정을 담백하게 서술한 저서가 1950년에 출판된 『옥중기』이다.[16] 타우베스는 이 책을 예루살렘에서 구해 읽은 뒤 친구인 아르민 몰러Armin Mohler에게 소감을 편지로 보냈는데, 이것이 슈미트에게 알려져 이후 그의 지기知己가 된다. 이 편지에서 타우베스는 자기 시대 독일의 위대한 두 사상가인 하이데거와 슈미트가 나치에 가담한 것은 쉽게 처리될 수 있는 문제가 아니라고 지적한 후, 그러나 하이데거는 슈미트처럼 담담하게 스스로의 처지와 심정을 제시하지 않았다고 하면서 다음과 같이 몰러에게 말했다.

우리에게는 충격적인 보고였어. 모든 것을 밝힌 것은 아니지만 영혼의 심층부를 보여줬기 때문이지. 우리 세대의 그 누구도 이처럼 내밀한 사실을 이만큼 드러내놓고(그것도 진실대로) 보고하지는, 아니 스스로를 결산하지는 못했어(1951.2.14).[17]

경건한 랍비 집안에서 자라 나치의 홀로코스트를 목도한, 그리고 신생 이스라엘 민족국가의 수도 예루살렘에서 유대 신비주의 교리를 연구하던 젊은 연구자는 도대체 왜 나치의 어용학자였고 연합군에게 체

---

16) Carl Schmitt, *Ex Captivitate Salus: Erfahrungen der Zeit 1945/47*, Greven Verlag Köln, 1950. 이하 이 책의 인용은 본문 중에 '(*ECS* 쪽수)'로 표기한다. 여기서 라틴어 'Salus'를 '구원'으로 해석할 경우, 책 제목은 "옥중으로부터의 구원" 혹은 "구원은 유폐로부터" 등으로 번역될 수 있다. 또한 수감 중 슈미트에 대한 심문과 그의 대답에 관해서는 David Pan, "Political aesthetics: Carl Schmitte on Hamlet," pp. 91~129 참조.
17) Jacob Taubes, *The Political Theology of Paul*, p. 108. 슈미트는 몰러를 경유하여 이 편지를 보고 타우베스의 식견을 높이 평가했고, 이후 자신의 저작을 모두 타우베스에게 헌정했다. 타우베스는 1979년까지 이 일방적 '구애'를 무시했지만, 결국 슈미트와 만나 스스로의 바울 강의의 밑거름이 된 대화를 나누게 된다.

포되어 전범 혐의를 받은 슈미트에게 공감했던 것일까? 그것은 19세기 말에 태어나 20세기의 반절을 지배한 정치적 격랑을 경험한 슈미트의 결단과 회한이 솔직하고 담백하게 묻어나 있기 때문이었을 것이다.

『정치적 낭만주의Politische Romantik』(1919)에서 『독재』(1921)와 『정치 신학』(1922)을 거쳐 『정치적인 것의 개념』(1927)에 이르기까지, 슈미트는 일관되게 자유주의/민주주의/의회주의와 맞서는 한편, 사회주의/무정부주의/공산주의에 맞서 주권자의 결정을 근간으로 하는 국가의 편에서 투쟁을 벌였다. 이때 전선은 전방위로 확장되어 프리드리히 슐레겔Friedrich Schlegel에서 아담 뮐러Adam Müller에 이르는 독일 낭만주의자, 법실증주의에서 순수법학에 이르는 법치국가적 법 이론, 그리고 영국과 프랑스가 주도하고 미국이 배후 조종하는 국제연맹 질서가 무차별적으로 공격의 대상이 된다. 이 과정에서 슈미트는 일관되게 모든 개인주의, 낭만주의, 실존주의, 무정부주의를 배격했는데, 놀랍게도 슈미트는 『옥중기』에서 낭만주의 계열의 시인과 무정부주의자와 극단적 실존주의 철학자를 자신의 동지로서 호명한다.[18] 독일 낭만주의 작가 클라이스트Heinrich von Kleist, 낭만주의 계열의 시인 테오도어 도이블러Theodor Däubler와 콘라트 바이스Konrad Weiß, 프루동과 푸리에Charles Fourier, 그리고 막스 슈티르너Max Stirner가 호명되고 있는 것이다.

이들은 모두 국가주의자 슈미트에게는 '적'이었다. 그러나 슈미트에게 적이란 경멸하여 말살해야 할 존재가 아니다. 오히려 슈미트는 "사람이란 자신의 적을 통해 격이 매겨진다"(ECS 90)고 말한다. 따라서 앞에서

---

18) "지금 내 눈앞에 있는 유일한 자는 막스 슈티르너이다. 그가 내 옥사를 방문해준 것이다. 이 난폭한 에고이스트가 이렇게 방문해주어서 나는 깊은 감명을 받았다"(ECS 81~82), "나의 비할 데 없는 동지 테오도어 도이블러와 콘라트 바이스"(ECS 91).

동지로 호명하는 '적'들은 바로 슈미트의 인간으로서의 격을 결정해준 존재들이었던 셈이다. 타우베스는 여기서 슈미트의 "영혼의 심층부"가 드러나 있음을 보았다고 할 수 있다. 그러나 타우베스의 공감과 감탄은 어제의 적을 오늘의 동지로 호명하는 슈미트의 관대함에 기인하는 것이 아니다. 타우베스는 슈미트의 행적을 결코 '용서'하지는 않았다.[19] 그런 의미에서 그의 공감과 감탄은 슈미트의 나치 가담을 용서하느냐 안 하느냐는 문제와 조금 다른 것이었다. 여기서 중요한 점은 슈미트가 하나의 결단을 내렸음을 고백했다는 점이며, 옥중에서 그 결단에 회한을 느끼고 있음을 토로했다는 사실에 있다. 즉 타우베스가 보기에 슈미트는 1910년대 말에 하나의 결단을 내렸고, 그것이 나치 가담과 수감으로 귀결되었음을 진솔하게 고백했던 것이다. 이 결단이란 자신의 동지인 슈티르너, 도이블러, 바이스 등의 낭만주의/개인주의와 결별하고, 유럽 공법이 지배하는 주권국가의 법질서 쪽에 선다는 정치적 결정이었다.[20]

나는 '유럽 공법'에 대한 최후의 자각적 대표자이자 실존적 의미에서

---

19) 앞에서 말했듯이 1979년까지 슈미트는 타우베스에게 일방적으로 편지와 저서를 보내면서 구애를 펼쳤다. 그러나 타우베스는 다음과 같이 말하면서 슈미트의 구애를 거절했다. "슈미트는 적과 동지가 무엇인지 잘 알고 있다. 그래서 그는 내가 그에게 유대인으로서 공공연히 ex officio 적임을 당연히 알고 있을 것이다."(Jacob Taubes, *The Political Theology of Paul*, p. 101〔야콥 타우베스, 『바울의 정치신학』, 227쪽〕). 이런 그에게 "우리가 심판관은 아니다. 슈미트와 코제브와 당신은 똑같은 문제를 다루고 있으니 만나라"고 한 것은 블루멘베르크였다(앞의 책〔야콥 타우베스, 『바울의 정치신학』, 228쪽〕).

20) Nicolaus Sombart, *Die Deutschen Männer und Ihre Feinde: Carl Schmitt-Ein Deutsches Schicksal Zwischen Männerbund und Matriarchatsmythos*, Carl Hanser, 1991. 뒤에서 이 책으로부터의 인용은 다음의 일본어판에 의거했다. 『男性同盟と母権制神話 : カールシュミットとドイツの宿命』, 田村和彦訳, 法政大学出版局, 1994, p. 152(이하 『男性同盟』로 표기). 이에 관해서는 다음 절에서 상술하도록 한다.

최후의 교사이고 연구자이며, 그 종말을 베니토 세레노가 해적선 항해에서 겪었던 식으로 체험했다(*ECS* 75).

베니토 세레노는 멜빌의 동명 소설의 주인공으로 배의 선장이었으나, 선내에서 흑인 노예가 반란을 일으켜 선장 외의 모든 백인을 죽인 다음 그에게 항해를 명해 자신의 배를 해적선으로 삼을 수밖에 없게 된다. 슈미트는 나치의 등장을 이 흑인 노예의 반란에 빗대어, 자신의 나치 가담을 애처로운 베니토 세레노의 처지에 중첩시키고 있는 것이다. 물론 슈미트는 세레노와 달리 자진하여 해적선에 탔을 터이지만, 그는 1910년대 후반의 결단으로부터 1945년의 파국까지를 겪은 뒤 옥중에서 자신의 심중을 다음과 같이 표현했다. "내 아이가 아버지가 떠맡은 운명의 비밀을 알고자 내 생애의 가장 깊은 곳에 자리한 말 한마디를 찾는다면, 〔……〕 프로메테우스로서가 아니라 기독교적 에피메테우스로서 답할 수 있을 뿐이다"(*ECS* 52~53). 주지하다시피 프로메테우스는 예언과 예지의 신이며, 그 동생 에피메테우스는 말 그대로 지나간 후에 생각하는 자epi-methe, 즉 후회와 회한을 일삼는 신이다. 이 옥중에 갇힌 에피메테우스 곁에 어제의 동지들이 함께하고 있다. 그리고 슈미트는 이 동지들과 함께 "'유럽 공법'에 대한 최후의 자각적 대표자이자 교사이자 연구자"로서 그 파국에 임하여 "침묵"을 지키려 한다. 유럽 공법의 탄생과 종말을 알리는 두 가지 "침묵"과 중첩시키면서 말이다.

"신학자들이여, 타인의 소임 앞에서 침묵하라!" 〔……〕
"침묵하라, 법학자들이여!" 〔……〕
한 시대의 시작과 끝에 두 가지의 기묘한 침묵하라는 요구가 있다. 처음에는 법학자로부터 비롯되어 정전론正戰論의 신학자를 향한 침묵의 요구가 있다. 마지막에는 순수하고 남김 없이 세속적 기술성으로 전향하라고 법학자에게 강요한다. 여기서 이 두 가지 침묵하라는 요구의 관계를 논할 생각은 없다. 단 이 한 시대의 시초가 공포의 시대였으며 종말도 그와 못지않은 공포의 시대라는 사실을 음미해보는 일은 필요하며 유익하다. 모든 상황은 스스로의 비밀을 가지고 있으며, 모든 학문도 깊은 비밀을 간직하고 있다. 나는 '유럽 공법'에 대한 최후의 자각적 대표자이자 실존적 의미에서 최후의 교사이고 연구자이며, 그 종말을 베니토 세레노가 해적선 항해에서 겪었던 식으로 체험했다. 그러므로 지금 여기는 침묵할 때이자 장소이다. 침묵 앞에서 두려워할 필요는 없다. 침묵하면서 우리는 자기 자신을, 또한 우리가 신으로부터 유래했음을 음미한다(ECS 75).

이제 아감벤의 저 에피그램이 무엇을 향한 것인지 명백해졌다. 즉 "법학자들이여, 어찌하여 그대들 소임 앞에서 입을 다물고 계시는가?"는 칼 슈미트를 향한 힐문이었던 것이다. 겐틸리스의 격언을 변형시켰다는 이 에피그램은 단순한 말놀이 따위도 아니고 맥락 없는 일도 아니었다. 겐틸리스의 격언을 유럽 공법의 시대를 알리는 것으로 환기시킨 이는 바로 칼 슈미트였고, 그 마지막 자각적 대표자로서 침묵한 자도 칼 슈미트였다. 따라서 아감벤은 『예외상태』를 통해 칼 슈미트의 침묵을 깨려 했던 것이며, 벤야민은 이 침묵을 깨트리기 위해 소환된 자객이다. 그것은 슈미트가 『옥중기』에서 자주 사용하는 "비밀Arcanum"이라는 용어를 아감벤이 『예외상태』의 열쇳말로 삼고 있는 데서도 알 수 있다. 따라서 아감벤은 슈미트가 침묵으로 지키려 했던 "지배의 비밀arcanum imperii," 다른 표현으로 하자면 "비밀 상자arca"를 열어젖히려 했고, 그럼 으로써 발견된 것이 바로 "예외상태"였던 셈이다.[21]

익히 알다시피 아감벤은 슈미트의 침묵을 깨고 열어젖힌 "예외상태" 를 로마법과 벤야민의 카프카 해석에 대한 현기증 나는 주석으로 설명 하려 한다. 물론 이는 하나의 가능한 길이며 매혹적인 비전이기는 하다. 그러나 이미 언급했듯이 매혹적이면 매혹적일수록 그 난해함과 모호함 은 증폭된다. 2천 년이 넘는 세월과 다양한 분야를 횡단하는 그의 논의 전개는 너무나도 압축적이어서 롤러코스터를 타는 듯한 인상을 주는 것이다. 물론 아감벤의 의도가 "우리 시대의 통치 패러다임"을 이해하고 이를 뛰어넘는 비전을 제시하는 데 있었기 때문에, 벤야민에 대한 주석 이 다소 매혹적 이미지로 점철된 것은 어쩔 수 없는 일이라고 볼 수도 있다.

그러나 슈미트의 비밀 상자 속에 숨겨진 것이 예외상태이며 벤야민이 그 상자의 열쇠를 가지고 있다면, 어떤 까닭에서 그러한 것일까? 『예외 상태』가 정작 대답하지 않은 물음이 여기에 있다. 아감벤은 『정치신학』 이 「폭력비판을 위하여」에 대한 응답이라는 '가설'하에서 논의를 진행 시킨다. 그 '가설'은 물론 설득력이 있지만 매우 얇고 위태로운 가설임을 부정하기는 어렵다. 어디에도 '증거'가 없기 때문이다. 따라서 이 '가설' 을 보다 설득력 있게 만들어 아감벤이 제시한 정치적 비전을 구체화하 기 위해서는, 다른 조치가 요청된다고 할 수 있다. 그것은 아감벤이 출 발점으로 삼았지만 언급하지 않은 채 덮어버린 『옥중기』로 다시 돌아가 는 일이다.

---

21) 조르조 아감벤, 『예외상태』, 163쪽.

이는 아감벤 스스로가 제시하고 있는 방향이기도 하다. "〔두 사람 사이에 관계된〕겉으로 드러나지 않은 관련 파일은 이보다 훨씬 많은데, 그것의 전체적인 함의를 연구하지 않으면 안 된다."[22] 앞으로 살펴보겠지만, 아마도 『옥중기』는 이 관계 목록을 재구성하는 데에 가장 적합한 광산이며, 그저 슈미트의 침묵과 비밀만을 끄집어내고 덮어버리기에는 아까운 저서임에 틀림없다. 따라서 아감벤이 제시한 정치적 비전 속에서 허우적대기 이전에 이 광산을 캐보는 일이 시급한 과제이다. 그랬을 때, 타우베스와 아감벤이 파헤친 비사의 내러티브가 풍부해질 것이며, 벤야민의 매혹적이지만 모호한 정치적 비전의 의미가 조금 더 뚜렷해진다고 할 수 있다. 이를 위해서는 앞서 잠시 언급한 슈미트의 동지/적들을 둘러싼 사정으로 눈을 돌려야 한다. 이제 슈미트의 적이자 동지였던 낭만주의/개인주의/무정부주의자들과 벤야민 사이의 숨은 관계를 파헤쳐볼 차례이다.

무구한 육체와 벌거벗은 생명: 슈미트와 벤야민의 대립

이 지점에서 다시 한 번 여기서의 과제를 확인해두자. 그것은 비밀 상자를 열어젖혀 드러난 예외상태와 이를 둘러싼 거인족의 싸움을 보다 넓은 맥락에서 이해하는 일이다. 아감벤은 이 문제를 슈미트 독해로부터 이끌어냈으면서도 벤야민에게 우선권을 부여한다. 즉 『정치신학』이 「폭력비판을 위하여」에 대한 응답이었다는 가설을 설정한 것이다. 그런

---

22) 앞의 책, 104쪽.

데 이 가설의 타당성은 그런 '추측'으로 획득되는 것이 아니다. 오히려 슈미트의 지적 편력에서 그 타당성은 확보될 수 있다. 그 실마리는 옥중의 슈미트에게 찾아온 저 동지들에게 있으며, 특히 도이블러와 슈티르너는 유력한 참고인이다. 우선 도이블러를 소환해보자.

1916년, 슈미트는 당시 주목받지 않았던 시인 테오도어 도이블러에 관한 책을 출간한다. 『테오도어 도이블러의 북극광*Theodor Däublers "Nordlicht": Drei Studien über die Elemente, den Geist und die Aktualität des Werkes*』이 그것이다. 도이블러는 1876년 이탈리아 동북부 트리에스테에서 태어나 로마, 피렌체, 파리를 유랑하다가 1912년 베를린에서 슈미트와 만나 교우를 맺었다. 도이블러는 1910년 총 3권 3만 행 1천 쪽이 넘는 『북극광』이라는 시집을 출간한 바 있는데, 1912년 이 시집의 의의를 알아준 이는 베를린에 없었다. 이 시집의 주제는 "인간은 타원적楕圓的 존재"라는 말에 함축되어 있다. 즉 인간의 '양성성兩性性'이 주제인 셈이다. 그는 이 장대한 서사시를 통해 국가와 법질서를 남성의 여성 지배의 산물로 간주하고, 북극광으로 상징되는 구원의 장소에서 원초적인 모권으로 회귀한다는 역사철학을 선보인 것이다.[23]

슈미트는 1916년에 출판된 도이블러에 관한 책에서 이 서사시가 기본적으로 "낭만주의에 뿌리내린 것"[24]이라 평가하면서 이 웅대한 역사철학에 감탄의 뜻을 감추지 않았다. 그런데 이는 매우 기묘한 평가가 아닐 수 없다. 칼 슈미트는 1919년의 『정치적 낭만주의』에서 인간의 새로운 자기이해를 향해 가는 낭만주의에 대해 혹독한 비난을 가했기 때문

---

23) 田村和彦訳, 『男性同盟』, 157~175쪽.
24) 앞의 책, 152쪽.

이다. 불과 3년의 세월을 두고 사정이 정반대가 된 것이다. 이것은 슈미트의 전향일까? 이에 대한 답은 잠시 미루고, 이로부터 약 30년 후 슈미트가 도이블러를 어떻게 회고했는지를 살펴보자.

이 볼품없는 거인이야말로 유럽적 감수성을 가진 천재였으며 일리아인Illyrer만이 구사할 수 있는 말의 천재였다. 〔……〕 19세기 유럽의 인상주의, 미래주의, 큐비즘, 표현주의 등이 가져온 수많은 혼돈스런 맹아는 뜻하지 않게 독일에서 완전하게 발아되었다. 독일의 시는 울림, 색채, 사상의 새로운 기적이 되어, 그 울림과 색채로 그득한 악보는 독자와 청자에 의해 끊임없이 낭송되고 해석되고 연주되었다. 이 말의 변화에 관여한 많은 시인 중에는 슈테판 게오르게Stefan George와 라이너 마리아 릴케Rainer Maria Rilke 등 위대한 이들도 있다. 그러나 독일어가 새로운 울림을 전하는 기적의 악기로 나아간 것은 도이블러를 통해서이다(*ECS* 46~47).

이는 슈미트의 전 저작 안에서 위대한 공법학자들이나 도노소 코르테스 등의 반혁명 국가철학자에 대한 것과 버금가는 찬사이다. 그가 바이마르 시기 철저하게 적으로 치부하여 비난해 마지않았던 낭만주의자가 슈미트의 가슴에 이토록 강렬하게 남아 있던 것이다. 그래서 슈미트는 "1910년 이래 그의 작품에 열중"(*ECS* 51)했다고 회고했고, 베르너 좀바르트Werner Sombart의 아들이자 슈미트에게 사적으로 직접 가르침을 받은 니콜라우스 좀바르트에게 "『테오도어 도이블러의 북극광』을 읽지 않은 자는 나에 대해 말할 자격이 없다"[25]고 단정적인 어투로 말했다. 이런 도이블러에 대한 동경은 『정치적 낭만주의』 이후에도 식지 않았다. 그는 1928년의 대작 『헌법론Verfassungslehre』을 프리츠 아이슬러Fritz Eisler에게 헌정하고 있는데, 『테오도어 도이블러의 북극광』도 그에게 헌정되었다. 아이슬러는 도이블러를 슈미트에게 소개한 인물이며, 취리히 다다이즘의 대표자 후고 발Hugo Bal과 더불어 슈미트 청년 시절의 맹우였다. 즉 『정치적 낭만주의』를 통해 낭만주의를 적으로 삼은 후에도, 슈미트는 여전히 이들 젊은 시절의 낭만주의자들을 가슴 속 깊숙이에서 동경하고 있었던 것이다.

이제 또 한 명의 참고인 막스 슈티르너가 등장할 차례이다. 슈미트는 옥중에서 이렇게 자문자답한다. "너는 너 자신을, (아니 그것보다도) 너 자신이 놓인 상황을 알고 싶은가? [……] [그렇다면] 몇천 개나 있는 인간의 정의 중 무엇이 너에게 가장 알맞은지 생각해보아라. 나는 옥중에서 이를 생각해보았고, 가장 알맞은 것이 '인간은 벌거벗었다'는 정의임을 알았다. 나체로 옷 입은 자 앞에, 무장해제당하여 무장한 자 앞에, 힘없이 힘 있는 자 앞에 서도록 강요당한 자야말로 나체의 극치가 아니겠는가. 아담과 이브는 낙원으로부터 쫓겨났을 때 이미 이를 알아차렸던 것이다"(ECS 79). 그리하여 슈미트는 바그너의 간주곡을 인용한다. "내가 상속받은 것은 그저 내 몸뿐, 나는 살면서 그것을 깡그리 소진한다." 옥중에서 슈미트는 육체만 남은 자신을 바라보고 있었고, 이 상황이야말로 삶의 가장 적나라한 근원, 즉 "육체적 행복의 분출"(ECS 80)을 느끼게 해주는 것이었다. 그리고 슈미트로 하여금 이런 깨달음에 이르게 한 인물은 이 시구의 주인공인 슈티르너였다.

"고등학교 졸업 1, 2년 전에 나는 막스 슈티르너를 알았다. 그를 안

---

25) 앞의 책, 148쪽.

덕분에 그 후 현재까지 내가 조우한 사건, 즉 그를 몰랐다면 경악했을 수많은 사건들에 대처할 각오가 생겼다"(*ECS* 80~81). 주지하다시피 슈티르너는 급진적 실존주의로 알려진 헤겔 좌파 철학자로, 자아에 집착하여 지금-여기의 지상에 새로운 낙원을 발견한 인물이다. 슈미트는 슈티르너가 편집증적으로 자아에 집착함으로써 "무구한 육체"로 회귀하여 낙원에 있던 아담의 행복을 그려냈다고 평했다. 즉 육체의 행복이야말로 자아의 행복이라는 것이다. 슈미트를 지탱하던 삶의 궁극적 모습은 바로 이 나체의 삶이 구가하는 육체의 행복이었던 셈이다.

이제 두 참고인 심문을 바탕으로 슈미트의 정치적 결단이 어떤 것이었는지 판명해보자. 슈미트의 1919년 이후 저작을 염두에 둔다면, 도이블러와 슈티르너는 분명히 대결해야 할 적이었다. 역사철학적 사변이든 자아로의 침잠이든, 슈미트가 보기에 초월 없는 내재적 상승이란 기껏해야 "영원한 수다"로 끝날 터이기 때문이었다. 또한 슈티르너를 논하면서 등장하는 저 "무구한 육체"라는 말은 『정치신학』에도 등장하는 것으로, 모든 정치적 결정을 무화시키는 무정부주의자의 유토피아를 비판하기 위해 사용된다.[26] 그래서 슈미트는 양가적이다. 한편에는 무한히 자아로 침잠하여 낙원을 꿈꾸는 낭만주의자 슈미트가, 다른 한편에는 그런 자기를 혹독하게 힐난하는 반혁명의 국가철학자 슈미트가 있는 것이다.

슈미트의 정치적 결단이란 이 맥락에서 이해되어야 한다. 그는 절대적으로 벌거벗은 육체로 남겨질 것이냐, 아니면 그런 육체를 깡그리 추

---

26) Carl Schmitt, *Politische Theologie*(1922), Duncker & Humblot, 2004, p. 68(칼 슈미트, 『정치신학』, 김항 옮김, 그린비, 2010).

방하여 법복을 입은 채 국가에서 삶을 영위할 것이냐의 기로에서 후자를 선택한 것이다. 그 결단이 파국으로 종결되었을 때, 그는 조용히 벌거벗은 육체로 되돌아왔지만 이는 결단의 산물이 아니었다. 그것은 슈미트가 토크빌Alexis de Tocqueville을 따라 20세기를 지배할 기술의 화신으로 보았던 미국과 소련의 강요에 의한 것이었기 때문이다. 그래서 슈미트는 "침묵"을 택했던 것이다. 여기서 중요한 점은 슈미트의 결단이 잘못된 것이었다거나, 그 침묵이 스스로의 과오를 직시하지 않은 처사라거나 하는 것이 아니다. 오히려 중요한 것은 이 슈미트의 결단을 통해서만 벤야민과의 첨예한 대립이 드러난다는 점이다.

되풀이하지만 슈미트의 결단을 압축해서 말하면 개인이냐 국가냐, 혹은 육체(삶)냐 법이냐 하는 것이었다. 이 두 초점으로 구성된 슈미트라는 개성은 국가와 법을 선택하여 결국 좌절을 경험한 뒤, 옥중에서 개인과 육체로 침잠하여 침묵했다. 그리고 옥중의 슈미트에게 가장 중요했던 깨달음은 이제 미국과 소련의 기술 지배로 인해 이런 양자택일이 의미를 상실했다는 사실이다. 벤야민이 슈미트에 첨예하게 대립하는 지점은 바로 여기이다. 벤야민은 개인과 국가, 육체와 법이라는 이분법을 거부하며, 그 덕분에 기술 지배에 대한 독창적인 사유를 획득할 수 있었기 때문이다. 우선 개인과 국가, 육체와 법이 양자택일의 정치적 결단을 요청하는 것이 아니라, 두 가지 요소가 불가분으로 결합되어 있다는 벤야민의 관점을 살펴보자.

약동하는 삶에 대한 법의 지배는 단순한 생명과 함께 사라진다. 신화적 폭력은 폭력 자체를 위해 단순한 생명으로 향하는 피의 폭력이며, 신의 순수한 폭력은 약동하는 삶을 위해 모든 생명으로 향하는 폭력이다

(GS II-1, 200/5권, 111~112).

　이 인용문에서 관건이 되는 것은 바로 단순한 생명das bloße Leben과 약동하는 삶das Lebendige의 구분이다. '운명-죄-신화적 폭력-법'은 벤야민의 유명한 연쇄 개념이다. 벤야민에게 역사란 무구한 인간에게 죄를 덧씌워 속죄로 이끄는 운명이 지배하는 세계이며, 이 운명을 덧씌우는 것이 신화적 폭력을 창출하고 유지하는 법이다. 여기서 이에 대해 상술할 여유는 없지만, 신화적 폭력이 영웅의 희생을 대가로 법의 지배를 개시한다는 벤야민의 통찰은 확인해두어야 한다. 벤야민은 세상의 파국을 영웅의 희생으로 막은 결과, 이후의 역사 세계에 사는 피조물은 모두 이 영웅에게 생명을 빚지게 되는 것이 법의 지배라고 말한다. 즉 역사 세계의 모든 피조물들은 이미 "죄-부채Schuld"를 짊어진 존재이며, 자신의 삶 자체를 빚지고 있는 만큼 결코 벗어날 수 없는 '죄-부채 연관Schuld-Beziehung'에 종속된 존재라는 것이다. 중요한 지점은 바로 연관 속에서 인간으로부터 "단순한 생명"이 분리된다는 점이다. 다시 말해 이 연관은 인간으로부터 단순한 생명을 분리시킴으로써 약동하는 삶을 파괴하는 것이다. 이 단순한 생명의 등장으로 법은 결코 약동하는 삶을 지배할 수 없다. 달리 말하자면 약동하는 삶이란 법의 지배하에 있는 삶의 형태가 절대로 아닌 셈이다. 이 약동하는 삶이야말로 벤야민이 슈미트의 결단과 결정적 대립각을 내세우는 요소라고 할 수 있다.

　슈미트에게 벌거벗은 육체, 즉 단순한 생명은 낙원에 머물던 아담의 행복을 뜻했고, 그는 국가와 법을 모르는 상태였다. 그러나 벤야민에게는 그런 벌거벗은 육체야말로 국가와 법이 삶과 맞닿는 장소이다. 과연 어느 쪽이 타당한 이야기인지 판단하는 일은 여기서의 관심이 아니다.

다만 대립이 여기에 있다는 것만은 확실하다. 그리고 그 대립은 '인간'의 정의를 둘러싸고, 더욱 정확하게는 '인간에게 고유한 삶'이란 무엇인가를 둘러싸고 벌어진다. 슈미트는 결단이야말로 인간을 인간으로 만드는 유일한 계기라고 보았고, 그 결단이 실패로 돌아간 이상 벌거벗은 육체만을 간직한 채 자아의 낙원으로 침묵하며 침잠하는 삶의 형식을 택했다. 그러나 벤야민에게는 슈미트의 결단하는 인간이야말로 벌거벗은 육체와 중첩되는 것이며, 그 순간 인간의 삶은 국가와 법 안에 포섭되는 것이었다. 벤야민의 말을 들어보자.

> 인간은 결코 그저 살아 있는 것으로 취급될 수 없으며, 인간 속의 단순한 생명과도 또한 인간의 상태나 특성이 갖는 다른 무엇과도 일치하지 않는다. 심지어 인간의 육체적 인격의 일회적 유일성과도 일치하는 것이 아니다. 인간이 성스럽다면, 그것은 그의 상태가 성스럽다는 뜻이 아니며, 그의 육체적인 생명, 동류의 인간에 의해 손상될 수 있는 생명이 성스럽다는 뜻도 아니다. 인간의 생명을 동물이나 식물의 생명과 본질적으로 구별시키는 요소는 무엇일까? 그리고 동식물이 성스럽다손 치더라도 그것들은 단순한 생명 때문에, 그 생명 속에서 성스러운 것은 아니다(*GS* II-1, 201~202/5권, 114~115).

벤야민의 정치적 비전은 이 대목에서 드러난다. 단순한 생명이나 상태나 특성 또는 육체적 인격과 일치하지 않는 인간이란 도대체 무엇일까? 슈미트가 인간의 수많은 정의 중에 벌거벗은 인간을 결단하는 인간의 대척점에 세운 것과 달리(슈미트에게 인간이 정치적 동물이라면, 인간이란 이 두 유형만이 존재할 수 있다), 벤야민은 벌거벗은 인간도 결단하는 인간도 인간과 일치하지 않는 것으로 파악한다. 아감벤이 슈미트와 벤야민을 대질시키며 도출해낸 예외상태가 "본질적으로 텅 빈 공간[이며], 법과 아무 관계도 맺지 않은 인간의 행동이 삶과 아무 관계도 맺지 않은 규범 앞에 놓이게 되는 공간"[27]이라면, 벤야민의 인간은 바로 이 예외상태 속에 머무르는 인간일 터이다. 그러나 이는 아무것도 말하지 않은 것과 마찬가지이다. 벤야민의 약동하는 삶, 즉 예외상태 속의 인간은 보다 설명을 요하는 이미지이기 때문이다. 이제 이 이미지를 풍부하게 하기 위해 벤야민의 또 다른 텍스트로 이동하기로 한다.

바로크적 종말론과 지상의 행복

이미 언급했듯이 벤야민의 『독일 비애극의 원천』은 슈미트로부터 많은 시사를 받은 저작이다. 그러나 그렇다고 해서 벤야민이 슈미트의 논리를 그대로 따라갔다는 의미는 아니다. 오히려 벤야민은 슈미트의 정치신학을 전복시킨다고 할 수 있다. 이제 그 과정을 따라가면서 벤야민이 슈미트에 대한 탈정치신학화를 통해 스스로의 '인간=약동하는 삶'을 어떻게 형상화했는지 살펴보자.

슈미트의 정치신학은 법학이란 신학의 개념을 세속화한 체계이며, 따라서 '주권자=신'이라는 초월 표상Transzendenzvorstellung이 법학의 기초 개념이라는 점을 근간으로 삼는다. "주권자란 예외상태에 관해 결정하는 자"라는 유명한 도식은 주권자의 구체적 결정이야말로 법질서의 안

---

27) 조르조 아감벤, 『예외상태』, 164쪽.

정성을 주는 근원임을 나타낸 명제였던 셈이다. 슈미트의 『정치신학』은 이런 스스로의 법사상(이는 결국 앞에서 말한 정치적 결단과 같은 것이다)을 바이마르 체제와 유럽을 석권하던 19세기 법치국가적 패러다임에 대치시키려는 의도하에 서술된 책이다.

17~18세기의 신 개념에는 세계에 대한 신의 초월이 포함되어 있었다. 마치 국가에 대한 주권자의 초월이 국가철학에 포함되어 있었듯이 말이다. 하지만 19세기에는 점차 모든 것에 대한 내재 표상의 지배가 확장되어간다.[28]

여기서 말하는 내재 표상Immanenzvorstellungen이란 슈미트의 조어로, 매우 외연이 넓은 공격용 개념이다. 한편에서 내재 표상은 낭만주의자들의 내면적 자기 고취를, 다른 한편에서 자연과학적 인식론에 기반한 법실증주의의 과학주의를 포괄하고 있기 때문이다. 여기서 슈미트는 단 하나의 명쾌한 주장을 하고 있다. 즉 낭만주의자와 법실증주의자들은 각기 다른 방식으로 주권자의 결단과 결정을 불가능하게 해왔으며, 결국 국가와 법질서의 존립을 위태롭게 하고 있다는 것이다. 누누이 반복해왔듯이 슈미트의 이 정치적 결단은 파국으로 끝났고, 그리하여 그는 육체만을 덩그러니 간직한 채 침묵했다. 그런데 벤야민의 『독일 비애극의 원천』은 이 파국이 애초에 예비되어 있던 것임을, 즉 처음부터 정치신학 따위는 불가능하다는 전복적 주장을 제시한다. 바로 바로크 비애극에 등장하는 주권자의 결정 불가능성과 우유부단을 통해서 말이

---

28) Carl Schmitt, *Politische Theologie*, p. 53[칼 슈미트, 『정치신학』, 68쪽].

다. 우선 벤야민은 바로크의 주권 개념이 슈미트가 말하는 근대적 주권 개념과 다르다는 점을 '미세한 용어의 바꿔치기'를 통해 서술한다. 슈미트의 '결정Entscheiden'을 '배제auszuschließen'로 변경하는 것이다.[29]

근대적 주권 개념이 군주의 최고 집행권에 주력했다면, 바로크적 주권 개념은 예외상태에 관한 논의에서 발전해 나온 것으로서 이 예외상태의 **배제**를 군주의 가장 중대한 기능으로 삼았다(GS I-1, 245, 강조는 인용자).[30]

아감벤이 설명한 바 있듯이, 슈미트가 예외상태에 관해 결정한다고 정식화한 것은 예외상태를 법질서의 테두리 안에 묶어두기 위해서였다. 즉 저 공백 상태에 인간의 삶을 내맡기지 않기 위함이었던 것이다. 그런데 벤야민은 예외상태를 '배제'하는 것이 군주의 역할이라고 말한다. 조어에 충실하자면 배제한다ausschließen는 것은 '밖에-닫아 가두다ausschließen'를 뜻한다. 그래서 바로크의 군주는 예외상태를 법질서 속에 끌어들여 통치하는 것이 아니라, 예외상태가 밖으로 못 나오도록 가둬두는 것을 주된 목적으로 삼는다. 그래서 바로크의 군주는 언제나 불안에 사로잡혀 있고, 무엇이 예외상태인지를 결정내릴 권한이 있는데도 예외상태가 세상에 나타날까봐 노심초사하는 존재이다. 그래서 주권자는 "최상의 호조건에서도 어떤 결단을 내리는 것 자체가 거의 불가능한 모습을 보여주는 것이다"(GS I-1, 250).[31]

---

29) Samuel Weber, "Taking exception to decision: Walter Benjamin and Carl Schmitt" 참조.
30) 발터 벤야민, 『독일 비애극의 원천』, 조만영 옮김, 새물결, 2008, 68쪽.
31) 발터 벤야민, 『독일 비애극의 원천』, 76쪽.

아감벤은 이를 군주의 통치 권한과 능력 사이의 괴리라고 말하면서, 벤야민이 말했듯이 초월을 지향하더라도 피조물일 수밖에 없는 군주의 우울은 여기서 비롯된다고 파악한다. 이는 그의 논의의 맥락에서는 법규범과 효력 사이의 괴리의 문제이며, 예외상태에서 발휘되는 '법률-의-힘'의 문제와 연동되는 대목이다. 그러나 앞에서 전개해온 맥락에서 중요한 지점은 벤야민이 군주의 결정 불가능성과 우유부단함을 통해 단순한 육체와 결단의 중첩을 말하고 있다는 점이다.

피조물의 차원은 오해할 여지도 없이 분명하게 주권자까지도 결정한다. 주권자가 신하와 국가 위에서 아무리 지고의 왕좌를 차지하고 있다고 해도 주권자의 지위는 피조물의 세계 안에 갇혀 있으며, 주권자가 아무리 피조물들의 주인이라고 해도 그 역시 피조물인 채로 머무른다.[32]

그러므로 슈미트가 결단을 통해 벌거벗은 육체로부터 벗어난 정치적 삶으로 가려 해도, 그 근거가 되는 주권자가 이미 피조물인 한에서 그 결단은 허무한 것이 되어버린다. 즉 벌거벗은 육체는 결코 결정을 내릴 수 없는 것이다. 슈미트에게 결정이 "무로부터의 결정"과 같은 "절대적 결정"인 한에서, 그것은 이미 역사 세계를 벗어난 초월의 계기를 내포하고 있다.[33] 그러나 지상의 존재에게 그런 능력은 구비되어 있지 않다. 이론과 교리가 아무리 그런 권한을 부여하더라도, 주권자의 능력은 예외상태를 가두어둘 수 있을 뿐 결정할 수는, 즉 구분하여 선을 그어 관리

---

32) 앞의 책, 96쪽.
33) Carl Schmitt, *Politische Theologie*, p. 69.

함으로써 정상상태를 창출할 수는 없는 것이다. 바로크 비극이 파국으로 치닫는 까닭은, 즉 바로크 비극의 예외상태가 정상상태로 되돌아오지 못하고 군주의 광기나 죽음으로 끝나버리는 까닭은, 한번 고삐 풀린 예외상태를 다시 가두는 능력을 가진 이가 지상에 없기 때문이다.

그래서 벤야민은 바로크 비극에는 "파국의 이념이 자리를 잡고 있다"고 말하며, 그 밑바닥에는 "초월성을 향한 과도한 긴장"이 놓여 있다고 파악한다(GS I-1, 246).[34] 궁정의 소란이 한없이 긴장감을 더해가면서 파국으로 치닫는 바로크 비극의 정치성이 여기에 있다. 벤야민은 바로크 비극에 담긴 탈정치신학적 정치성을 다음과 같이 아름답게 묘사한다.

바로크의 종교적인 인간이 현세를 그렇게 고수하는 이유는, 자기가 현세와 함께 폭포를 향해 흘러가고 있다고 느끼기 때문이다. 그래서 바로크적인 종말론이 존재하며, 바로 그렇기 때문에 지상에 태어난 모든 것을 쌓아두고 종말에 넘겨주기 전에 그것에 열광하는 어떤 메커니즘이 존재하게 된다. 피안에는 가장 희미한 현세의 숨결에 이르기까지 일체의 것이 비워져 있다. 바로크는 형상화를 벗어나기 십상이었던 사물들의 풍요로움을 피안으로부터 빼앗아 그것을 지상에서 강렬한 형태의 최정점으로 몰아넣는다. 최후의 하늘을 일소하고 진공상태가 된 이 최후의 하늘이 언젠가는 파국적인 위력을 발휘해서 지상을 파멸시키는 상태를 만들어낼 수 있게끔 하기 위해서 말이다(GS I-1, 246).[35]

---

34) 발터 벤야민, 『독일 비애극의 원천』, 69쪽.
35) 앞의 책, 69쪽.

이 번역하기 어려운 구절은 벤야민이 왜 바로크 비극을 소재로 삼았는지를 드러내주는 대목이다. 바로크의 인간은 종교적이지만 현세를 고집한다. 슈미트의 결단하는 정치적 인간과 달리 말이다. 그리고 이 인간은 "현세와 함께 폭포를 향해 흘러가고" 있다. 여기서 '폭포Katarakt'가 '파국Katastrophe'과 음운을 같이 하는 데에 주목해야 한다. 현세와 함께 폭포를 향해 간다는 말, 즉 낭떠러지로 향한다는 말은 파국을 뜻하는 셈이다. 그런데 이 파국은 결코 지상의 존재를 파멸로 이끄는 일을 의미하지 않는다. 왜냐하면 현세의 세세하고 하찮은 존재들은 형상화되는 일 없이 피안에서의 구원만에 의지하여 삶을 지탱했는데, 바로크 종말론은 이 존재들을 지상에서 형상화하여 그들의 풍요로움을 피안으로부터 빼앗기 때문이다. 그래서 이 종말론은 현세의 모든 미물을 파국의 정점으로 강렬하게 몰아넣는 것이다. 이 모든 일은 현세에서 일어나며, 이 파국은 피안으로 넘어가지 않는다. 피안은 이 현세의 파국을 통해 텅 빈 채로 남는다. 즉 그 어떠한 피안에 대한 이미지도 현세로부터 도출되지 못하는 셈이다. 그리고 이 텅 빈 진공의 하늘이 파국적인 위력 katastrophaler Gewalt을 발휘해서 언젠가 지상을 파멸시킬 것이다. 지상의 파멸은 이 위력의 소임이지 결코 현세의 파국의 몫이 아닌 셈이다.

이것이 바로크적 종말론이다. 이제 이 종말론이 함축하는 정치적 의미를 보다 구체적으로 이해하기 위해서, 1920년 언저리에 쓰인 발터 벤야민의 「신학적·정치적 단편Theologisch-politisches Fragment」을 참조할 차례이다. 이 에세이는 이렇게 시작한다.

메시아 자신이 비로소 모든 역사적 사건을 끝낸다. 그것도 메시아가 그 역사적 사건이 메시아적인 것에 대해 갖는 관계를 스스로 구원하고 완성하고 창조한다는 의미에서이다. 그렇기 때문에 어떤 역사적인 것도 그 자체로부터 메시아적인 것과 연관되기를 바랄 수 없다. 따라서 신의 왕국은 역사적 잠재태가 실현해야 할 목표가 아니다. 신의 왕국은 목표로 설정될 수 없다. 역사적으로 볼 때 신의 왕국은 목표가 아니라 끝이다. 그렇기에 세속적인 것의 질서는 신의 왕국에 대한 생각에서 구축될 수 없으며, 그렇기 때문에 신정정치는 아무런 정치적 의미도 가질 수 없고 오로지 종교적 의미만을 갖는다(GS II-1, 203/5권, 129~130).

제목에서도 알 수 있듯이, 이 에세이는 두 가지 평행하는 영역을 확정하고 둘 사이의 관계를 서술하고 있다. 메시아-신학이 한편에 있고, 역사-정치가 다른 한편에 자리한다. 벤야민은 이 두 영역 각각을 정의하는 방식으로 논의를 진행시키는 것이 아니라, 둘 사이의 관계를 설명함으로써 두 영역을 확정하고 있다. 그 관계란 매우 일방적인 것으로, 메시아만이 자신과 역사적 사건의 관계를 "구원하고 완성하고 창조한다." 따라서 역사적 사건, 즉 인간에 의한 어떤 행위나 의미도 메시아와 스스로를 관계시킬 수 없다. 역사적 사건에 담긴 메시아적 의미는 메시아만이 결정할 수 있는 것이다. 그래서 역사적 사건의 목표는 신의 왕국, 즉 메시아의 도래가 될 수 없다. 메시아는 그저 역사적 사건을 끝낼 뿐이다. 달리 말하자면, 인간은 메시아의 도래를 목표로 무언가를 할 수 없고, 심지어 메시아를 기다릴 수도 없다. 그런 의미에서 철저하게 역사의 계열에 속하는 정치는 어떤 메시아적이고 종말론적인 목표를 설정하고 이뤄지는 행위가 아니다.

이것이 벤야민의 바로크적 종말론을 지탱하는 기본 형식이다. 바로크적 종말론은 철저히 현세의 몰락, 즉 '끝Ende'을 향해 가면서도 피안,

즉 '신의 왕국'을 '목표Telos/Ziel'로 삼을 수 없다. 바로크적 피안이 진공의 텅 빈 하늘인 까닭이 여기에 있다. 이 현세의 끝을 메시아만이 결정하고 알 수 있는 한, 지상의 존재들은 스스로의 역사가 간직하고 있는 '잠재태'에 머무를 뿐, 그것이 어떤 '실현태'가 되는지 모른다. 즉 지상의 존재들의 삶에 '목표'는 없는 것이다. 그래서 벤야민은 메시아가 현실을 '끝낸다vollenden'라고 표현한다. 이 동사가 '완성하다'라는 뜻을 갖는 데서 알 수 있듯이, 메시아의 끝냄은 '가득 채워-끝냄voll-enden'이다. 바로크 종말론이 지상의 존재들의 풍요로움을 피안으로부터 빼앗아와 파국의 정점 속에서 형상화한다는 것이 뜻하는 바가 여기에 있다. 이 종말론은 지상의 존재에게 피안의 세계에서의 구원을 약속하는 것이 아니라, 오히려 지상의 존재가 스스로의 풍요로움을 현세에서 '형상화'할 수 있게끔 약속하는 것이다. 따라서 이 에세이를 따라 바로크 종말론을 이해하자면, 여기에는 종교적 의미가 아니라 정치적 의미만이 있다고 할 수 있다. 벤야민의 정치적 사유가 『독일 비애극의 원천』을 통한 슈미트 비판에서 드러나는 까닭이 여기에 있다.

여기까지 왔을 때 벤야민의 인간, 즉 저 '약동하는 삶'이 무엇인지를 어렴풋이 이해할 수 있게 된다. 그것은 우선 바로크 종말론이 지상의 존재에게 약속하는 '형상화'이다. 이 약동하는 삶을 사는 인간은 스스로를 '제시'하는 것이다. 이 '제시하다darstellen'라는 동사는 벤야민이 『독일 비애극의 원천』 서두에서 사용한 열쇳말로서, '상연上演하다'는 뜻도 아울러 갖는다. 여기서 자세히 살펴볼 여유는 없지만 벤야민의 카프카론에 등장하는 '구원으로서의 극장'을 떠올린다면, 여기서의 형상화가 "스스로를 연기하는 배우"에 해당됨을 알 수 있다(GS II-2, 433~438 참조). 중요한 점은 벤야민의 인간이란 스스로의 형상을 빼앗아(획득하여

abgewinnen), 파국의 정점에서 형상화하는 존재라는 사실이다. 그렇다면 이 '스스로를 형상화하는 존재'란 무엇을 뜻하는 것일까? 이에 대한 답을 통해 벤야민의 탈정치신학을 추출하는 것으로 긴 여정을 마치도록 하자.

탈정치신학으로서의 정치학

'스스로를 형상화하는 존재'를 이해하기 위해서 주목해야 할 개념이 있다. 「신학적·정치적 단편」에 등장하는 '잠재태Dynamis'라는 말이다. 플라톤에게는 가상과 이데아, 아리스토텔레스에게는 질료와 형상이 형이상학의 제1원리라고 했을 때, 이데아와 형상은 어디까지나 지상의 실체(가상과 질료)와 구분되는 형이상학적 실체였다. 그러나 칸트에 이르러 이데아나 형상의 라틴어 번역어인 '형식forma'은 내용을 담는 텅 빈 그릇이라는 뜻으로 뒤바뀌어 실체로서의 의미를 상실하고 만다. 벤야민의 약동하는 삶이 스스로를 형상화하는 인간 존재를 뜻한다고 할 때, 비판의 대상은 바로 이러한 서양철학사 전체의 형이상학이다. 그는 지상의 실체와 구분되는 형이상학적 실체도, 또한 칸트적 의미의 내용과 형식의 구분도 거부했다. 그래서 벤야민은 '잠재태'에 머물면서도 '형상화'를 획득하는 존재, 즉 질료이면서 동시에 형상인 존재를 '약동하는 삶'으로 바라본 것이다. 이것이 바로 카프카론에 등장하는 '스스로를 연기하기'가 의미하는 바이다. 벤야민은 이 '잠재태의 형상화'를 현세 정치의 과제이자 '행복'이라고 불렀다.

영원히 몰락하는, 총체적으로 사멸해가는 지상의 존재, 그 공간적 총체성뿐만 아니라 시간적 총체성까지도 사멸해가는 지상의 존재의 리듬, 이 메시아적 자연의 리듬이 행복이다. 왜냐하면 자연은 그것의 영원하고 총체적인 무상함으로 인해 메시아적이기 때문이다. 이 무상함을 추구하는 일이 〔……〕 현세 정치의 과제이고, 그것의 방법은 니힐리즘으로 불러야 한다(GS II-1, 204/5권, 131).

이미 「운명과 성격Schiksal und Charakter」에서 벤야민은 '행복'을 운명-속죄의 연관과 대립시킨 바 있다(GS II-1, 174/5권, 69). 따라서 벤야민에게 행복이란 신화적 폭력-법에 대항하는 정치적 함의를 갖는 개념인데, 이 지점에 이르러 그 뜻이 명확해진다. 얼핏 보면 이 인용문은 매우 아포리즘적이고 함축적인 것으로 보이지만, 반대로 아주 분석적이고 뚜렷한 의미를 드러내고 있다. 핵심은 바로 "리듬"이라는 말에 있다. 지상의 존재들이 유한하기에 사멸한다는 것은 너무나도 당연한 것이다. 벤야민은 이 당연한 사실, 즉 자연적 사실에서 정치적 사유를 전개한다. 그런데 지상의 존재는 그 사멸함 자체로 인해 정치적일 수 있는 것이 아니다. 문제는 이 지상의 존재의 '리듬'이다.

리듬이란 주지하다시피 박자, 즉 자연적인 어떤 흐름에 강약을 주는 것을 말한다. 음악이나 몸짓을 생각하면 알 수 있듯이, 리듬이란 어떤 내용을 전달하는 형식이라기보다는 리듬을 갖는 물질적 실체 자체를 전달하는mitteilen(함께-나누다) '매질Medium'이라고 할 수 있다. 즉 리듬은 어떤 의미나 본질을 전달하는 것이 아니라, 매질 자체의 순수한 '함께-나눔Mit-teilung(전달)'인 셈이다. 따라서 지상의 존재의 리듬이란 바로 저 '잠재태의 형상화'를 뜻한다고 볼 수 있다. 왜냐하면 잠재태가 어떤 목표로 완성되어 실현태가 되는 것이 아니라 잠재태인 채로 존재하기 위해서는, 다시 말해 어떤 매질이 어떤 의미를 전달하는 것이 아니라 매질 자체로 나타나기 위해서는, 지상의 존재들이 이 잠재태와 매질 '자체를 함께-나눌sich mitteilen' 필요가 있기 때문이다.[36)

그래서 벤야민은 칼 슈미트의 육체와 결정의 이분법을 거부하여 '약동하는 삶'이라는 전혀 다른 삶의 형태를 제시했다. 이것은 개인과 국가라는 이분법에서 벗어나 리듬을 함께 나누는 어떤 공동성을 예감하게 하는 정치적 비전이었다. 이는 어떤 외재적이고 초월적인 것을 전달하는 것이 아니라, 그 자체를 함께 나눔으로써 지상에서 존재하고 사멸하는 삶의 형태였으며, 이것이야말로 법의 지배=신화적 폭력이 강요하는 텅 빈 단순한 생명으로부터 벗어나는 길, 즉 '죄-연관'에 종속되어 피안으로 행복을 유보하는 일로부터 벗어나는 길이었던 것이다. 바로크 비극이 피안으로부터 빼앗으려 했던 지상의 존재들의 풍요로움은 스스로의 삶에 존재하는 리듬을 탈환하는 일이었던 셈이다. 이것이 바로 단순한 자연이 아니고 메시아적 자연인 것이다.

이 지점에 이르러 벤야민과 슈미트의 정치적 대립이 명확해진다. 슈미트는 벌거벗은 육체와 결단하는 주권자를 양극에 놓고 양자택일의 문제로 보았다. 그것은 내용과 형식, 내재와 초월의 대립이라고 할 수 있다. 그러나 벤야민은 육체와 결단의 불가분성을 설파하고, 지상의 존재에게 결정이 불가능함을 주장했다. 이랬을 때 국가와 법질서란 이 불가능한 결정을 운명-죄지음의 형태로 개인의 삶에 부과하여 인간으로 하여금 희생을 강요하는 신화적 폭력이라고 할 수 있다. 이 신화적 폭력

---

36) 이는 벤야민의 언어론(「언어 일반과 인간의 언어」)에서 이미 개시된 사유이다.

이 극점에 달해 개인의 희생(영웅의 탄생)으로 마무리되는 고전 비극과 달리, 벤야민이 천착한 바로크 비극은 신화적 폭력의 극점에 파국을 놓음으로써 법질서와 국가의 재생을 불가능하게 한다. 즉 바로크 비극은 현세의 파국을 상연함으로써 하나의 리듬을 생성시킨다는 점에서 정치적이었던 셈이다.

그래서 벤야민의 정치적 사유는 슈미트의 정치신학을 탈구축하는 것이었다고 할 수 있다. 그가 말하는 신의 폭력은 현세의 목표도 언젠가 반드시 도래할 구원도 아니라는 점에서 하나의 '공백,' 즉 아감벤이 말하는 예외상태 그 자체이다. 슈미트는 이 신의 폭력을 현세로 끌어내려 정치적 형식을 유지하려 한 반면에, 벤야민은 신의 폭력을 현세의 영역에서 급진적으로 배제하여 공백으로 남겨두려 했다. 아감벤이 말한 '법의 다른 사용'이란 이 신의 폭력을 현세로 끌어내려 집행하는 것이 아니라, 공백인 채 남겨두고 자연의 사멸에 리듬을 부여하는 일을 말한다. 그것은 인간이 자신의 삶을 피안, 즉 초월자나 초월적 형식이나 이념에 내맡겨 의미화하는 것이 아니라, 어디까지나 현세의 삶 그대로 '형상화'하는 일이다. 아감벤이 말하는 "삶-의-형태forma-di-vita"[37]란 자연=삶에 리듬을 부여하여, 인간으로부터 단순한 생명을 분리시키지 않는 약동하는 삶을 의미했었던 셈이다.

벤야민이 슈미트와 대결하면서 구축한 탈정치신학은 이렇게 인간의 삶을 어디에도 종속시키지 않되 형식을 부여하는 '잠재태의 형상화'였다. 벤야민이 말하는 역사의 천사, 즉 근원에서 불어오는 진보라는 바람에 맞서며 지상의 폐허를 모두 세세하게 목도하는 저 천사는 이 '잠재

---

37) 조르조 아감벤, 『목적 없는 수단』, 13~23쪽.

태의 형상화'를 위한 천사였으며, 메시아란 이 천사의 고군분투를 왕국으로 이끌어 구원하는 존재가 아니라 그저 끝내는 존재이다. 그런 의미에서 메시아란 사멸해가는 자연의 리듬에 붙여진 이름이며, 이 이름을 텅 빈 공백으로 유지하는 일이야말로 신의 폭력과 지상의 행복을 주춧돌로 하는 벤야민의 탈정치신학적 정치였다. 서로의 격을 결정하는 '적'으로서 마주한 벤야민과 슈미트의 '싸움'은 이후 '자본주의-기술 지배'를 둘러싼 역사철학적 영역으로 옮겨간다. 벤야민의 '파사주론'과 슈미트의 '육지/바다'론 사이에서 벌어진 이 싸움의 제2막에 대해 다음을 기약하며, 여기서 제1막을 끝내도록 한다.

제3부 　　　　파국 너머의
　　　　　　　메시아니즘

5장

종말론 사무소의 일상 업무
—조르조 아감벤의 메시아니즘

> 자신의 종말과 직접적 관계를 유지한다는 조건하에서만 교회
> 는 생생하게 살아 있는 제도로 남아 있을 수 있다. 기독교 신학
> 에 따르면 종말도 중지도 모르는 단 한 가지 합법적 조직이 있
> 다. 그것은 바로 지옥이다.—조르조 아감벤, 『교회와 왕국』

문제의 소재: 푸코를 위로하는 하버마스를 넘어서

1982년, 푸코는 「계몽이란 무엇인가?」라는 글을 발표함으로써 칸트
의 계몽 이념에 대한 재해석을 시도한다. 근대의 이성 중심주의를 거부
하고 파괴한다고 알려진 이 '포스트모던' 철학자가 칸트의 계몽 이념
을 적극적으로 계승하려 한 것은 당시에 매우 이례적으로 받아들여졌
다. '비판철학'의 계승자를 자처하는 하버마스와 같은 철학자는 이 시도
에 대해 "역사철학, 자유의 헌법, 세계시민주의와 영구 평화, 혁명에 대
한 열광을 역사적 진보에 대한 기호로 해석하는 칸트의 모든 구절들"이
"권력이론가 푸코의 조롱거리"임에도 푸코가 왜 칸트의 계몽 이념을 현
대의 비판철학 재구성을 위한 토대로 삼았는지 물음을 던진다.[1] 보다 일

---

1) 위르겐 하버마스, 「현재의 심장을 겨냥하여」, 미셸 푸코 외, 『자유를 향한 참을 수 없는 열

반적으로 말하자면, 근대의 온갖 이념을 '진리의 분석학'으로 해부하여 권력과 지식의 착종을 미시적인 부분까지 밀고 나가 해체해온 푸코의 작업에서, 어떻게 칸트의 계몽이 모종의 구성적 계기를 마련할 수 있는 가에 대한 의구심이었던 셈이다.[2]

하지만 이렇게 평가한다고 해서 하버마스가 푸코의 칸트 해석을 폄훼한 것은 아니다. 오히려 하버마스는 푸코의 시도를 당대의 철학적 상황이 처한 아포리아에 대한 진지한 대면으로 이해한다. "우리 세대의 철학적 시대 진단가들 중에서도 특히 푸코는 시대정신을 가장 철저하게 촉발시켰다. 그것은 생산적인 모순 속에서도 참고 견딜 수 있었던 그의 진지함 덕분일 것이다."[3] 여기서 말하는 '모순'이란 이성 비판의 명목으로 온갖 이념을 해체/파괴했음에도, 그 폐허의 자리에서 새로운 규범적 이념을 찾아야만 하는 현대 철학의 조건을 말한다. 물론 하버마스가 푸코의 칸트 해석이 이 모순을 극복했다고 평가하는 건 아니다. 오히려 하버마스의 톤은 규범 없는 권력 비판의 무한 반복 끝에서 결국에는 칸트의 계몽으로 갈 수밖에 없었던 푸코의 곤경과 몸부림을 헤아려주는 느낌으로 가득 차 있다(하버마스의 응답은 1984년에 생을 마감한 푸코에 대한 추도문의 형태로 이뤄졌다).

이제까지 푸코는 이 지식에의 의지를 현대적 권력구성체 속에서 추적

───────
망』, 정일준 편역, 새물결, 1999, 227쪽.

2) 푸코와 하버마스 사이의 논쟁을 제2차 세계대전 후의 독일 철학과 프랑스 철학의 상이한 전개 양상 속에서 보다 넓게 맥락화한 글로, John Rajchman, "Introduction: Enlightenment today," Michel Foucault, *The Politics of Truth*, Lysa Hochroth & Catherine Porter trans., Semiotext(e), 2007, pp. 9~27 참조.

3) 위르겐 하버마스, 「현재의 심장을 겨냥하여」, 229쪽.

하여 그것을 고발하려 했던 반면, 이제는 그것을 전혀 다른 시각에서, 즉 자기 자신의 사유를 현대의 시초와 연결하는, 보존할 가치가 있으며 개선할 필요가 있는 비판적 자극으로 보여준다. 〔……〕 푸코가 자신의 마지막 텍스트에서 폭파시키려 했던 그 현대의 철학적 담론의 영향권 속으로 다시 스스로를 끌어들였던 것은, 바로 이 모순의 힘이었을지도 모른다.[4]

자신이 그토록 급진적으로 비판하려 했던 칸트의 지식에의 의지를 지렛대 삼아 '현대의 철학적 담론' 안으로 되돌아온 푸코를 하버마스는 이렇듯 위로하고 있다. 그리고 하버마스는 그로부터 몇 해 뒤『현대성의 철학적 담론Der Philosophische Diskurs der Moderne』이란 저서를 통해, 니체Friedrich Nietzsche로부터 하이데거와 프랑크푸르트학파를 거쳐 프랑스 현대 철학에 이르는 철학적 현대성 비판을 총결산하여 파산선고를 내림으로써, 스스로가 칸트 이래의 비판철학의 적자嫡子임을 재확인하기에 이른다. 그렇기에 푸코에게 보냈던 하버마스의 위로의 손길은 승리의 표현이었다. 결국 하버마스에게 푸코 말년의 칸트 재해석은 이성 비판과 비관주의(무규범성)를 중심으로 전개되어온 19세기 말부터 20세기에 이르는 현대 철학이 막다른 골목에 다다랐다는 확실한 증거에 다름 아니었던 것이다.[5]

---

4) 앞의 글, 229쪽.
5) 하버마스,『현대성의 철학적 담론』, 이진우 옮김, 문예출판사, 1994 참조. 1989년에 출간된 이 저서는 하버마스의 작업에 내재한 근원적 대결 의식이 무엇이었는지를 극명하게 드러내 보여준다. 이 저서는『철학적-정치적 프로필Philosophisch-Politische Profile』(1971) 이래 두번째로 하버마스가 시도한 (넓은 의미에서) 동시대의 철학적 자장에 대한 개입이다. 그런데 첫번째 개입에서 비판의 표적이 하이데거였음을 감안해본다면『현대성의 철학적 담론』은 단

여기서 다소 장황하게 하버마스의 푸코에 대한 응답을 살펴본 것은, 푸코를 위시한 이른바 '현대성 비판'에 대한 읽기와 물음의 유형을 범례화하기 위해서이다. 푸코가 현대성 비판의 막다른 골목에서 진지한 성찰 끝에 칸트로 되돌아왔음을 보면서, 하버마스는 자신의 규범 정초적 시도의 정당성을 재확인할 수 있었다. 이런 하버마스의 평가는 '현대성 비판' 읽기의 범례라 할 수 있다. 왜냐하면 '현대성 비판' 읽기는 언제나 속된 말로 '그래서 어쩌자는 건데?'라는 물음으로 귀결되기 마련이었기 때문이다. 다시 말해 온갖 이념과 제도를 해체하고 상대화한 끝에 어떤 새로운 이념과 제도를 상상하고 구상하느냐는 물음이 '현대성 비판' 읽기의 범례였던 셈이다. 하버마스가 보기에 푸코도 이 물음 앞에서 스스로가 그토록 '조롱'해온 칸트로 회귀할 수밖에 없었고, 그것은 현대성 비판의 아포리아를 극명하게 드러내주는 철학적 사건이었다. 이런 패러다임 아래에서는 푸코조차 굴복할 수밖에 없었던 규범 정초적 물음이야말로 결코 포기할 수 없는 현대 철학의 중심 문제인 것이다.

하지만 과연 푸코의 칸트 해석이 그런 읽기와 물음으로 처분 가능한 것일까? 이 질문은 뒤에서의 논의를 위한 출발점이다. 하버마스에게서 범례를 찾을 수 있는 현대성 비판 담론에 대한 읽기와 물음은 최근 아감벤에 대한 읽기와 물음에서도 고스란히 반복되기 때문이다. 가령 아감벤에게 쏟아진 "정치적 니힐리즘"[6] "정치적 사명 없는 사상가"[7] "역설

순히 '포스트모던' 비판이란 정세적 조건에서 출현한 것이라기보다는, 1950년대 이래의 하이데거 비판이란 철학적/지적 과제가 여전히 하버마스의 작업에 기저음으로 작용하고 있음을 보여준다. 그런 의미에서 하버마스 독해는 하이데거와의 비판적 대결이란 맥락 없이는 불가능하며, 뒤에서 다뤄질 아감벤의 작업과도 밀접한 연관성을 가진다.

6) Ernesto Laclau, "Bare life or social indeterminacy?," Matthew Calarco and Steven DeCaroli ed., *Giorgio Agamben: Sovereignty & Life*, Stanford UP, 2007, pp. 11~22.

이나 과장을 다용하는 도발적인 전략가"[8] 혹은 "묵시록"적이고 "수수께끼" 같은 비전을 제시한다[9]는 등의 비판은 결국 그의 철학적 분석에 바람직한 규범적 대안이 부재하다는 말이다. 이어질 입론은 무엇보다도 이러한 읽기와 물음의 패러다임이 푸코나 아감벤을 다룰 때 맥락 오류임을 논증하는 데서 출발한다. 이 논증 위에서 아감벤의 메시아니즘이 논의될 텐데, 우선 하버마스적 패러다임의 맥락 오류를 논증하기 위해 푸코의 「계몽이란 무엇인가?」를 재독해하는 일을 수행하고자 한다. 푸코의 칸트 해석에 대한 하버마스의 응답이 앞에서 말한 읽기와 물음의 범례라 할 수 있다면, 푸코의 칸트 해석을 다른 맥락 속에 자리매김함으로써 하버마스의 응답과는 다른 텍스트 독해의 가능성을 제시하는 것이 일차적으로 요구되기 때문이다. 그렇게 재정위再正位된 푸코의 칸트 해석은 아감벤의 메시아니즘을 이해하기 위한 입구 역할을 담당하게 될 것이다. 우선 푸코 텍스트에 대한 재독해로부터 시작해보자.

푸코의 계몽, 메시아니즘의 흔적

푸코의 텍스트는 칸트의 「계몽이란 무엇인가에 대한 답변」(이는 1784

---

7) Paoro Virno, "General intellect, exodus, multitude," *Archipélago* 54, 2002(http://www.generation-online.org/p/fpvirno2.htm).

8) Dominick LaCapra, "Approaching limit events: Siting Agamben," Mattew Calarco and Steven DeCaroli ed., *Giorgio Agamben: Sovereignty & Life*, pp. 126~162.

9) 이러한 아감벤 비판의 한글 문헌으로는, 진태원, 「20세기 전체주의를 해부하는 새로운 언어」, 『창작과비평』 140호, 2008 여름, 498~500쪽; 양창렬, 「아감벤의 잠재성 개념에 대하여: (무)능력의 아포리아」, 『오늘의 문예비평』 60호, 2006 봄, 228~233쪽; 윤재왕, 「"포섭/배제"—새로운 법개념?: 아감벤 읽기 I」, 『고려법학』 56호, 2010.3 등 참조.

년 신문의 질문에 응답하는 형식으로 집필된 것이다)을 똑같은 질문에 응답했던 멘델스존Moses Mendelssohn과 비교하면서 시작한다.

『월간 베를린』에 두 개의 텍스트[칸트와 멘델스존의 텍스트]가 게재되면서 비로소 독일의 계몽Aufklärung과 유대의 하스칼라Haskala가 같은 역사에 속한다는 사실이 입증되었다. 그리하여 이 두 운동 모두 그들이 어떤 과정에 공통적으로 속해 있는가를 검증하려고 했던 것이다. 그리고 그것은 아마도 어떤 공통의 운명을 수용하겠다는 것을 공표하는 방식이었는지도 모른다. 지금에 와서 우리는 그것이 어떤 드라마로 이어졌는지를 잘 알고 있다.[10]

여기서 말하는 계몽과 하스칼라의 만남이란 18세기 이래의 유럽 지성사를 생각할 때 간과할 수 없는 커다란 사건이다. 멘델스존이 대표하는 18세기의 하스칼라 운동이란 유럽(특히 독일을 포함한 동구권) 유대인의 격리된 폐쇄적 삶을 개혁하자는 것으로, 당대 유럽의 계몽 이념을 적극 수용함으로써 유럽 사회에 동화되려는 사상/교육의 일대 조류를 일컫는다.[11] 그렇다고 하스칼라가 유대인의 정체성 자체를 버리려는 운동이었던 것은 아니다. 하스칼라는 19세기에 등장하게 될 정치적 시오니즘의 모태가 되는데, 정치적 시오니즘이 기치로 내걸었던 '유대국가 Judenstaat'의 수립은 하스칼라 운동이 추동한 내셔널리즘으로서의 유대

---

10) 미셸 푸코, 「계몽이란 무엇인가?」, 미셸 푸코 외, 『자유를 향한 참을 수 없는 열망』, 정일준 편역, 새물결, 1999, 179쪽. 이하 이 텍스트로부터의 인용은 본문 안에 '(「계몽」, 쪽수)'로 표기.

11) 하스칼라에 대해서는, http://www.yivoencyclopedia.org/article.aspx/Haskalah 참조.

주의에 기반을 두고 있었기 때문이다. 그런 의미에서 하스칼라는 유대 공동체를 종교적 특이성을 가진 전근대적인 집단이 아니라, 유럽의 여러 민족nation과 동일한 지위의 '하나의 근대적 민족'으로 형성하려는 운동이었다고 할 수 있다(하스칼라 운동이 히브리어 교육에 힘쓴 것도 이런 맥락에서 이해된다).[12]

하지만 여기서 중요한 것은 하스칼라 운동 자체가 아니다. 푸코는 칸트와 멘델스존의 "공통의 운명"을 언급한 직후에, 칸트의 텍스트가 "기독교 전통의 맥락에서 새로운 문제를 제기"(「계몽」, 179)하고 있음을 지적한다. 그렇기에 푸코가 계몽과 하스칼라의 만남, 그리고 그들이 "어떤 과정에 공통적으로 속해" 있다고 말할 때의 주안점은, 기독교와 유대교라는 양대 일신교 전통이 18세기에 이르러 결정적인 전회를 경험했다는 사실에 있다. 푸코의 칸트 독해는 이 전제 위에서 출발하는데, 앞의 인용문에서 말하는 "드라마"란 일차적으로는 유대계 유럽 지성인들의 파란만장한 지성사적 파노라마를 뜻하지만, 더욱 중요하게는 기독교와 유대교가 공통의 과정으로 경험한 모종의 사상적 전회를 표현하는 것인 셈이다.[13]

이런 맥락에서 푸코는 칸트의 계몽을 독해하는데, 그는 우선 칸트의

---

12) 하스칼라 운동이 어떻게 정치적 시오니즘으로 이어졌는지에 대해서는, 테오도르 헤르츨, 『유대 국가』, 이신철 옮김, 도서출판 b, 2012 참조. 1896년에 출간된 이 책은 정치적 시오니즘의 선언서라 할 수 있는데, 그 핵심 주장은 '유대인은 하나의 민족이기에 국가를 가져야 한다'로 요약될 수 있다. 그러나 이 책에서 전개되고 있는 주장은 현재의 이스라엘과 같은 독단적이고 폭력적인 자민족 중심주의라기보다는, 칸트의 보편적 인류의 이념과 사민주의적 경제 구상에 힘입은 매우 '계몽'적인 국가 구상이다. 이는 말할 필요도 없이 하스칼라의 영향이다.

13) 이에 관해서는 Michel Foucault, *The Government of Self and Others: Lectures at the College de France, 1982~1983*, Graham Burchell trans., Picador, 2011, pp. 1~12 참조.

계몽이 매우 독특한 '현재' 의식을 나타내고 있음을 지적한다. 그 독특함이란 '현재'를 천재지변 등의 특이성으로 설명하거나, 미래의 징조로 해석하거나, 새로운 시대의 여명으로 분석하는 전근대 유럽의 전통적 해석과 달리, "완전히 부정적인 방식"으로 정의함으로써 "오늘은 어제에 비춰 볼 때 도대체 어떻게 다른 것일까" 하고 "단지 차이만을 찾는" 태도라 할 수 있다(「계몽」, 180). 푸코에 따르면 칸트가 말한 이성의 공적 사용은 이런 '현재' 의식에서 온전한 의미를 획득한다. 교리나 명령에 복종하고 법칙을 준수하는 것이 이성의 사적 사용이라면, 이성의 공적 사용이란 그 어떤 권위에도 복종하지 않고 자유롭게 이성을 사용하는 능력을 말한다. 이를 앞에서 말한 '현재' 의식과 관련시켜보자면, 이성의 공적 사용이란 현재를 자연이나 미래의 징후나 전망으로 환원하여 해석하는 것이 아니라, 현재 그 자체의 의미를 따져 묻는 인식 태도를 지칭한다고 할 수 있다. 그런 의미에서 푸코는 칸트의 계몽이란 "비판적 성찰과 역사에 대한 성찰의 교차점"(「계몽」, 185)에 놓여 있다고 말한다. 인간 이성의 한계를 묻는 것이 비판이라면, 계몽이란 이 비판의 능력을 '현재'라는 시간성을 향해 대질시키는 태도에 다름 아닌 셈이다. 이것이 바로 푸코가 "현대적 태도"(「계몽」, 186)라 정식화한 칸트의 계몽인 것이다.

그래서 앞에서 언급한 기독교와 유대교의 사상적 전회란 이 현대적 태도로 '현재'를 묻는 태도라 할 수 있다. 주지하는 바와 같이 기독교와 유대교의 시간관은 종말과 구원을 기저로 삼는다. 그런 의미에서 두 종교에서 역사적 시간, 즉 지상의 시간은 언제든 '허무의 나락'으로 떨어질 위험을 간직하고 있다. 진정한 삶이 종말 이후의 구원으로 가능하다면, 현재 펼쳐지고 있는 역사적 세계에서 인간이 삶의 의미와 가치를 찾아내기란 곤란한 과제일 것이기에 그렇다. 니체가 기독교에 침윤된 유럽 사상의 근저에 니힐리즘이 자리함을 설파하고 이를 파괴하는 데에 몰두한 까닭이 여기에 있다. 그러므로 이러한 기독교와 유대교의 시간관 안에서 현재란 종말과 구원을 예지하는 징후로 파악이 되거나, 아니면 덧없는 육체적 향락의 지옥으로 표상될 뿐이다. 즉 눈앞의 현재 그 자체의 의미를 탐구하는 일은 이 양대 일신교의 전통에 없는 태도였던 것이다.

이런 까닭에 푸코는 칸트의 계몽을 기독교와 유대교가 경험한 사상적 전회로 자리매김한다. 그리고 이 맥락 속에서 계몽이 개시한 '현대성modernity'을 "역사상의 한 시대"가 아니라 "하나의 태도"로 고려하자고 제안한다(「계몽」, 186). 이는 계몽과 현대성을 연대기적 시간 의식으로부터 떼어내려는 시도인데, 여기서 소환되는 것이 놀랍게도 보들레르 Charles Baudelaire이다. 푸코는 칸트의 계몽 이념의 전형을 '사탄'적 시인인 보들레르를 통해 형상화하는 것이다.

[보들레르의] 현대적 태도에 따르면, 현재가 높은 가치를 갖고 있는 것은 그것을 통해 무엇인가를 상상하려는 필사적인 열망, 이 순간의 그것과는 다른 것을 한번 상상해보려는 필사적인 열망, 그것을 파괴해버리지 않고 있는 그대로 포착함으로써 그것을 변형시키려는 필사적인 열망과 분리해서 생각할 수 없는 것이다. 보들레르적 현대성은 일종의 훈련이다. 그것은 현실에 극단적으로 주의를 기울임으로써 그 현실성을 존중하면서도 그것을 뒤흔들어버리는 자유의 실천이다(「계몽」, 198~190).

그렇기 때문에 계몽이란 어떤 법칙이나 규범으로 제도화되어야 하고

될 수 있는 이념의 목록이 아니다. 푸코가 칸트의 계몽으로부터 추출하고자 한 것은 "현재와의 관계, 인간의 역사적 존재 양식, 자아를 자율적인 주체로 구성하는 것 따위를 동시에 문제로 삼는 철학적 탐구"의 태도이다(『계몽』, 191). 이러한 태도를 푸코는 "한계-태도limit-attitude"라 명명하면서 그 함의를 다음과 같이 말한다.

우리는 경계선에 위치해야 한다. 사실 비판이란 한계를 분석하고 성찰하는 것이다. 그러나 칸트적 질문이 앎이 넘어서지 말아야 할 한계가 무엇인지를 알아내고자 하는 것이라면, 오늘날의 비판적 질문은 좀더 긍정적인 질문을 통해 나타나고 있는 것처럼 보인다. 〔……〕 요컨대 필연적 한계라는 형태로 수행된 비판을 가능한 위반의 형태를 취하는 실천적 비판으로 변형하는 것이 문제이다(『계몽』, 194~195).

이것이 푸코가 말하는 계몽의 실천적 함의이다. 그것은 "우리 자신의 역사적 존재론이 전체주의적인 모든 기획 또는 근본주의적인 모든 기획을 물리쳐야 한다는 것을 뜻하고," "20세기 내내 최악의 정치 체제가 반복해서 주장했던 새로운 인류 창출이라는 약속"을 물리치는 것을 뜻한다(『계몽』, 196). 푸코는 이를 "우리 자신의 비판적 존재론에 적합한 철학적 에토스"라 칭하면서, "우리가 넘어서야 하는 한계들을 역사적-실천적으로 시험"하고 "그를 통해 우리 자신을 자유로운 존재로 실현하는 것"이라 부연한다(『계몽』, 196).

따라서 푸코의 계몽이란 하버마스와 같은 규범의 정초를 지향하는, 잘 짜인 논리와 체계를 가진 철학적 건축의 설계도가 아니다. 오히려 푸코는 칸트의 계몽을 인식론과 진보적 역사철학으로 보편화하여 체계화

182

한 근대적 비판철학의 전통을 비껴가면서, 그 속에 침전되어 남겨진 어떤 철학적 태도를 추출하려 했던 것이라 할 수 있다. 그것은 이 텍스트가 구상되던 1982~1983년 콜레주 드 프랑스 강의를 보면 명확해진다. 말년의 이 강의에서 푸코는 '파레시아Parrhesia'라는 고대 그리스의 개념을 통해, 진리와 자유 사이의 긴장 속에서 자아를 한계 지점에서의 지적 실험에 내맡긴 철학적 계보를 탐사한다. 즉 푸코는 칸트의 계몽 속에서 독특한 철학적 태도를 추출하고 이를 고대 철학의 특이한 철학적 태도와 연결시킴으로써, 과학적 인식론, 규범 정초적인 사회철학, 진보적 역사철학 등으로 지배된 '근대 철학'으로 인해 은폐되었던 철학적 계보를 추적하고자 했던 것이다.[14]

『성의 역사』 2·3권을 통해 막 출발하려 했던 이 철학적 기획이 아쉽게도 철학자의 불행한 요절로 꽃을 피우지 못했음은 주지의 사실이다. 그러나 푸코가 "자유를 위해 투쟁하는 것"이라 규정하면서 이 투쟁이야말로 "[다른 사회와 구분되는] 서구 사회의 유일한 운명"이라고까지 말한 이 기획을 보편적 규범 정초의 시도로 환원하는 하버마스의 읽기와 물음은 맥락 오류라고 할 수 있다. 왜냐하면 푸코의 칸트 읽기는 규범의 정초와 파괴 사이의 모순 속에서 스스로의 철학적 처지를 토로한 텍스트 따위가 아니라, 현재의 규범과 자아 혹은 타자 사이의 관계를 비판적으로 되물음으로써 그 관계의 변용 속에서 실험 가능한 자유를 철학적 에토스로 제시하는 것이었기 때문이다.

우리 자신에 대한 비판적 존재론은 이론이나 교리, 또는 축적되고 있

---

14) 앞의 책, pp. 36~45 참조.

는 앎의 영원한 총체로 간주되어서는 안 된다. 그것은 현재의 우리 모습에 대한 비판이 우리에게 부과되어 있는 한계들을 역사적으로 분석하는 동시에 그러한 한계들을 넘어서 갈 수 있는 가능성을 실험하는 태도, 에토스, 철학적 삶으로서 인식되어야 한다(「계몽」, 200).

여기까지의 독해를 염두에 두면서 다시 서두의 '계몽과 하스칼라의 만남이 만들어낸 드라마'에 주목해보자. 이 드라마의 함의가 텍스트상으로 봤을 때는 유대계 유럽 지식인들의 활약과 기독교/유대교의 사상적 전회임은 이미 지적한 바 있다. 그러나 푸코의 계몽 재해석 프로젝트가 '파레시아'로부터 칸트에 이르는 서구의 은폐된 철학적 계보를 추출하는 것이었다면, 그가 이 드라마 속에서 발견한 것은 유대계 유럽 지성인들의 숨겨진 철학적 에토스라 할 수 있다. 그가 1982~1983년 강의에서 "두 갈래의 비판"이라 말하면서 제시한 철학적 계보의 윤곽이 이를 증명해준다. 그가 말하는 두 갈래의 비판이란 칸트로부터 베버와 프랑크푸르트학파로 이어지는 비판철학의 계보 속에서 추출한 것인데, 여기서 푸코는 한편에서 규범 정초적인 비판 작업을, 다른 한편에서 현재에 대한 비판적 물음의 태도로서의 비판을 구분해낸다. 말할 필요도 없이 후자의 비판이 푸코가 재해석하려 했던 계몽이었으며, 이 비판의 계보 안에 아도르노의 동시대 철학자들이 소환되는 것이다.[15]

푸코는 이 아도르노의 동시대 철학자들에 대한 깊이 있는 분석을 제시하지는 않았다. 그러나 몇몇 인물의 이름을 떠올리는 것만으로도 이 철학자들이 등장하는 드라마가 의미심장한 것임은 명백하다. 그중에서

---

15) 앞의 책, pp. 20~21.

도 단연 주목받아야 하는 인물은 바로 발터 벤야민이다. 푸코가 명시적으로 거론하지는 않지만, 벤야민이야말로 계몽과 하스칼라의 만남이 연출한 드라마의 가장 극적인 인물임은 그의 극적인 삶의 여정뿐만 아니라 서구의 철학/문학과 신학적 역사철학 사이에서 주조된 그의 매혹적인 작품들이 보여준다. 아감벤이 2007년에 출간한 『왕국과 영광』에서 그린 이 드라마에 대한 윤곽은 계몽과 하스칼라의 조우가 벤야민의 메시아니즘이란 형태로 극점에 다다름을, 또한 푸코가 자신도 인지하지 못한 채 바울-벤야민의 메시아니즘을 계몽이란 철학적 에토스의 추출을 통해 반복했음을 말해주는 작업이었다고 할 수 있다. 그리고 아감벤은 이 드라마의 종막을 벤야민에 의한 '종말론 사무소eschatological bereau의 재개'라 명명했다. 이제 이 드라마를 추동하는 종말론적 역사철학과 그 끝을 장식하는 벤야민의 메시아니즘으로 논의를 옮길 차례다.

종말론 사무소의 재개

아감벤의 『왕국과 영광』은 기독교 신학 속에서 어떻게 '오이코노미아 oikonomia'라는 개념이 수용되고 변용되었는지를 추적함으로써, 서구에서의 '통치'의 계보를 '오이코노미아 신학'이란 개념을 통해 포착하려 한 대작이다. 이 물음을 통해 아감벤은 주권은 왜 영광을 필요로 하는지, 그 영광을 통해 실존할 수 있는 주권이란 대체 무엇인지, 그리고 주권과 영광을 핵심으로 통치란 인간의 삶을 어떻게 조직하는지를 고대와 현대를 오가며 방대한 자료를 자유자재로 구사하면서 그려내고 있다. 그런데 여기서의 관심은 이 대작의 내용을 상세히 분석하는 일이라기보다, 아감벤이 이 작업을 칼 슈미트와 에릭 페터존 사이의 논쟁 속에 맥락화한 뒤, 서구 지성사에서의 종말론을 둘러싼 오래된, 그러나 망실된 물음을 재해석하면서 벤야민의 현재성actuality을 논하는 부분이다. 우선 벤야민에 관한 언급을 읽어보자.

벤야민은 스스로를 기독교와 유대교의 특이한singular 교차점에 자리한 사상가로 자리매김했는데, 그런 그가 종말론 사무소를 주저 없이 재개하려 했을 때 위르겐 몰트만이나 찰스 도드를 기다릴 필요가 없었다는 사실, 그러나 종말론보다는 메시아니즘에 관해 말하는 것을 더 선호했다는 사실은 놀랄 만한 일이 아니다.[16]

주지하다시피 몰트만은 해방신학을 주창한 희망의 신학자이며, 도드는 현재적 종말론을 내세운 영국의 목사이자 신학 연구자이다. 아감벤이 벤야민에 관해 이야기하면서 이 신학자들을 언급한 것은, 벤야민의 '종말론 사무소'의 재개가 신학의 해방적 계기와 현재적 종말론에 밀접히 연계됨을 제시하기 위해서이다. 아감벤은 벤야민의 메시아니즘을 기독교와 유대교의 특이한 교차점에 위치 지을 수 있다고 말한다. 여기서 푸코가 말한 저 드라마의 전형적 주인공으로 벤야민을 소환할 수 있음이 드러난다. 아감벤이 이 통치의 계보학을 푸코가 남겨놓은 작업을 재개하기 위한 것이라 명시하고 있음을 감안한다면, 그는 1970년대 중반부터 시작되는 푸코 말년의 일련의 작업을 푸코 스스로가 계몽과 하스

16) Giorgio Agamben, *The Kingdom and the Glory: For a Theological Genealogy of Economy and Government*, Lorenzo Chiesa trans., Stanford UP, 2011, p. 8. 이하 이 책의 인용은 본문 중에 '(*KG* 쪽수)'로 표기.

칼라의 만남이라 표현했던 맥락 속에 자리매김하고 있는 것이다.[17] 그 드라마의 극적 주인공이 벤야민인 셈인데, 그 까닭은 이 드라마가 '종말론'을 둘러싼 논쟁으로 연출되기 때문이다. 이제 '종말론 사무소'가 무엇을 뜻하는지 살펴볼 차례이지만, 잠시 우회해서 『왕국과 영광』의 핵심 주장을 요약하고 넘어가도록 하자. 그것이 종말론, 메시아니즘, 계몽, 그리고 정치에 관한 아감벤의 사유를 보다 두께 있게 이해하도록 해줄 수 있기 때문이다.

『왕국과 영광』: 오이코노미아 신학과 서구 통치의 본원적 패러다임

『왕국과 영광』의 근본적 물음은 신의 존재론이 아니라 신의 행위론이 어떻게 서구의 통치 패러다임을 마련했는지를 묻는 것이라 할 수 있다. 이 신의 행위론이란 아감벤이 신의 존재론을 세속화시킨 슈미트의 정치신학과의 대비 속에서 '오이코노미아 신학'이라 명명한 패러다임이

---

17) 야콥 타우베스는 비슷한 맥락에서 벤야민을 포함한 동시대의 급진적 현대성 비판자들을 "마르키온의 전사들"이라 불렀다. 마르키온은 2세기의 급진적 '그노시스주의자'인데, 벤야민을 비롯한 20세기 초의 유대계 철학자들은 마르키온의 극한적 이원론, 즉 악한 창조신과 선한 구원의 신 사이의 대립을 축으로 현재에 대한 근본적 부정을 철학적 기저로 삼았다고 타우베스는 주장한다. 여기서의 맥락에서 보자면 이 마르키온의 전사들은 푸코가 말한 계몽과 하스칼라의 만남이 탄생시킨 기독교와 유대교 사이의 특이한 교차점의 사상가들이라 할 수 있으며, 이들의 작업은 푸코가 추출한 계몽이란 철학적 에토스의 근본 물음, 즉 '현재'의 역사적 의미를 묻는 것을 핵심으로 했다. 아감벤은 푸코 말년의 작업을 이 맥락 속에 재정위시킴으로써, 통치성 분석을 메시아니즘과 연관시켜 비판 작업을 수행하고 있다고 이해할 수 있다. Jacob Taubes, "The iron cage and the exodus from it, or the dispute over Marcion, then and now," *From Cult to Culture: Fragments Toward a Critique of Historical Reason*, Mara Benjamin trans., Standford UP, 2010, pp. 137~146.

다. 그런데 아감벤에 따르면 이 오이코노미아 신학은 신의 존재론과 대비되는 또 하나의 신학이 아니다. 오히려 신학 자체가 이미 언제나 오이코노미아에 관련된 교리라는 것이 아감벤의 독창적 해석이기 때문이다. 이 해석은 신학 자체에 대한 전복임과 동시에, 기독교 신학의 역사철학이 갖는 정치적 의미를 되묻는 방법론이기도 하다.

우선 오이코노미아 신학이 무엇인지 간략하게 짚고 넘어가자. 주지하다시피 오이코노미아oikonomia란 가정oikos의 질서nomos를 뜻한다. 따라서 오이코노미아란 정치polis가 아니라 가정家政이라 불릴 수 있는 인간사의 영역이다. 그러므로 이 개념은 식솔과 노예 들의 건강한 삶과 생산적인 노동, 가산家産의 효율적이고 빈틈없는 관리, 그리고 가재도구 일체의 질서 정연한 배치 등을 나타내는 질서/관리의 관념이라 할 수 있다. 이런 오이코노미아의 관념이 신학에 언제나 이미 내재되어 있다는 것은 놀라운 사실이 아닐 수 없다. 왜냐하면 신학이란 신의 존재에 관한 교리를 탐구하는 지식이지, 인간과 사물의 효율적이고 생산적인 질서/관리를 다루는 앎의 체계가 아니기 때문이다.

그러나 아감벤은 2~4세기의 기독교 교리문답 문헌을 면밀하게 살펴보면서, 오이코노미아의 관념이 신학에서 차지하는 중요성을 치밀하게 검토함으로써 이 주장을 입증해나간다. 이를 통해 아감벤은 기독교 신학이 이미 시작부터 지상의 통치를 위한 앎의 체계를 마련했고, 이는 '구체적 종말론concrete eschatology'을 회피하는 가운데 시작된 일이었다고 주장한다. 이 구체적 종말론의 회피야말로 기독교 신학의 역사철학을 둘러싼 여러 언설들의 토대를 이루는 것이며, 벤야민의 종말론 사무소의 재개란 이 언설들의 정치적 함의와 대결하는 것이라 할 수 있다. 이에 대해 상술하는 것은 잠시 미뤄두고, 『왕국과 영광』의 내용을 조금 더 추적해보자.

아감벤은 지상의 통치로서 오이코노미아 신학이 어떻게 전개되었는지를 삼위일체론, 제국-교회론, 섭리론, 천사론 등을 통해 분석한다. 거칠게 요약하자면 이렇다. 삼위일체설이란 신이 존재에서는 하나이지만 위격에서 셋으로 분리된다는 교리인데, 이는 그노시스적 이원론, 즉 창조의 신과 구원의 신을 분리해서 전자를 사악한 신으로 증오하고 후자를 사랑의 신으로 섬기는 급진적 종말론에 대항하기 위한 장치였다. 그런 맥락에서 아감벤은 삼위일체설이란 신의 지상 통치를 이론화하고 정당화하는 장치라 말하면서, 성부(신)와 그의 계획을 지상에서 실현하는 집행자로서의 성자(예수) 사이의 구분과 분열을 봉합하기 위한 장치에 다름 아니라고 말한다. 이것은 결국 신의 재림으로 도래할 '종말=구원'을 기독교 교리에서 말소하는 결과를 낳는다. 아버지 신의 계획이 아들인 집행자(두 존재는 하나의 신이다!)를 통해 지상에서 관철된다는 것은 창조와 구원 사이에 가로놓인 '중간기'가 신의 통치하에 있다는 뜻이며, 그런 한에서 지상의 구원과 종말은 분명히 오지만 그 구체적 국면이 오기까지의 기간(신에 의한 지상 통치)이 무의미의 나락으로 떨어지는 일은 없기 때문이다. 즉 지상의 삶(현세)은 구원을 기다리는 무의미한 시간이 아니라, 그 자체로 신의 계획이 실행되고 있는 유의미한 시간으로 탈바꿈하는 셈이다. 이때 종말과 구원의 구체적 형상은 기독교 교리에서 말소되고 만다.

예수의 부활 이후 구원의 도래까지 지상을 관리하는 사명을 가진 교회가 예수의 '신비한 몸'이라 표상된 것은 이 때문이다. 이후 로마제국이 기독교 제국으로 탈바꿈하면서 지상을 관리하는 사명은 교회와 제국이 담당하게 된다. 아감벤은 이 교회와 제국의 통치론과 관료론을 분석하면서 어떻게 오이코노미아, 즉 질서와 관리가 통치의 가장 중요한 임무가 되었는지를 밝히는데, 그는 이를 섭리의 통치기술화 및 천사(성령)의 임무와 위계질서에 근거한 관료론을 해부함으로써 논증한다. 그렇게 하여 아감벤은 교회와 제국이 주도한 지상의 통치가 결국 인간을 관리하고 질서 정연하게 배치하는 '생명정치bio-politique'의 패러다임을 출발부터 핵심으로 삼았음을 보여주는 것이다.

그런 의미에서 이 주장이 궁극적으로 제시하고자 하는 테제는, 서구의 인간은 고유한 의미의 '정치'가 아니라 인간과 사물의 효율적이고 생산적인 질서/관리를 집행하는 '통치'만을 반복해왔다는 것이다.

> 기독교 신자가 희구하는 영원한 삶은 결국 "정치polis"라는 패러다임하에서가 아니라 "가정oikos"이라는 패러다임하에 있다. 야콥 타우베스의 조롱과 같은 경구에 따르면 "삶의 신학theologia vitae"은 언제나 "신학동물학theo-zoologie"으로 변질되는 과정에 있는 것이다(KG 3).

이로써 아감벤은 신의 존재(성부)와 행위(성자) 사이의 구분과 통합이라는 기독교 신학의 근원적 문제를 서구의 통치 패러다임과 접목시키게 되는데, 이 분석의 끝자락에서 그는 신-주권과 영광-갈채라는 문제로 논의를 이행시킨다. 왜 신은 영광을 필요로 하는가, 주권은 왜 갈채를 필요로 하는가? 아감벤에 따르면 그것은 아버지 신의 존재와 행위가 분리되면서도 통합되어 있다는 삼위일체설의 난점을 메꾸기 위해서이다. 즉 지상의 촘촘한 통치 실천, 제도, 조직이 신의 의지를 대변한다는 것을 알리기 위해서는, 결코 가시화될 수 없는 신의 자리(이를 아감벤은 텅 빈 신의 자리라고 말한다)를 영광-갈채의 빛-열광을 통해 현시해야만

한다는 것이다. 다시 말해 아들(집행자)의 오이코노미아적 행위가 아니라, 아버지의 신성한 존재를 영광이라는 성화聖化, sacramento를 통해 가시화하기 위한 필연적 의례가 교회의 신에 대한 찬양이라는 것이다.

그래서 아감벤은 신의 자리는 언제나 '텅 비어 있다'고 말한다. 그것은 아감벤 사유의 핵심을 이루는 잠재태potentiality와 실현태actuality의 구분과 정확하게 일치하는데, 신의 존재가 잠재태이며 신의 행위가 실현태라면, '영광-찬양'이란 오이코노미아적 통치가 신의 존재라는 잠재태의 실현태임을 보여주는 의례인 셈이다. 그리고 주권이 존재로서의 신이 세속화된 관념이라면, 통치를 주권의 의지의 발현으로 표상하는 동시에 텅 빈 주권의 자리를 성화하는 것이 바로 인민의 갈채이다. 아감벤은 이러한 서구의 통치 패러다임에 맞선다. 존재로서의 신과 주권의 텅 빈 자리를 영광이나 갈채로 은폐하면서 통치를 정당화하는 세속의 질서에 맞서, 신과 주권의 본래적 '무위=잠재태'를 그 자체로 남겨두는 것을 정치의 고유한 임무라 주장하는 것이다. 『왕국과 영광』의 핵심 주장은 이 정도로 요약될 수 있다.

역사철학, 종말론, 그리고 메시아니즘

지금까지 살펴본 대로 『왕국과 영광』은 현대의 생명정치를 예수 부활 직후의 기독교 신학 탄생 시기까지 거슬러 올라가 계보화하는 장대한 작업이라 할 수 있다. 이 논의를 염두에 두고 다시 종말론과 메시아니즘의 문제로 되돌아가보자.

아감벤은 오이코노미아 신학의 패러다임을 추적하기 위한 출발점으로 1960년대 독일에서 벌어졌던 세속화 논쟁을 거론한다. 이 논쟁은 칼 뢰비트Karl Löwith가 1953년에 제시한 테제를 둘러싸고 벌어졌는데, 그 내용은 독일 관념론의 역사철학이나 계몽주의의 진보 개념 모두 세속화된 역사신학과 기독교 종말론에 지나지 않는다는 주장이었다. 이에 대해 한스 블루멘베르크는 『근대의 정당성』이란 저서를 통해 세속화라는 테제 자체가 무의미한 것이라 응수했고, 뢰비트뿐만 아니라 한스 요나스Hans Jonas나 칼 슈미트까지 비판의 사정거리 안에 두고 세속화 테제에 대한 전면 공격을 감행했다. 이후 슈미트 등이 블루멘베르크에 응답함으로써 논쟁은 외연을 넓혀나갔다. 이후 이 논쟁의 대립점은 세속화와 '현대성'에 대한 옹호 여부로 해석되었는데, 아감벤은 이 논쟁의 진정한 의미는 하나의 결정적 문제를 은폐하기 위해 연출된 것이었다는 데 있었다고 말한다.

그 문제란 세속화가 아니라 오히려 역사철학이다. 그리고 그 전제인 기독교 신학이다. 그 역사철학과 기독교 신학에 대해 얼핏 보면 서로 적대하는 듯 보이는 자들이 공동전선을 형성했다. 독일 관념론 철학은 뢰비트가 말하는 구원의 종말론을 의식적으로 다시 다룬 것이었지만, 그 종말론은 보다 광대한 신학적 패러다임의 일면에 지나지 않는다. 그 신학적 패러다임이란 우리가 지금부터 연구하려는 신의 오이코노미아이다. 이 논쟁은 이 오이코노미아를 제거한 위에서 성립한 것이다(KG 5).

아감벤의 논지는 명확하다. 세속화 논쟁이 신학의 세속화, 즉 신학적 개념 체계를 인간 사회에 적용하는 것을 둘러싼 논쟁이라면, 그 논쟁은 이미 시작부터 일종의 오인으로부터 출발했다는 것이다. 왜냐하면 아감벤이 말하듯 신학이 이미 출발부터 오이코노미아 신학이라면, 신학은 출발부터 인간 사회의 통치를 고유한 대상으로 삼는 사유 체계이기 때문에 '세속화'는 무의미해질 터이기에 그렇다. 이는 현대성의 고유한 가치를 근거로 삼아 세속화를 논박한 블루멘베르크와는 전혀 다른 입장이라 할 수 있다. 되풀이하지만, 이미 신학 자체가 세속의 통치를 문제로 삼고 있다는 것이 아감벤의 주장이기 때문이다. 아감벤은 이 논쟁을 논의의 출발점으로 삼음으로써, 기독교 신학 해석에서의 오이코노미아에 대한 은폐와 망각이 뿌리 깊은 것임을 드러내려 했던 것이다.

앞에서 벤야민이 재개하려 했다는 '종말론 사무소'는 바로 이 오이코노미아의 은폐와 깊은 연관을 가진다. 이는 세속화 논쟁의 한 당사자인 슈미트와 에릭 페터존 사이의 논쟁을 통해 논의된다. 이 논쟁은 가톨릭 신학자 에릭 페터존이 1935년에 쓴 논문 「정치 문제로서의 일신교: 로마제국에서의 정치신학의 역사에 대하여」의 말미에서 슈미트의 '정치신학'이라는 테제를 비판하면서 촉발되었다. 이 논문에서 페터존은 로마제국 황제 콘스탄티누스 1세의 '수염 이발사'라 야유받은 에우제비우스의 신학을 분석한다. 그에 따르면 에우제비우스는 아우구스티누스에 의해 확립된 '황권imperium'과 구세주 예수의 부활을 중첩시키면서, 로마 황제의 황권이야말로 예수의 부활로 실현된 유일신의 지상 통치를 체현하는 것이라 주장했는데, 페터존이 보기에 이는 황제에 아부하기 위해 지상의 통치 따위에는 관심을 가질 수 없는 기독교 신앙 및 교회를 팔아넘긴 것에 다름 아니었다. 페터존은 유일신의 지상 통치라는 테제는 유대교의 신앙이지 기독교의 신앙이 아니라고 파악했기 때문이다.[18]

---

18) Erik Peterson, "Monotheism as a political problem: A contribution to the history of

즉 기독교 교리의 입장에서 '정치'신학이란 불가능하며, 그것은 세속 권력에 대한 아부에 다름 아니라는 것이 페터존의 주장이었던 셈이다.

이렇게 말하면서 페터존은 논문의 마지막 각주에서 '정치신학'이란 개념이 슈미트에 의해 최근 공적 담론에 등장했다고 말하면서, 슈미트의 나치 가담을 에우제비우스의 황제에 대한 아첨에 빗댄다. 두 사람 사이의 논쟁은 이렇게 시작하게 된다. 하지만 페터존의 슈미트 언급은 정치적 야유 이상의 함의를 내포한다. 페터존 사후 10년인 1970년 슈미트는 페터존에게 응답을 하게 되는데, 그는 페터존의 비판이 35년이 지난 지금도 "파르티아의 화살"처럼 등에 꽂혀 있다고 말한다.[19] 이는 페터존의 정치신학 비판이 단순한 정치적 야유가 아니라, 기독교 신학 및 역사 철학의 깊은 곳을 관통하는 주제에 관한 것임을 말해주는 표현이다.[20] 아감벤은 이에 착목하여 이 논쟁의 중심에 있는 논제를 분석함으로써 벤야민의 메시아니즘과 대질시킨다. 그 중심 논제란 '카테콘Katechon'이란 형상이다.

이 두 적대자는 '카테콘'이라고 정의할 수 있는 신학적 구상을 공유하고 있다. 가톨릭 신자로서 두 사람은 그리스도의 재림이라는 종말론적

---

political theology in the Roman empire." *Theological Tractates*, Michael J. Hollerich trans., Stanford UP, 2011, pp. 68~105. 유대교는 '선택된 민족'인 유대인의 유일한 주권자로 신을 자리매김한다. 즉 유대교는 지상에서의 삶을 관장하는 존재로 유일신을 사유하는 것이다. 이에 반해 기독교의 창조신은 지상 세계에 아무런 관심이 없고, 그렇기에 '정치신학' 따위는 불가능하다는 것이 페터존의 주장이다.

19) Carl Schmitt, *Politische Theologie II*[1970], Duncker & Humblot, 1984, p. 10[칼 슈미트, 『정치신학 II』, 김효전 옮김, 『동아법학』 16호, 1993, 250쪽].

20) 페터존과 슈미트 논쟁에 관한 개괄을 위해서는, György Geréby, "Political theology versus theological politics: Erik Peterson and Carl Schmitt," *New German Critique* 105, vol. 35 No. 3, Fall 2008, pp. 7~31 참조.

신앙을 공언할 수밖에 없었다. 게다가 두 사람 모두 바울의 「데살로니카인에게 보내는 둘째 편지」를 참조하여 '종말'을 지연시키고 정지시키고 있는 것, 즉 왕국의 도래와 세계의 종말을 지연시키고 정지시키는 무언가가 있다고 단언한다. 슈미트에게 그것은 제국이다. 페터존에게 그것은 기독교 신앙에 대한 유대인의 거부이다. 즉 법학자 슈미트에게도 신학자 페터존에게도 인류의 현재의 역사는 왕국의 도래가 지연되고 있다는 데에 토대를 둔 '중간기'인 것이다(*KG* 7).

아감벤에 따르면 슈미트와 페터존은 상호 대립에도 불구하고 하나의 공통된 관점을 공유한다. 그것이 카테콘 사상이다. 카테콘이란 신의 왕국의 도래까지 지상을 지키는 존재로, 진정한 구원이 아닌 가짜 구원을 설파하는 '적그리스도'를 억제하는 자이다. 아감벤은 이 형상에 기반을 둔 사유야말로 슈미트와 페터존이 예수의 부활 이후 지연되고 있는 세상의 종말에 대처하는 공통의 역사철학이라고 주장한다. 도스토옙스키의 대심문관처럼, 카테콘은 거짓 구원으로 세상의 종말을 떠들어대는 구세주 참칭자들을 처단하는 임무를 맡은 역사철학적 형상인 것이다. 그런데 여기서 문제가 되는 것은 슈미트와 페터존이 카테콘을 통해 기독교의 종말론 신앙을 충실히 따르는 것처럼 보이지만, 사실은 두 사람 모두 종말의 영원한 지연과 억제를 설파한다는 사실이다. 즉 슈미트에게는 현재의 역사 세계를 통치하는 제국-국가가 카테콘인 한에서 법을 통한 통치는 정당화되며, 페터존에게는 유대인의 기독교로의 개종이 이뤄지지 않는 한 기독교 신앙을 지키는 교회의 존재 의의는 확보되기 때문이다.[21] 즉 두 사람에게 카테콘이란 종말을 사유하는 하나의 방법이라기보다는, 현재 존립하고 있는 제국-국가와 교회의 통치와 존재를 정당화하는 근거인 셈이다.

여기서 오이코노미아 신학과 영광의 실천을 정당화하는 극한적 사유가 나타난다. 오이코노미아 신학이 지상의 통치를 뜻하는 한에서, 영광이 텅 빈 신의 자리를 은폐하면서 현시함으로써 지상의 통치를 정당화하는 실천인 한에서, 카테콘이란 오이코노미아와 영광이 영원히 끝나지 않을 것임을 나타내는 형상에 다름 아니기 때문이다. 즉 종말과 구원을 통해 끝이 나야 할 오이코노미아와 영광은 카테콘에 의해 영원히 지속된다는 것이다. 따라서 신학과 역사철학에서 오이코노미아를 은폐하고 망각했다는 것은 오이코노미아를 인식하지 못했다는 말이 아니다. 아감벤 주장의 핵심은 오이코노미아의 은폐와 망각이 지상 질서의 끝을 상상하는 일을 사유와 실천으로부터 추방했다는 데에 있기 때문이다. 국가에서의 인민의 갈채와 교회에서의 신도와 사제에 의한 영광은 결국 '구체적 종말론'을 기독교 신학과 역사철학에서 배제하는 역할을 담당했던 셈이다.

그래서 오이코노미아의 전면적 통치를 용인하고 영원화하는 기독교의 종말론은 영광에 기반한 현존하는 통치 권력의 옹호이다. 그 종말이 구체적 모습으로 상상되지 않고 억제되고 지연되는 것으로 사념되는 한에서 말이다. 벤야민이 재개하려 했던 '종말론 사무소'란 이 상태에 대한 개입이다. 그것은 인간을 관리되고 질서 정연하게 배치되어야 하는 '벌거벗은 생명'으로 간주하는 이 거대한 오이코노미아 통치 장치로부터의 탈피를 구상하는 일이었던 것이다. 따라서 그의 메시아니즘은 '구체적 종말론'을 전개하는 메시아니즘이라 할 수 있다. 아감벤이 벤야민

---

21) Erik Peterson, "The church," *Theological Tractates*, pp. 10~19.

의 메시아니즘을 서구 통치 패러다임에 대한 극한의 대립점으로 삼은 까닭이 여기에 있다. 그리고 그것은 바울의 메시아니즘이 담고 있는 시간관과 언어에 대한 근원적 사유를 통해 구체적 모습을 드러낸다.

메시아적 종말과 언어 경험

2009년 3월, 아감벤은 파리 노트르담 성당에서 파리 주교를 포함한 가톨릭 고위 성직자들 앞에서 강연을 했다. 이 짧은 강연에서 아감벤은 마치 1970년대 알튀세르가 "당 내에서 더 이상 지속되어서는 안 될 것"을 프랑스 공산당을 향해 호소했듯이, 2000년의 시간을 통해 가톨릭교회가 무엇을 망실했고 현재 어떤 곤경에 처해 있는지를 차분한 톤으로 말했다. 아감벤이 가톨릭교회의 고위 성직자들에게 전달하고자 했던 메시지는 단 한 가지이다. 바로 가톨릭교회가 메시아적 종말의 계기를 망실했고, 그로 인해 현재 존립의 정당성 위기 한가운데 있다는 사실이다. 그렇다면 아감벤이 가톨릭 고위 성직자에게 다시금 일깨우려 했던 메시아적 종말이란 무엇일까?

메시아적인 것은 시간의 종말이 아니라 종말의 시간입니다. 메시아적인 것은 시간의 종말이 아니라 매 순간, 즉 하나하나의 카이로스kairos가 시간의 종말 및 영원성과 맺는 관계입니다. 그러므로 바울의 관심은 시간이 끝나는 순간, 즉 마지막 날이 아니라 종말과 관계 맺고 그것을 개시하는 시간입니다. 이렇게 말할 수 있을지도 모르겠습니다. 메시아적인 것은 시간과 그 종말 사이의 남겨진 시간이라고 말입니다.[22]

따라서 아감벤에게 메시아적 종말이란 연대기적 시간의 끝을 의미하지 않는다. 그것은 오히려 지상에서의 삶을 매 순간의 행위로 파악하고, 그 행위를 종말 혹은 완성과 관계시키는 실천과 사유에 붙여진 이름이다. 그래서 아감벤은 벤야민의 다음과 같은 말을 인용하면서, 메시아적 종말이 연대기적 시간의 종말이 아니라 순간순간의 또 다른 시간 경험임을 말한다. "매일, 매 순간은 메시아가 도래하는 작은 문이다."[23]

그런 의미에서 메시아적 종말은 과거-현재-미래가 연대기적으로 연속된다는 시간의 기하학적 표상과 전혀 다른 시간 표상을 요구한다. 아감벤은 이를 "남겨진 시간time that remains"이라고 불렀는데, 이 시간은 아감벤에게 신비적 종교체험이라거나 예술적 경험 같은 매우 특이한 시간 경험이 아니다. 오히려 이 메시아적 시간 경험은 인간의 언어활동을 구성하는 본래적 어긋남 혹은 위약함에서 비롯된다(아감벤이 바울을 따라 메시아적 힘이 "위약함weakness"에서 발휘된다고 하는 것은 이 맥락에서이다). 그 사유가 전개된 텍스트가 『왕국과 영광』 이후 '호모 사케르' 시리즈의 II-3으로 기획된 『언어의 성사』이다.

아감벤은 이 저서에서 "맹세의 고고학"이라는 기획을 전개하는데, 그것은 말 그대로 고고학, 즉 인간의 "근원arche"에 관한 물음으로서 맹세를 다루는 것이라 할 수 있다. 아감벤은 맹세를 논의한 수많은 연구들이 모두 맹세를 법과 종교가 분리되지 않은 신화-주술 단계에 자리매김했음을 비판하면서, 맹세를 그러한 "선-사pre-history"라는 "신화소

---

22) Giorgio Agamben, *The Church and the Kingdom*, Leland de la Durantaye trans., Seagull, 2012, p. 8.

23) 앞의 책, p. 5.

mythologeme"로 환원하는 시각을 수정할 것을 제안한다. 그러면서 아감벤은 맹세를 언제인지 과학적으로 확정할 수 없는 "인류 발생과 현재 사이에 펼쳐진 '근원'에 대한 탐구"로 옮기자고 하는데, 이는 맹세를 인간 언어활동의 근원적 성격과 연관하에 탐구하자는 말이다. 왜냐하면 언제부턴가 말을 하기 시작한 '인류'가 현재의 사회-제도를 만들어내어 살게 된 과정의 '근원' 탐구는 발생과 현재 사이의 실체화될 수 없는 지성의 고유한 탐사 영역이기 때문이다.

> 나의 가설은 우리가 '맹세'라는 말로 가리키는 (법적이기도 하고 종교적이기도 한) 이 수수께끼 같은 제도는 말하는 존재자이자 정치적 동물로서의 인간의 본성 자체를 의문에 부치는 전망 속에 놓일 때에만 지성에 의해 파악될 수 있다는 것이며, 그렇기 때문에 맹세의 고고학이 오늘날의 관심사인 것이다. 인류 발생과 같은 역사의 바깥은 사실 일거에 완성되었다고 볼 수 없는 사건이다. 그것은 항상 진행 중이다. 왜냐하면 '이성의 인간'은 아직까지도 계속 인간이 되고 있고, 언어로의 진입과 말하는 존재로서의 자신의 본성에 대한 맹세를 어쩌면 아직도 계속하고 있기 때문이다.[24]

그렇기에 아감벤이 말하는 인류의 발생과 현재 사이는 연대기적 시간으로 가늠할 수 있는 선형의 시간과는 전혀 다른 것이다. 그것은 말하는 존재로서 스스로를 끊임없이 생성-변용시키는 인간과 인간 자신의 언어활동이 맺고 있는 관계에 대한 물음인 것이다. 즉 말한다는 것은 무

---

24) 조르조 아감벤, 『언어의 성사: 맹세의 고고학』, 조문영 옮김, 새물결, 2012, 31쪽.

엇을 뜻하며, 그로 인해 인간의 삶은 어떤 처지에 놓이게 되는지에 대
한 물음이 '근원'에 대한 물음인 셈이다. 이는 메시아적 종말이 현재와
종말 사이에 펼쳐진 '남겨진 시간'이라 했던 아감벤의 주장과 일맥상통
한다. 메시아적 종말을 염두에 두고 말해보자면, '근원'에 대한 물음은
현재와 시작 사이에 남겨진 시간에 대한 물음인 것이다. 이 물음을 수
행하기 위해 주목된 대상이 바로 맹세이다. 왜 맹세일까? 아감벤은 다
음과 같이 그 이유를 말한다. 다소 길지만 몇 대목을 인용해보자.

- "내 이름이 루트비히 비트겐슈타인이 아니라면, '참' 또는 '거짓'이
의미하는 바를 나는 어떻게 믿고 의지할 수 있을까?" 이름의 고유성은
다른 모든 확실성의 조건이 되는 보장이다. 언어 안에서 모든 언어 게임
이 토대를 두고 있는 바로 그러한 명명의 순간이 의문시된다면(내 이름이
루트비히 비트겐슈타인이고 '개'가 개를 뜻한다는 것이 확실한 것이 아니라
면) 말하고 판단하는 것은 불가능하게 되어버린다. 하지만 비트겐슈타인
은 여기서 문제가 되는 확실성이 논리적이거나 경험적 유형의 확실성이
아니라 게임의 '규칙'과 같은 것이며 언어란 바로 그런 유형의 확실성임
을 보여주고 있다.
  맹세에서 그리고 하느님의 이름에서 문제가 되는 것은 이러한 종류의
확실성, 아니 차라리 '믿음'이다. 하느님의 이름은 항상 참인 이름, 오로
지 참일 뿐인 이름, 즉 의심하는 것이 불가능한 언어 경험을 이른다. 인
간에게는 이 경험이 맹세이다. 이런 의미에서 모든 이름은 맹세이며, 모
든 이름에서는 '믿음'이 관건인 것이다. 그것은 이름의 확실성이 경험적-
진위 진술적 유형 또는 논리적-인식적 유형의 확실성이어서가 아니라 차
라리 사람들의 서약과 실천을 항상 살아 움직이게 하기 때문이다. 말한

다는 것은 무엇보다도 맹세한다는 것, 이름을 믿는다는 것이다.

• 종교와 법은 이러한 인류 발생적인 말의 경험을 일일이 참말과 거짓말, 진짜 이름과 가짜 이름, 유효한 정형구문과 부정확한 정형구문으로 구별하고 대립시키면서 역사적 제도로서의 맹세와 저주로 전문화한다. '잘못 말한 것'은 이렇게 해서 전문적인 의미에서의 저주가 되었고, 말을 충실히 지키는 것은 적합한 정형구문과 의전에 대한 강박적이고 빈틈없는 관심과 염려, 다시 말해 'religio'와 'ius'가 되었다. 말의 수행적 경험은 '언어의 성사'가 되면서 격리되고 '언어의 성사'는 또 '권력의 성사'가 되면서 격리된다. 인간 사회를 지탱하고 있는 '법의 힘,' 곧 생명체를 안정되게 의무에 묶이게 하는, 지킬 수도 있고 어길 수도 있는 언어적 언표화라는 관념은 이렇듯 인류 발생적 경험의 시원적인 수행적 힘을 고정시키려는 시도로부터 유래하며, 이러한 의미에서 맹세와 저주의 부대 현상이다.[25]

아감벤은 여기서 언어를 둘러싸고 축적된 지식 체계에 충분한 경의를 표하면서도 논리실증주의, 구조주의 언어학, 수행론 등이 공백으로 남겨두었던 물음을 전개한다. 언어 현상이란 의미 값으로 환원될 수 있다는 사실, 의미가 언어를 구성하는 기표와 기의 사이의 자의적 관계에 기반한다는 사실, 그리고 언어의 의미란 항상 맥락 의존적이라는 사실 등 언어학의 풍성한 성과들은 모두 '언어의 의미가 어디에서 연유하는가'에 물음의 초점을 맞춰왔다. 그것은 언제나 '언어-의미'의 연관성을 필연적인 것이라 보았고, 의미 없는 언어란 존재할 수 없다고 간주해왔

---

25) 앞의 책, 115~116, 144~145쪽.

다. 아감벤도 언어-의미의 연관성을 부정하는 것은 아니다. 하지만 아감벤에 따르면 언어와 의미 사이에는 메울 수 없는 간극이 존재한다. 그 간극은 "지시designation와 명명naming"이란 "수행적 경험"에서 보편적 의미가 발생함과 동시에 그 의미로부터 무언가가 남겨지기 때문에 생겨나는 틈새이다.

가령 '지금' 혹은 '저것' 혹은 '그녀'라는 대명사를 생각해보자. 이 일련의 명사들은 철저히 맥락 의존적일 수밖에 없다. 지금은 밤이거나 낮일 수 있고, 저것은 사과이거나 돌일 수 있고, 그녀는 영희거나 앨리일 수 있기 때문이다. 하지만 지금, 저것, 그녀는 무엇을 지시하는지는 모르지만 그 자체로 의미 있는 명사이기도 하다. 지금, 저것, 그녀라는 명사는 시공간과 관련한 '(감각적) 의미'를 발생시키기 때문이다. 그렇기에 지금, 저것, 그녀는 한편에서 어떤 담화 상황 속에서만 유의미할 수 있음과 동시에, 구체적 지시물이 무엇인지 몰라도 그 자체로 어떤 지시적 언어활동이 있었다는 것을 알린다. 그런 의미에서 이 구체적 지시체와 지시적 언어활동은 필연적으로 일치하지 않는다. 지금, 저것, 그녀는 무언가를 지시했지만 무엇을 지시했는지는 모르는, 의미와 무의미 사이의 언어활동이라 할 수 있는 것이다.

이제 이 언어활동을 일반명사의 상황에 적용해보자. '사과'라는 말이 빨간 과일을 지칭하는 명사임은 관습이든 약속이든 한국어에서 일반적으로 통용되는 사실이다. 그런데 처음으로 빨간 과일을 '사과'라 명명했던 상황을 생각해보면 어떨까? 그때 이 명명은 '지금, 저것, 그녀'라는 명사의 지시와 동일한 상황에 놓이게 된다. 즉 무언가를 '사과'라 지시한 것 같은데 무엇을 지시했는지 모르는 상황 말이다. 언어의 수행적 경험이란 이렇듯 명명과 지시가 이뤄졌는데 무엇을 지시했는지 모르는 상황을 근원적 조건으로 삼는다. 그것은 의미와 무의미의 문턱을 이루는 경험이라 말할 수 있다. 아감벤이 말하는 '맹세'란 이 문턱이다. '지금, 그것, 그녀'나 '사과'가 유의미하게 통용되기 위해서는 타자가 그 지시와 명명을 이해하기 이전에 '믿어야' 하며, 그 믿음을 이끌어내기 위해서 화자가 '맹세'해야 한다는 것이다. 이는 결코 언어활동이 진실됨을 외적으로 보증하는 실천을 말하는 것이 아니다. 언어활동이란 그 근원-발생에서 의미와 무의미의 문턱, 혹은 언어와 의미 사이의 간극 자체이기에, 맹세란 언어의 위약함(무의미로 추락할 수 있는 가능성)의 다른 이름인 셈이다.

아감벤은 이 위약함을 외재적으로 보충하여 의미를 확정지으려는 시도가 바로 종교와 법이라 간주한다. 여기서 종교는 언어활동에 내재한 근원적 믿음(혹은 위약함)을 특정 존재자에 대한 믿음으로 환원하여 그 의미를 위계화하는 '언어의 성사'이며, 법이란 언어활동의 수행적 경험을 무수한 일반 법칙(문법)으로 환원하여 의미와 무의미의 경계를 고정시키는 '권력의 성사'이다. 그런 의미에서 믿음을 제도화하는 종교와 삶을 법칙화하는 법은 모두 인간의 유적 본질, 즉 언어활동의 위약함을 은폐하고 말소하려는 장치라 할 수 있는 것이다.

여기서 아감벤의 메시아니즘은 구체적 상을 획득한다. 언어활동이란 본래적으로 이뤄졌는지 안 이뤄졌는지를 가늠할 수 없는 위약한 활동이다. 이런 활동이 인간의 유적 본질을 구성한다면, 인간이란 본래적으로 위약한 존재일 수밖에 없다. 여기서의 위약함이란 육체적 위약함을 말하는 것이 아니다. 오히려 이 위약함은 스스로의 존재 증명을 위해서는 필연적으로 타자에 대한 믿음과 맹세를 수반해야 함을 뜻한다. 즉 인간은 타자를 믿고 타자에게 맹세함으로써 스스로의 존재를 증명하는 '공생하는 존재communal being'라는 것이 이 위약함이 뜻하는 바인 것이다. 종교와 법은 이 스스로의 존재 증명을 위한 믿음과 맹세를 '보편화'한다. 즉 진심과 진실을 가늠하는 수직적 잣대를 만들어내는 것이다. 아감벤은 이 사태를 방브니스트의 "명사구"와 "빈사esti를 수반한 구절"의 대비 속에서 사유하면서 메시아니즘의 구체적 상을 제시한다.

> 명사구와 빈사를 수반한 구절은 똑같은 방식의 언명이 아닐뿐더러 동일한 언어 영역에 속하는 것도 아니다. 전자는 언표이며 후자는 서술이다. 전자는 어떤 절대성을 말하고 후자는 어떤 상황을 기술한다.[26]

여기서 말하는 "명사구"가 지시와 명명이 이뤄졌지만 무엇을 지시하고 명명했는지 모를 언어의 위약함임은 말할 필요가 없다. 이에 반해 "빈사를 수반한 구절"이란 '저것은 사과다. 사과는 과일이다'라는 식으로 지시와 명명을 빈사로 환원함으로써(서술함으로써/보편화함으로써) 발화의 의미를 끊임없이 확증하려는 언어활동이다. 그런데 구조주의 언어학의 말을 빌리자면, 지시와 명명이 빈사로 환원되기 위해서는 기표의 차이의 체계와 기표/기의의 자의적 결합으로 구성된 '랑그langue'가 있어야만 한다. 이 랑그란 모든 발화의 의미 값을 고정시키는 역할을 하는 법칙이라 할 수 있는데, 정작 중요한 것은 이 랑그의 존재란 개별 발화가 이뤄졌다는 사실 외에 증명될 수 없다는 데에 있다. 즉 랑그는 그 자체로는 결코 실재할 수 없는 '텅 빈 기표의 체계' 외에 아무것도 아닌

---

26) Giorgio Agamben, *The Time That Remains*, Patricia Dailey trans., Stanford UP, 2005, pp. 127~128[조르조 아감벤, 『남겨진 시간』, 강승훈 옮김, 코나투스, 2008, 210쪽]. 번역은 다소 수정했다.

셈이다.

중요한 것은 구조주의 언어학이 이 '텅 빈 기표의 체계'를 발화가 의미화되는 근거로 제시함으로써 그 존재를 절대적인 것으로 제시해왔다는 점이다. 이는 구조주의만이 아니라 여타의 언어학 모두가 용어와 개념은 다를지언정 간직해온 언어학의 절대적 전제이다. 이 랑그를 통해 개별 발화의 위약함은 모두 해소된다. 개별 발화는 모두 랑그의 체계를 따라 의미와 무의미의 문턱을 넘어서서 의미의 세계로 진입하기 때문이다. 여기서 언어의 위약함은 존재하지 않는다. 명사구, 즉 지시와 명명의 절대적 순간은 랑그에 의한 문장화를 통해 말소되는 것이다.

아감벤의 메시아니즘이란 바로 이 말소된 지시와 명명을 랑그(일반 법칙=법)의 정지를 통해 붙잡으려는 기획이라 할 수 있다. 랑그는 언어의 본래적 위약함을 극복하게 해주는 일반 법칙이다. 그 법칙 아래에서 언어활동은 산문적 세계 안에서의 촘촘한 의미망으로 분절되어 의미화될 수 있다. 그런 의미에서 랑그는 언어활동의 본래적 위약함을 말해주는 믿음-맹세의 불안을 인간에게서 없애준다. 하지만 그것은 믿음-맹세라는 언어활동의 위약함을 극복하도록 해준다기보다는, 의미화를 랑그라는 텅 빈 체계에 위탁하여 스스로의 위약함을 안정과 맞바꾸는 계약이다. 이를 통해 지시와 명명의 절대성, 즉 시적 향기는 명사와 빈사의 반복으로 가득 찬 삭막한 산문의 세계 속에서 사라지게 되는 것이다.

이와 마찬가지로 법과 종교는 언어활동의 위약함의 다른 이름인 믿음-맹세를 보다 상위의 권력/규범에 위탁함으로써 삶의 안정을 얻는다. 하지만 이때 인간의 삶은 타자에 대한 믿음-맹세를 권력적 잣대에 기대어 가늠함으로써 스스로의 존재 증명을 포기해버린다. 즉 공생하는 이웃에 대한 수평적 믿음-맹세가 아니라, 신이나 규범에 대한 수직적 믿음-맹세를 통해 스스로를 관리당하고 규율당하고 처벌받는 '벌거벗은 존재'로 만들어버리는 것이다. 아감벤의 오이코노미아 신학에 대한 분석은 삼위일체의 교리와 세속화된 정치신학을 통해 인간 삶의 위약한 공생(이웃에 대한 믿음-맹세)이 어떻게 텅 빈 신-주권에 대한 영광과 갈채 속에서 형해화되었는가를 보여주는 작업이었던 셈이다.

여기서 바울-벤야민-아감벤의 메시아니즘은 구체적 상을 획득하게 된다. 이들의 메시아니즘은 구원을 기다리며 비교秘教적 앎을 공유하는 신비주의와 아무런 관계가 없다. 이들의 메시아니즘은 위약한 공생(언어의 믿음-맹세와 그 곤란함)을 유적 본질로 하는 인간이 스스로 자신의 존재를 표현하고 향유하는 가능성에 대한 타진이다. 그것은 스스로의 위약함을 신-주권-랑그에 위탁하여 삶의 안정을 획득하지만(홉스의 사회계약론을 상기하라), 그럼에도 언어활동을 하는 한 지워질 수 없이 '남겨진' 인간의 위약함을 수평적 공생의 조건으로 삼으려는 철학적 사유이다. 그것은 현재를 과거나 미래 어디에도 위탁하지 않고 그 자체로 인식하고 비판하려 했던 푸코의 계몽 프로젝트와 맞닿아 있으며, 사상 유래 없는 촘촘함과 광범위함을 통해 인간 삶을 감시-관리하는 기술관리 체계의 통치 패러다임에 맞서려는 시도인 것이다. 그렇기에 아감벤이 말하는 벤야민의 '종말론 사무소'란 저 '남겨진' 위약함을 수평적인 공생의 지평 속에서 붙잡는 것을 일상적 업무로 삼는다. 그것은 주인공의 성장 없이 삭막한 산문적 세계만이 남은 근대의 끝자락(역사의 종말)에서, 말하는 동물로서의 인간이 스스로를 증명하는 유일한 행위, 즉 '정치'인 것이다.

정치적 메시아니즘을 위하여

아감벤은 1992년에 쓴 에세이에서 소련의 붕괴와 동구 내전의 발발을 보면서 다음과 같이 다가올 시대의 정치적 사유의 임무를 정식화했다.

> 소비에트 공산당의 붕괴와 자본주의-민주주의 국가에 의한 전 지구적 차원의 노골적 지배는, 우리 시대에 필요한 정치철학의 재탈환을 저해하고 있던 두 가지 주요한 이데올로기적 방해물을 제거해주었다. 스탈린주의와 진보주의-제헌적 국가가 그것이다. 따라서 사유는 처음으로 그 어떠한 환상도 변명도 없이 본연의 임무와 마주하게 된 것이다. [……] 주권, 권리, 네이션, 인민, 민주주의, 그리고 일반의지와 같은 용어들은 지금 예전에 그것들이 지칭해온 것과 아무런 상관없는 현실을 지칭하고 있다. 그리고 이 용어들을 무비판적으로 계속 사용하는 이들은 사실 자신이 무엇에 관해 말하고 있는지 알지 못한다.[27]

여기서 아감벤은 이른바 '포스트모더니즘'의 정치적 복음을 반복하고 있는 듯 보인다. 주권, 권리, 네이션, 인민, 민주주의 등 근대의 정치 이념을 지탱해온 여러 개념들에 대한 공격은 이미 '인간-주체-이성'을 만악의 근원으로 무자비하게 해체하려 했던 포스트모더니즘에서 익숙한 어법이기 때문이다. 그런 까닭에 아감벤이 포스트모더니즘 계열

---

27) Giorgio Agamben, *Means without End*, Vincenzo Binetti and Cesare Casarino trans., Minesota Up, 2000, pp. 109~110〔조르조 아감벤, 『목적 없는 수단』, 김상운·양창렬 옮김, 난장, 2009, 120~121쪽〕.

의 해체론적 담론을 메시아니즘과 종말론이라는 보다 음울하고 신비로운 복음을 통해 설파한 인물이라 간주되는 것도 무리는 아니다. 하지만 지금까지의 논의를 염두에 두고 보면, 앞의 말은 그런 해체론적 담론과 무관하다고 할 수 있다. 아감벤이 앞서와 같이 말한 까닭은 현재의 전 지구적 정치 체제가 모종의 변환을 겪고 있으며, 이 변환에 대응하기 위해서는 근대의 정치 이념으로 가려져 있던 서양 정치의 '은폐된 장치'를 드러내고, 이에 대한 비판과 저항으로 메시아니즘을 대치시킬 필요가 있었기 때문이다. 마치 푸코가 계몽을 언급하면서 서양 철학의 은폐된 전통을 복원하려 했던 것처럼 말이다.

> 역사에서 살아남은 국가, 또 자신의 역사적인 텔로스telos를 성취한 이후에도 여전히 살아남은 국가주권이 의미 없지만 유효한 법이 아니라면 과연 무엇이란 말인가? (······) 오늘날 국가의 종말과 역사의 종말을 동시에 사유하면서 전자를 후자에 맞세울 수 있는 사유만이 우리의 과제에 적합한 것이 될 것이다.[28]

아감벤이 말하는 살아남은 국가란 무엇인가? 국가 자신의 역사적인 텔로스란 무엇인가? 이 물음에 대한 답은 아감벤의 정치적 사유의 현재성을 가늠하는 작업이 될 것이며, 앞에서 말한 아감벤이 생각하는 국가의 기능 변화가 무엇인지 말해줄 것이다. 여기서 국가란 근대에 탄생한 '주권-국민국가'를 말한다. 이 장치의 역사적 임무란 종교 내전의 종식으로 탄생한 세속 주권의 절대성과 프랑스 혁명 이래의 인민주권

---

28) 조르조 아감벤, 『호모 사케르』, 박진우 옮김, 새물결, 2008, 140~141쪽.

의 민주성을 담보하는 것이라 할 수 있다. 즉 근대의 '주권-국민국가'란 인민주권의 절대성에 기초하여 인간 삶을 법-권리의 실현으로 추동하는 데에 있는 것이다.

말할 필요도 없이 이 역사적 텔로스는 헤겔에 의해 '역사의 완성/종말'이란 형태로 제시된 바 있다. 헤겔이 말하는 '인류의 완성'으로서의 국가란 주권과 인권의 이념이 국가를 통해 실현됨으로써, 구체적 인간의 일상이 이념과 식별 불가능할 정도로 일치된 상태를 말하는 것이다. 이런 역사철학적 전망에 힘입어 소비에트 체제와 아메리카 주도의 자유민주주의 체제는 '냉전'이라는 이름하에 각기 추구하는 역사의 종말을 향해 경쟁했고, 1990년 소비에트 체제의 붕괴로 경쟁에 종지부를 찍었다. 이런 역사철학 속에서 프랜시스 후쿠야마가 알렉상드르 코제브를 참조하면서 '역사의 종말'을 선언한 것은 익히 알려진 바이다. 후쿠야마의 비전 속에서 인간의 역사는 더 이상 실현시킬 '이념'(사회주의/공산주의/자유주의 등)을 가질 수 없고, 미국이 선두를 달리는 자유민주주의 체제를 최종점으로 하는 낙후된 시간성만이 남아 있을 뿐인 셈이다.

아감벤이 '우리 시대의 정치적 사유'를 거론한 것은 이런 맥락에서이다. '주권-국민국가'에서 '주권-국민=인민'이 더 이상 유의미한 정치적 이념의 지렛대 역할을 하지 못하고, '국가'만이 덩그러니 남아 있다는 것이 '역사의 종말'에 대한 아감벤의 판단인 것이다. 이 판단이 옳은지 그른지에 대한 역사적이고 논리적인 가늠, 혹은 바람직한지 그렇지 않은지에 대한 규범 판단은 여기서의 논점이 아니다. 중요한 것은 역사의 종말 속에서 살아남은 국가란 '주권-국민'과 결정적으로 분리된 '국가'라는 분석이다. 이 분석은 현재의 신자유주의 국면에 커다란 시사점을 준다. 현재의 신자유주의는 시장과 국가 사이의 고전적인 대립 관계가 더 이상 유효하지 않음을 말해주고 있다. 전 지구를 금융자본의 자유로운 투자 대상으로 삼아 신뢰-리스크의 수식 속에서 이윤 추구를 추동하는 신자유주의는, 국가의 시장 간섭을 배제하는 것이 아니라 국가로 하여금 신자유주의의 원칙에 적합한 개혁을 추진토록 추동하기 때문이다. 즉 신자유주의는 시장으로부터 국가를 배제하는 것이 아니라, 국가를 시장의 하위 주체로 내세워 보다 잔인한 경쟁 원리를 내장한 시장 질서를 인간 삶의 깊숙한 곳까지 침투시키도록 만들고 있는 것이다.

이런 상황 속에서 국가가 '주권-인민'의 원리에 기초한 정당한 질서 위에서 작동하는 것은 불가능하다. 국가는 '주권-인민'의 통제하에 있는 것이 아니라, 거꾸로 '주권-인민'을 경쟁적 시장 속에서만 작동 가능하도록 법을 도구로 삼아 지배를 관철시킨다. 아감벤이 푸코를 따라 정식화한 '생명정치'란 바로 이런 사태를 지시하는 개념이다. 생명정치를 유일한 작동 원리로 삼는 국가는 '주권-인민'이라는 이념을 실현시키는 인류의 완성체 따위가 아니라, 인간의 삶을 경쟁과 이윤 창출의 수학 공식하에 계산되어 관리되고 규제되는 '벌거벗은 생명'으로 만드는 통치 패러다임인 것이다.

따라서 오이코노미아 신학으로까지 거슬러 올라간 아감벤의 계보학은, 현재의 역사적 이념 없는 국가를 단순히 최근 드러난 국가의 변질로 해석하는 것에 이의를 제기하는 작업이라 할 수 있다. 오히려 이 생명정치-오이코노미아-통치의 패러다임은 서양 정치의 근원에 자리하면서 인간의 삶을 벌거벗은 생명으로 치환하여 통제의 대상으로 삼는 것을 유일한 목적으로 삼는 오래된 장치이다. 그런 의미에서 '역사의 종말'과 '국가의 종말'을 동시에 사유하는 정치적 사유란, 이 생명정치-오이코노미아의 통치 패러다임에 맞서기 위해서는 근대 정치의 이념이나 국가 장치의 민주화 따위에 기댈 수 없음을 전제로 삼을 때 가능한 전망이라 할 수 있다. 즉 어떤 이념의 실현을 위한 전략/전술로 인간 행위를 바라보거나(고전적 혁명론), 국가의 공공 기능 강화를 통한 사회성의 회복(복지국가론)은 신자유주의 시대에 전면화한 생명정치-오이코노미아 통치 패러다임에 적합한 비판 프로젝트가 될 수 없다는 것이다.

아감벤이 수평적 언어 경험을 메시아니즘의 요체로 제시하는 까닭이 여기에 있다. 정치적 행위가 전략/전술이나 국가 제도의 변혁으로 더 이상 가능하지 않다면, 아니 애초에 그런 기획 자체가 생명정치-오이코노미아 통치 패러다임에 종속된 것이라면(소비에트의 실패), 인간을 인간이게끔 하는 '정치'(아리스토텔레스)는 전혀 다른 토대 위에서 구상되어야 하며, 그것은 인간이 인간일 수 있는 유일한 유적 행위인 '언어'에서 다시 출발해야 하기 때문이다. 이때 이 '정치적 메시아니즘'은 결국 혁명적 예외가 아니라 '일상적 예외'를 거주하는 장소로 삼을 수밖에 없다. 혁명적 예외 공간이 결국 국가 제도로 귀결될 수밖에 없다면, 언어의 위약함을 법칙화하여 안정화하는 법과 종교 대신에 언어가 근원적으로 내장하는 의미와 무의미의 문턱, 즉 규범/규칙화될 수 없는 예외의 공간이 일상 속에서 끊임없이 발견되고 생성되어야 하기 때문이다. 벤야민이 재개하려 했던 종말론 사무소가 특수한 임무가 아니라 '일상적 업무'를 업으로 삼아야 하는 까닭이다. 과연 이 일상적 업무를 떠안을 수 있을까? 아감벤이 제기하는 정치적 메시아니즘은 이 난해하고도 까다로운 과제를 신자유주의하에서 비판과 계몽이 취할 수 있는 유력한 실천으로 제안하는 실험적 사유라 할 수 있다.

6장

절대적 계몽, 혹은 무위의 인간
──아감벤 정치철학의 현재성

어느 담론 공간의 풍경

하나의 고유명사가 특정한 담론 공간에 새롭게 등장할 때, 어떤 이는 환영의 손을 내미는가 하면 다른 어떤 이는 거부와 비난과 냉소로 외면하기도 한다. 특히 그 고유명사가 '파괴력'을 가졌다면 환영과 외면의 강도는 거세어지기 마련이어서, 그 담론 공간의 '내진耐震' 능력을 고스란히 드러내고야 만다. 한반도 남쪽의 담론 공간도 예외는 아니어서, 마르크스에서 푸코까지 몇몇 고유명사의 파괴력은 담론 공간을 뒤흔들어 벌거벗기기에 충분했다.

오랫동안 지속된 지배계급의 공포심은 마르크스라는 이름을 악의 근원으로 금기시해왔고, 그 금기를 깨고 마르크스의 이름을 수용한 속칭 좌파는 이성과 합리성과 주체에 사형선고를 내리고 정치적 비관주의를 유포한다는 혐의로 푸코를 위시한 수많은 '포스트모더니스트'들을 고발했다. 그런데 이를 뒤집어서 보면, 마르크스는 기존 담론 공간의 허위를 일소할 수 있는 '진리와 과학'으로 환영받았으며, 포스트모더니스트들은 기존 담론들이 일상적이고 미시적인 영역에서 억압과 배제를 생산-유지해왔다고 고발하는 이론으로 각광받기도 했음을 알 수 있다. 즉 한편에서 새로운 고유명사에 대해 금기의 낙인을 찍어 추방함으로써 기존의 담론 틀을 견고하게 지키려고 하는가 하면, 다른 한편에서는 기존의 담론 틀을 총체적으로 부정하여 깡그리 일소하는 강력한 무기로 환영하기도 했던 것이다. 게다가 이런 흑백논리는 어제의 혁명가를 오늘의 검열가로 만드는 일을 반복하였기에, 자신이 합당하고 합리적이고 비판적이라고 수용하여 체화한 이론의 내용에 상관없이, 새로운 고유명사를 받아들이는 태도를 담론 공간의 참여자 모두가 공유하고야 마는 획일적 경향을 낳았다 해도 과언이 아니다. 이렇게 흑백논리로 점철된 총체적 거부 혹은 수용이라는 맥락에서 볼 때, 이 땅의 담론 공간의 내진 능력은 초라하기 그지없다고 할 수 있다. 새로움을 수용할 탄력도, 새로움과 만나 기존의 것을 지양시키려는 인내심도 찾아보기 힘들었기 때문이다.

이런 진단을 새삼스레 거론하는 까닭은 자기 쇄신 없는 담론 공간의 후안무치함이나 무차별적으로 수입된 이론의 안일한 현실 적용 따위를 고발하기 위함이 아니다. 숱하게 인구에 회자되어온 이런 현상들은 담론 공간의 내진 능력을 가늠하는 척도라기보다는 표피적 증상에 지나지 않는다. 이미 언급했듯이 여러 정치적이고 이론적인 입장에 상관없이 새로운 고유명사와 마주하는 공유된 태도야말로 근본적 문제이기 때문이다. 물론 더 나은 삶과 사회를 위한 규범과 가치의 정립을 위해 담론 공간은 스스로의 역사성을 성찰해야만 하기에, 무분별하게 수입되는 새로운 이론들을 기존의 담론 공간에 비추어 비판적으로 수용하는 일은 당연히 그 참가자들이 떠맡아야 할 임무이다. 하지만 과연 그런 노력이 얼마나 축적되어왔는지는 회의적일 수밖에 없다.[1] 한 예로 이른바 '포스트' 담론에 대해 '정치적 니힐리즘'이라는 비난과 '억압적 거대서사의 해체'라는 평가 사이에는 여전히 메울 수 없는 간극이 존재하며, 그 간극이 메워지기는커녕 이제는 더 거론할 가치가 없는 철 지난 유행어가 된 지 오래임을 상기하면, 이런 회의는 수긍하기 어렵지 않다고 판단된다. 그렇다면 왜 이런 태도가 공유되었으며, 역사적 성찰은 왜 불능 상태에 빠졌을까?

'사유'와 '현실'의 이분법을 넘어서

한 연구자는 1980년대 이후의 이른바 '사회철학'을 반성하는 가운데, '우리 현실'에 천착한 '우리의 독창적 철학'이 없었다고 지적한 후, 그 까닭을 철학이 좇은 현실이 '남의' 현실이었다는 사실에서 찾으면서 다음과 같이 말한다.

이식된 서구적 자본주의에 대응하는 데 적합한 것은 역시 그 본토에서 배양된 사고방식과 이념이었을 것이다. 오랜 세월에 걸쳐 다져진 기성

---

[1] 그런 의미에서 현재 한국의 담론 공간이 떠안아야 할 과제를 마르크스주의와 '포스트' 담론의 비판적 대화의 재개에서 찾아야 한다는 한 철학 연구자의 지적은 시사하는 바가 크다. 김항·이혜령 엮음, 「진태원: 맑스주의의 전화와 현재적 과제」, 『인터뷰: 한국 인문학 지각변동』, 그린비, 2010 참조.

의 성과가 있는데, 굳이 처음부터 다시 시작할 필요가 어디 있겠는가. 이
럴 경우에는 모방이 창조의 노력을 구축하고 대신한다. [⋯⋯] 그렇다면
이제는 그러한 사정이 달라졌을까?

그렇다고 답할 만한 면이 없지는 않은 것 같다. 수입하고 모방할 만한
대상이 빈약해졌다. 한편으로 서구와 사회적 격차가 좁혀진 탓이고, 다
른 한편으로는 서구에서도 철학이 침체기에 들어선 탓이다. 현지에서도
영향력이 크지 못한 철학이 우리의 지속적 관심을 끌기는 힘들 것이다.
수입한 철학으로 현실에 대응하는 것이 큰 프리미엄을 갖기 어려워지고
있는 셈이다. 이제 서구인과 우리가 비슷비슷한 처지에 있고 그네들도 우
리와 마찬가지로 답답한 모색의 과정에 있다면, 우리가 직접 우리의 현
실을 문제 삼는다고 해서 그들보다 크게 불리할 까닭은 없지 않겠는가?[2]

과연 한반도 남쪽의 현재가 이식과 모방의 시대를 넘어섰는지, 서구
에서 철학이 침체되어 영향력이 축소되었는지, 한국인과 서구인이 비슷
비슷한 처지에 있는지는 묻지 않기로 한다. 오히려 이 진단에서 주목하
고 싶은 바는 '현실'이라는 개념이다. 과연 여기서 말하는 '현실,' 그것도
'남' 혹은 '우리'라는 수식어를 단 '현실'이란 무엇인가? 물론 인용문의
방점은 현실 자체라기보다는 남과 우리의 대립에 있는 듯하다. 그러나
그 이전에 이 인용문이 속한 진단의 밑바닥에는 '철학(사고)'과 '현실'의
구분이 전제되어 있다. 현실은 무엇보다도 먼저 철학의 '대상'이며, 남의
것이냐 우리 것이냐에 따라 철학의 결이 달라지는 셈이다. 그러나 과연

2) 문성원, 「철학의 기능과 이념: 1980년대 이후의 한국 사회철학에 대한 반성」, 『시대와 철학』
   20권 3호, 2009, 230~231쪽.

현실이 철학의 대상인 것은 그렇게 자명한 일일까? 그 현실이 과연 남과 우리라는 식의 구분을 허용하는 것일까? 오히려 철학적 사유의 본령은 어떤 미지의 존재를 사유 대상으로 구성하고 한계 짓는 행위에 있는 것이 아닐까?[3] 즉 우리의 현실이 먼저 있고 우리의 철학이 있는 것이 아니라, 우리의 현실이 어떤 조건 위에서 사념되어왔고 앞으로 언표 가능한지를 묻는 것이야말로 우리의 철학이 되어야 하는 것이 아닐까?

앞에서 말한 공유된 태도란 이런 인식, 즉 이미 주어진 현실이 철학의 대상이라는 인식에서 비롯되는 것이라 할 수 있다. 부단히 변화하는 자본주의 세계와 정치과정이 미리 주어져 있고, 거기에 대처할 대안이나 비판을 모색하는 것이 철학을 포함한 담론 공간의 임무라고 여기는 인식 말이다. 그러나 이는 매우 무비판적인 태도가 아닐 수 없다. 왜냐하면 미리 주어져 있다고 파악된 현실이란 어떤 의미에서건 '사유를 통해 파악된 현실'이며, 그런 의미에서 '현실이라고 언표된' 현실이란 모두 어떤 식으로든 '구성된 현실'이기 때문이다. 앞에서 말한 공유된 태도란 현실을 구성하는 개념과 용어를 반성하는 일 없이, 그 개념과 용어를 통해 여과된 현실을 현실 그 자체로 오인하는 데에서 비롯되는 것이다. 굳이 칸트를 인용하지 않더라도, 사유란 결코 '현실 그 자체'를 파악할 수 있는 능력을 갖지 않는다. 중요한 것은 현실 그 자체라기보다는 거기에 다가가려는 사유의 행위이며, 그런 의미에서 절대 불가능함에도 시도하는 것이 철학적 사유의 본령이라 할 수 있다. 그래서 구성된 현실을

---

3) 인용한 글의 중심 주제는 1980년대 이후 한국 철학계가 부단히 '바깥'과 만나려는 본원적 행위를 소홀히 해왔음을 반성하는 데에 있다. 이 글을 인용하는 과정에서 그 투철한 문제의식이 희석된 점은 큰 아쉬움으로 남는다. 그 주제의식은 반드시 소중히 귀담아 들어야 할 것이라 생각한다.

현실 그 자체로 오인하는 일에서 벗어나, 변화하는 현실을 좇아 사유하는 일이 아니라 현실을 구성하는 개념과 용어를 부단히 쇄신하는 일이 요청되는 것이다.

따라서 새로운 고유명사와 마주했을 때 벌어졌던 일은 다음과 같은 두 가지 사태이다. 한편에서는 새로운 이론이 제시하는 다른 현실 구성과 마주하여 자신이 믿는 현실을 자연적이고 실체적인 것으로 신앙화하며 거부의 몸짓을 보인다. 거꾸로 다른 한편에서는 새로운 현실 구성의 개념과 용어를 허위의 현실을 대체할 진정한 현실로 여겨 열광적 환호를 보낸다. 그런데 결국 두 가지 사태는 똑같은 것이라 할 수 있다. 모두 구성된 현실을 '허위/진실'의 대당으로 환원하여, 현실을 구성하는 개념과 용어의 층위를 단순한 '표현의 층위'로 축소시키고 있는 것이다. 즉 사유의 고유한 행위인 '현실의 언표화 및 구성'이라는 층위를 담론 공간에서 깡그리 제거해버리는 셈이다. 이랬을 때 사유의 기능은 일정한 목적을 위한 수단으로 전락하고 만다. 이미 투명한 현실이 있고, 그것을 지키거나 바꾸는 도구로서의 사유라는 도식이 성립하는 것이다. 담론 공간의 내진 능력이 위약한 까닭이 여기에 있다.

조르조 아감벤에 대한 한국 담론 공간의 최근 반응은 이를 반증하는 예라고 할 수 있다. 이미 '호모 사케르'나 '목적 없는 수단'이나 '예외상태'와 같은 아감벤의 새로운 개념과 용어들은 낯설지 않은 것이 되었는데, 이에 대한 반응은 대체로 냉소적이거나 유보적이다. 어떤 이들은 아감벤의 논의가 지나친 "맹목적인 환원론"에 사로잡혀 현실과 역사의 복잡성을 담아내지 못하며,[4] 현실 비판을 시종일관 극단적 배제의 논

---

4) 진태원, 「20세기 전체주의를 해부하는 새로운 언어」, 『창작과비평』 140호, 2008 여름, 500쪽.

리로 일관하여 비판적 재구성의 여지를 닫아버리는 "금지의 책"[5]이라고 비난하면서, 그가 제시하는 현실 구성을 거부한다. 그런가 하면 아감벤의 논의를 적극적으로 받아들이려 시도하는 이들도 그의 논리가 "'구성하는 계기'에 대한 전망을 의도적으로 거세"하여 "암울하고 비관적인 색조"를 띤다고 지적하거나,[6] "그가 제시하는 대안의 내용 자체가 무정형적이거나 기존의 범주에 대한 거부로만 채워져 있기 때문에"[7] 형이상학적인 논의에 그친다고 말하기도 하며, 그가 제시하는 비관적 세계관을 정치적 연대의 기초로 삼아야 한다는 위안을 제출하기도 한다.[8]

이렇듯 아감벤에 대한 반응은 대체로 비슷한 판단을 공유하고 있다. 그것은 극단적 논리와 비정형적 이미지를 통한 현실 비판 이후에 대안적 재구성의 길을 차단하고 만다는 판단이다. 즉 아감벤의 논의는 거부와 금지로 가득 차 있어 현대인의 삶을 '벌거벗은 생명(헐벗은 삶)'으로 극단화함에도, 그로부터 벗어날 길을 제시하지 않는다는 것이다. 그러나 이런 판단은 아감벤이 제시하는 여러 그로테스크한 형상(벌거벗은 생명, 호모 사케르, 무젤만Muselmann 등)은 현실 그 자체로 오인하면서도, '무정형적 대안'(법의 궁리, 세속화, 놀이, 잠재성 등)[9]은 비현실적인 상상으로 치부한다는 문제점을 안고 있다. 즉 아감벤의 현실 분석과 비판적

---

5) 윤재왕, 「"포섭/배제"-새로운 법개념?: 아감벤 읽기 I」, 『고려법학』 56호, 2010. 3, 286쪽.

6) 양창렬, 「아감벤의 잠재성 개념에 대하여: (무)능력의 아포리아」, 『오늘의 문예비평』, 2006년 봄, 228~233쪽.

7) 유홍림·홍철기, 「조르조 아감벤Giorgio Agamben의 포스트모던 정치철학: 주권, 헐벗은 삶, 그리고 잠재성의 정치」, 『정치사상연구』 13집 2호, 2007. 11, 178쪽.

8) 이순웅, 「근대적 주권을 넘어서는 연대의 모색: 아감벤의 정치철학을 중심으로」, 『시대와 철학』 21권 2호, 2010, 417~444쪽. 물론 이상의 논의들은 어느 정도 아감벤의 논리를 충실히 독해하면서 비판적 평가를 내린 수작들이다.

9) 이 개념들에 대해서는 별도의 논문을 통해 다룰 예정이다.

재구성의 논의를 마주할 때에, 아감벤의 현실 구성을 현실 그 자체로 받아들여 비판으로 빠지는 한편, 그의 대안적 이미지는 비현실적인 상상으로 거부하는 것이다.

하지만 아감벤이 제시하는 현실 구성은 현실 그 자체가 아니며, 대안적 이미지는 현실의 실천 지침이 아니다. 그것은 이론이 결코 현실 그 자체를 담아낼 수 없다는 본원적 불가능성 때문이 아니라, 아감벤의 논의 자체가 현실을 구성해왔고 대안을 설파해온 서구 사상사의 계보학을 그려내고 있기 때문이다. 바꿔 말하자면 아감벤의 논의는 '현실-이론'이나 '목적-수단' 등의 인식 틀로 보자면 비관적이거나 무정형적으로 보일지 몰라도, 그런 이분법적 틀 자체를 되묻는 일을 본연의 임무로 삼고 있다는 점에서, 특정 담론이 비관적이라거나 무정형적이라 판단하는 근거를 되묻는 것이라 할 수 있다. 그래서 그의 논의는 현실 분석과 대안 제시라는 틀 속으로 끌어들여서는 온전히 파악될 수 없다. 오히려 아감벤의 논의는 현실이 사유의 대상이라 전제될 때 어떤 사태가 발생하는지를 되묻는 시도로 이해되어야 한다. 그의 논의가 언어와 현실 또는 법규범과 적용 사이의 관계를 되묻는 것은 바로 이 때문이다. 그것은 사유(이론)와 현실의 구분을 전제하는 것이 아니라, 사유와 현실의 분할이 비롯되는 근원에 대한 탐구이기에, '현실 분석'과 '대안 제시'라는 이분법적 틀 자체를 무화시키는 것이다.

그런 의미에서 아감벤의 논의는 현대사회에 대한 날카롭거나 비관적이거나 묵시론적인 서술이기 이전에, 동서양을 막론한 대부분의 근대적 담론 공간을 지배해온 사유와 현실이라는 이분법적 틀을 역사적으로 재점검하는 기회를 제공해주는 것이라 이해될 수 있다. 다소 성급하게 말하자면 아감벤이 이 땅의 담론 공간에 던져주는 것은 미래 세계의 청사진이나 저항의 전략이나 제도적 대안이 아니라, 근대적 사유 체계가 사로잡혀 있는 현실-이론, 주체-대상, 목적-수단 등 수많은 이분법과 그에 기초한 목적론적 사고 틀의 근본적 재검토인 셈이다(그런 의미에서 한국의 담론 공간이 드러낸 위약한 내진 능력은 식민성이나 주변성에 기인하는 것이 아니라, 근대적 앎의 양식 자체에 내재한 근원적 문제라 할 수 있을 것이다).

뒤에서는 이를 논증하고 그 의의를 평가하기 위해 우선 아감벤의 사유가 배경으로 하는 사상적이고 현실적인 배경을 살펴보고, 그로부터 아감벤이 근대의 정치 기획에 내재한 아포리아를 적출하는 방식을 분석한다. 이를 바탕으로 아감벤의 정치적 기획을 예외상태론과 푸코 독해로부터 추출함으로써, 그의 기획이 근대의 칸트적 계몽 이념을 비판적으로 계승하려는 시도임을 논증하기로 한다. 우선 아감벤이 제시하는 서구 근대 정치(사상)의 아포리아가 무엇인지를 살펴보도록 하자.

'역사의 종말'과 '국가의 종말'

아감벤이 음울한 묵시록과 전망의 금지를 설파하는 형이상학자라는 기괴한 타이틀을 얻은 데에는 까닭이 없지 않다. 그가 제시하는 시대의 모습은 너무나도 그로테스크하며, 지금까지 그 시대를 파악하고 표현해온 개념과 용어가 더 이상 의미 없다고 단언하기 때문이다.[10] 아무튼

---

10) 물론 어떤 이들은 그 그로테스크한 형상에 환호를 보내며, 프롤레타리아트나 서발턴보다 더 '헐벗은' 존재의 표현이 등장했음을 반기기도 한다. 그 예로는 이순웅, 앞의 글을 참조. 또한 여기서 열거하기에도 벅찬 문학평론들을 떠올릴 수 있는데, 특히 용산참사를 기회원인으로

"살해는 가능하되 희생물로 바칠 수는 없는 생명"[11]인 '호모 사케르=벌 거벗은 생명'이라는 형상은 인간의 처지를 묘사하는 계보에서 전대미문 의 음울한 색채를 띠는 것만은 확실한 듯하다. 이 '벌거벗은 생명'은 그 저 살아 있을 뿐 모든 인간으로서의 속성을 상실한 아우슈비츠의 "무젤 만"과 연결되어 근대적 "생명정치"의 극한이자 핵심으로 제시되며,[12] 급 기야는 "우리 모두가 잠재적인 호모 사케르들"[13]이라는 대목에서는 현 대 세계가 처한 상황이 더할 나위 없이 암울하게 서술되기에 그렇다.

게다가 설상가상으로 이렇게 인간과 세계를 악몽 속으로 빠트린 후, 아감벤은 되돌아올 길을 차단해버린다. 그나마 자유와 민주주의를 구 가하면서 살게 된 근대인의 정치적 이념을 무용한 것으로 단칼에 잘라 버릴 것을 요구하기 때문이다.

소비에트 공산당의 붕괴와 자본주의-민주주의 국가에 의한 전지구적 차원의 노골적 지배는, 우리 시대에 필요한 정치철학의 재탈환을 저해하 고 있던 두 가지 주요한 이데올로기적 방해물을 제거해주었다. 스탈린주 의와 진보주의-제헌적 국가가 그것이다. 따라서 사유는 처음으로 그 어 떠한 환상도 변명도 없이 본연의 임무와 마주하게 된 것이다. [……] 주 권, 권리, 네이션, 인민, 민주주의, 그리고 일반의지와 같은 용어들은 지 금 예전에 그것들이 지칭해온 것과 아무런 상관없는 현실을 지칭하고 있

삼아 '호모 사케르'라는 형상을 설파하던 이들을 상기하라.
11) 조르조 아감벤, 『호모 사케르』, 박진우 옮김, 새물결, 2008, 45쪽.
12) Giorgio Agamben, *Remnants of Auschwitz: The Witness and the Archive*, Daniel Heller-Roazen trans., Zone Books, 2002, pp. 82~86[조르조 아감벤, 『아우슈비츠의 남은 자들』, 정문영 옮김, 새물결, 2012].
13) 조르조 아감벤, 『호모 사케르』, 232쪽.

다. 그리고 이 용어들을 무비판적으로 계속 사용하는 이들은 사실 자신이 무엇에 관해 말하고 있는지 알지 못한다.[14]

진보주의와 제헌 체제는 이데올로기적 장애물이며, 주권, 권리, 네이션, 인민, 민주주의, 일반의지는 의미 없는 텅 빈 기표로 떠돌 뿐이라고 아감벤은 말한다. 그런데 이 조건 위에서 "우리 시대에 필요한 정치철학"은 "재탈환"된다고 한다. 이는 정치적인 것을 사념하고 언표화해온 주요 개념들에 사형선고를 내리는 일이며, 근대의 정치적 기획을 주조해온 이념들을 폐기할 때에만 새로운 전망이 열릴 수 있다고 주장하는 일이다. 여기까지 이르면 이제 아감벤이 제시하는 새로운 개념 및 정치적 기획이 무엇인지 궁금해지기 마련이다. 그러나 많은 이들이 이 지점에서 허탈감을 느낄 수밖에 없다. 그가 제시하는 것은 모호하고 난해하기 짝이 없는 형이상학적 성찰이거나 알레고리적 이미지이기 때문이다.

그것은 가령 "다가올 사유는 헤겔-코제브(그리고 마르크스)의 역사의 종말이라는 주제와 더불어, 존재의 역사가 종말을 고했음을 뜻하는 하이데거적 '생기Ereignis'로의 진입이라는 주제를 심사숙고"[15]해야 한다거나, 법과 폭력의 연결고리를 끊은 후 "언젠가 인류는 마치 어린아이가 쓸모없는 물건들을 갖고 노는 것처럼 법을 갖고 놀 것"[16]이라거나, "도래할 정치의 관건은 이 소명 없음argia, 즉 이 본질적 잠재성과 비非작동성

---

14) Giorgio Agamben, *Means without End*, Vincenzo Binetti and Cesare Casarino trans., Minesota UP, 2000, pp. 109~110〔조르조 아감벤, 『목적 없는 수단』, 김상운·양창렬 옮김, 난장, 2009, 120~121쪽〕.
15) 앞의 책, p. 110〔조르조 아감벤, 『목적 없는 수단』, 121쪽〕.
16) 조르조 아감벤, 『예외상태』, 김항 옮김, 새물결, 2009, 124쪽.

을 역사적 임무로 삼는 일 없이 떠맡는 일"[17] 등 수수께끼 같고 모호한 이미지와 단언 들이다. 이래서야 새로운 이념도 개념도 전망도 얻지 못하는 것은 당연한 일이 아닐 수 없다. 그것이 현실 분석과 대안 제시라는 틀에서 해석되는 한 말이다.

그러나 아감벤의 논의는 눈앞의 현실에서 여러 문제점들을 추출하여 분석하고 수정과 개혁의 대안을 제시하는 '공학-의학적' 논리를 내장하지 않는다. 오히려 그는 근대의 정치적 기획을 지탱해온 여러 개념과 이념 들에 내포된 근본적 아포리아를 드러내려 하기 때문이다. 그것은 바로 '목적론'과 '집합론'의 아포리아라 할 수 있다.

역사에서 살아남은 국가, 또 자신의 역사적인 텔로스를 성취한 이후에도 여전히 살아남은 국가주권이 의미 없지만 유효한 법이 아니라면 과연 무엇이란 말인가? [……] 오늘날 국가의 종말과 역사의 종말을 동시에 사유하면서 전자를 후자에 맞세울 수 있는 사유만이 우리의 과제에 적합한 것이 될 것이다.[18]

아감벤의 정치적 사유를 온당하게 이해하는 일은 이 인용문을 어떻게 해석할 것인가에 달렸다. 이 인용문을 그저 포스트모던적 수사로 해석하여 엄연히 존재하는 국가의 종말을 노래하는 것으로 치부한다면, 그리하여 국가의 종말과 역사의 종말 속에서 주체의 능동성이나 저항의 가능성을 깡그리 말소하는 무책임한 언사로 받아들인다면, 아감벤

---

17) Giorgio Agamben, *Means without End*, pp. 140~141[조르조 아감벤, 『목적 없는 수단』, 152~153쪽].
18) 조르조 아감벤, 『호모 사케르』, 140~141쪽.

의 논의가 던져주는 문제 제기와 마주할 기회는 사라지고 만다. 더불어 앞에서 말했듯이 '호모 사케르'나 '벌거벗은 생명'이나 '무젤만' 등의 그 로테스크한 형상을 새롭고 매혹적인 피억압자의 묘사로 이해하여 수사적으로 '이용'하는 일도 마찬가지이고 말이다. 하지만 이 인용문은 그런 이해를 허락하지 않는다. 이는 목적론과 집합론에 침윤된 정치적 사유의 쇄신을 요구하고 있기 때문이다.

우선 아감벤의 이런 인식은 1992년 프랜시스 후쿠야마의 이른바 '역사의 종말'을 배경으로 깐 것이다. 후쿠야마의 '역사의 종말'이란 냉전 종식에 대한 역사철학적 사변이었고, 미국을 위시한 자유민주주의가 헤겔적 역사 과정의 종착점이라는 주장임은 익히 알려진 바다. 후쿠야마에 따르면 이제 헤겔적 의미의 투쟁, 즉 서로가 서로에게 인정받기 위해 피비린내 나는 투쟁을 벌이는 '역사'는 종말을 고했고, 이후에 벌어지는 싸움은 결국 선두가 골인한 이후 후속 주자들 간에 벌어지는 순위 결정이다. 즉 냉전 종식 이후 벌어지는 갈등이란 결국 자유민주주의로 향하는 길에서 일탈한 결과이거나, 그 궤도를 제대로 돌리기 위한 싸움일 뿐이라는 것이다. 그래서 그 싸움은 아무런 '역사적 의미'를 가지지 못한다. 더 이상 타자에게 인정을 받아 스스로를 지양시키려는 욕구는 무의미하고, 자유민주주의를 성취하지 못한 인간의 노력이란 답이 나와 있는 방정식 문제를 푸는 형식적 행위일 따름이기 때문이다. 따라서 역사의 종말이란 정치적 투쟁이 끝나고 무해한 관리-행정 기술이 인정 욕구가 거세된 인간의 목가적 삶을 떠받치는 세계에 대한 사변적 표현이었던 셈이다.[19]

---

19) 프랜시스 후쿠야마, 『역사의 종말: 역사의 종점에 선 최후의 인간』, 이상훈 옮김, 한마음사,

아감벤은 이 '역사의 종말'이라는 사변과 '진지하게' 대면할 것을 촉구하면서 스스로의 사유를 전개한다. 후쿠야마 자신이 명시적으로 밝히고 있듯이, 그의 사변은 헤겔-코제브로 이어지는 역사철학에 바탕을 둔다. 잘 알려진 대로 코제브는 동물과 속물이라는 형상을 통해 인정투쟁의 욕구를 가지지 않는 인간을 묘사한 바 있다.[20] 한편에서는 자신의 동물적 욕구에만 충실한 인간 형상이 있고(미국의 소비자본주의), 다른 한편에는 아무런 실질적 의미나 내실이 없는 형식성에 집착하는 속물의 형상이 있다(일본의 관례적 문화). 이 동물과 속물이라는 형상은 역사 속에서는 '인간'으로 통합되어 갈등하고 투쟁하는 존재자였다. 그런 의미에서 인간이란 스스로의 동물적 욕구를 형식화하여 보편적 의미를 획득하려는 존재자였고, 타자의 인정을 통한 보편적 의미의 획득 과정이 역사에 다름 아니었던 것이다.

헤겔이 '인류의 완성체'라 말한 바 있는 '완성된 국가'란 이 보편적 의미가 최종적으로 획득되어 동물과 속물이 한 치의 오차도 없이 '인간'으로 통합되는 역사의 종착점이다. 인간이 동물적 욕구와 형식적 행위 규율 사이의 부정과 지양으로 스스로를 구성해나가는 것이 바로 국가였던 셈이다. 따라서 역사란 국가가 스스로의 완성을 향해 나아가는 시간의 과정이라 할 수 있다. 그런데 코제브가 동물과 속물을 지배적 형상으로 제시했고, 후쿠야마가 명시적으로 역사의 종말을 선언했음에도 국가는 굳건히 존속하고 있다. 아감벤의 논의는 여기서 출발한다. 역사의 종말이 도래했음에도 왜 여전히 '국가'는 굳건히 존속하느냐는 물음

1992. 또한 김항, 「독재와 우울, '최후의 인간'을 위한 결정 혹은 각성」, 『말하는 입과 먹는 입』, 새물결, 2009, 50~60쪽 참조.

20) 이에 관해서는 김홍중, 『마음의 사회학』, 문학동네, 2009, 1부 참조.

인 셈이다. 아마 이 물음에 대한 가장 일차적인 대답은 후쿠야마의 '역사의 종말'이 틀렸다고 반응하는 일이리라. 역사의 목표가 성취되었다면 국가란 더 이상 존속할 이유가 없기에 그렇고, 국가가 존속하는 한 '역사의 종말'은 도래하지 않았을 터이기에 그렇다.

그러나 아감벤이 이 물음과 마주하는 방식은 다르다. 그는 '역사의 종말'이 틀렸다고 말하는 대신에, 이 역사철학적 사변이 기초하고 있는 목적론과 집합론을 문제 삼기 때문이다. 그는 앞에서 인용한 바 있는 "다가올 사유는 헤겔-코제브(그리고 마르크스)의 역사의 종말이라는 주제와 더불어, 존재의 역사가 종말을 고했음을 뜻하는 하이데거적 '생기'로의 진입이라는 주제를 심사숙고"해야 한다는 말로 이 과제를 표현했다. 그리고 그가 제시하는 이 사유의 과제를 이해하기 위한 실마리는 "역사에서 살아남은 국가, 또 자신의 역사적인 텔로스를 성취한 이후에도 여전히 살아남은 국가주권이 의미 없지만 유효한 법이 아니라면 과연 무엇이란 말인가?"라는 문제 제기에 있다. 이 문제 제기를 통해 아감벤은 역사의 종말과 국가의 종말에 대한 기존 사유에 내재된 목적론과 집합론에 초점을 맞추어 정치철학의 전환을 꾀한다. 과연 이 전환은 어떻게 이뤄지는 것일까?

'목적론'과 '집합론'을 재고하기

이 정치철학의 전환에서 관건이 되는 것은 앞에서 인용한 "의미 없지만 유효한 법"이라는 개념이다. 아감벤은 칸트를 인용함으로써 이를 도출한다.

그런데 만약 우리가 법으로부터 모든 내용, 즉(법의 규정 근거로서의) 의지의 대상을 사상시킨다면 남는 것은 단지 보편적인 입법의 가장 단순한 형식뿐일 것이다.

특정한 목표가 제시되기 전에 인간이 가질 수 있는 동기는 분명히 (법에 복종함으로써 어떤 이득을 갖거나 기대할 수 있는지는 규정하지 않은 채) 법이 불러일으키는 존중에 의해 법 그 자체일 수밖에 없다. 왜냐하면 일단 자유의지의 내용을 제거하게 되면, 자유의지의 형식적 요소에 관해서는 유일하게 법만이 남기 때문이다.[21]

이는 아감벤이 인용한 칸트의 말이다. 아감벤은 칸트가 인식 영역에서의 초월론적 대상에 상응하는 것으로서, 도덕 영역에서 이 '의미 없는 법의 형식'을 상정했다고 지적한다. 그리고 이 의미 없는 법이야말로 카프카의 세계에 등장하는 법의 궁극적 형상이다. 카프카의 세계에서 법은 누군가가 무언가 위법한 일을 저질러서 집행되는 것이 아니다. 그저 문을 두들기고 불러 세우는 것만으로 이미 법은 실행 중에 있기 때문이다. 그런 의미에서 헤겔적 의미의 국가=법의 완성은 이미 불가능한 것이라 할 수 있다. 개개인의 동물적 욕구나 인정 욕구에 상관없이 법=국가는 작동하기에 그렇다. 따라서 역사 속에서 국가가 완성으로 나아간다는 '목적론'은 근거를 상실하게 된다. 법=국가가 강제하는 질서란 개개인의 구체적인 욕구나 욕망의 변증법적 종합을 통해 지양을 거듭하는 것이 아니라, 이미 원천에서 그런 구체적 내용이나 의미 없이

---

21) 이상의 인용문은 조르조 아감벤, 『호모 사케르』, 124~125쪽.

효력을 갖는 것이기 때문이다.[22]

그래서 '살아남은 국가주권'이란 역사의 종말이라는 테제가 틀렸음을 반증한다기보다는, 역사의 종말이라는 사변에 내포된 목적론이 성립 불가능함을 보여주는 것이라 할 수 있다. 그것은 오히려 법=국가의 근원적 모습을 드러내 보이는 것으로, 역사의 종말이라는 후쿠야마의 테제는 뜻하지 않게 이를 명시적 형태로 사유할 수 있도록 해주었다는 것이 아감벤의 판단인 셈이다. '진보주의'나 '제헌 권력'을 이데올로기적 장애물로 지목한 까닭이 여기에 있는데, 국가란 결코 스스로의 완성으로 진보하는 것이 아님을 역사의 종말 이후에도 살아남은 국가주권은 극적으로 보여주기에 그렇다. 결국 아감벤이 보기에 개인과 국가를 주인공으로 삼은 역사라는 연극은 어떤 목적을 실현해나가는 목적론으로 파악할 수 없다. 목적론의 동력이 되는 의미와 형식 사이의 부정의 변증법은 없는데, 법은 아무런 의미 없이 존립하는 것이기 때문이다. 따라서 궁극적으로는 국가와 법의 형태로 귀결되는, 아무리 국가를 넘어서고 법을 넘어선다고 해도 결국에는 국가와 법을 넘어선 또 다른 국가와 법이 될 수밖에 없는 근대의 정치적 기획은 재고되어야 한다. 어떤 이념의 실현을 위해 전략이 고안되고 행위가 의미를 부여받는 것은 '의미 없

---

22) 아감벤의 칸트 법 논리에 대한 독해에 관해서는, 임미원, 「법의 자기정당화의 위기: 아감벤의 칸트 법개념 비판을 중심으로」, 『법학논총』 27집 3호, 2010 참조. 이 논문은 비교적 상세하게 아감벤의 칸트 법 개념 해석을 다루고 있지만, 아감벤이 칸트와 슈미트의 법 개념을 등치시킨다는 판단은 오해의 소지가 있다. 아감벤의 주장은 슈미트가 칸트(또한 신칸트학파)의 법 개념으로는 법질서의 안정성을 확보할 수 없다는 비판 의식에서 출발하며, 예외상태와 주권자의 결정이라는 슈미트 고유의 법 개념은 이런 맥락에서 도출된다는 것이기 때문이다. 후술하겠지만 슈미트는 칸트처럼 '존중'이나 '도덕감정'으로 의미 없는 법의 효력과 삶을 관계시키려 한 것이 아니라, 예외상태라는 장치를 통해 법과 삶을 관계시키려 했다는 점에서 아감벤에게 서구 법사상의 극한을 지시하는 인물이다.

는 법'의 지배에 어떠한 비판도 될 수 없는 셈이다. 그렇다면 이런 상황 속에서 인간의 삶은 어떻게 되는 것일까? '집합론' 비판은 여기서 등장한다.

예외란 자신이 귀속되어 있는 집합에 포함될 수 없으며, 또한 자신이 이미 항상 포함되어 있는 집합에 귀속될 수 없다.[23]

여기서 귀속membership이란 하나의 항이 하나의 집합에 속해 있음을 뜻하며, 포함inclusion이란 어떤 집합이 다른 하나의 집합에 속해 있음을 뜻한다. 귀속의 경우 집합에 속한 개개의 항을 '셀 수 있어야' 한다는 의미에서, 정치적 집단을 예로 들면 개개인이 하나의 항이 된다. 반면 포함의 경우에는 포함되는 집합(부분집합)의 항 전체가 포함하는 집합의 항이 되어야 하기 때문에, 부분집합의 항은 개개의 항이 아니라 전체로 취급된다. 국민이라는 집합 내에 개별 국가의 국민 전체(한국인)가 포함되는 경우가 이에 해당한다. 그런데 아감벤은 '예외'란 귀속되지만 포함될 수 없으며, 포함되지만 귀속될 수 없다고 말한다. 이 역설적 명제야말로 '포함하는 배제'라는 아감벤의 개념이 의미하는 핵심이라 할 수 있다.

아감벤의 '포함하는 배제'란 법적 규칙의 본래적인 형식이다. 그는 "만약 ……이라면(구체적 사례, 예컨대 '만약 팔다리를 부러뜨렸으면'), 그 경우엔 ……(법적 귀결, 예컨대 '그에게 동일한 손해가 있어야 할 것이다')"[24]라는 문장 구조가 법적 규칙을 나타내는 범례라고 한다. 여기서

---

23) 조르조 아감벤, 『호모 사케르』, 72쪽.
24) 앞의 책, 74~75쪽.

법규범은 스스로의 외부, 즉 그 위반 사례를 '만약 ……이라면'이라는 표현으로 '포함'함으로써 스스로를 적용시킨다. 법규범은 어떤 사실적 영역에서 일어난 사태를 다루는 규칙을 만들어내야 하는데, 이때 발생한 사태를 언제나 규범의 바깥으로, 즉 규칙으로부터 배제함으로써 내부에 포함해야 한다는 것이다. 가령 살인을 금지하는 규범이 법률 형식을 취할 때에는 '만약 살인을 하게 되면 징역형에 처한다'는 문장 형식을 가질 터인데, 이는 살인을 법규범을 벗어난 사태로 삼음(배제)으로써 규칙화(포함)하는 일임을 이해할 수 있다. 법규범에게는 "최초의 위법 행위를 처벌하는 것이 문제가 아니라 법질서 속에 이를 포함시키는 것, 즉 폭력을 원초적인 (법)사실로 정립하는 것이 문제"[25]인 까닭이다.

그래서 "예외란 법의 본래적 형태"[26]이다. 법이 사실적 영역과 맞닿을 때는 언제나 사실적 영역을 예외(규칙을 벗어난 것)로 배제하면서 포함해야 하기 때문이다. 귀속되면서도 포함되지 않고, 포함되면서도 귀속되지 않는다는 명제는 이 맥락에서 정치적 의미를 획득한다. 법규범이라는 집합에서 귀속의 항이 되는 것은 법사실로 구성된 개별 행위이다. 법규범은 인간적 행위의 총체로 구성되기 때문이다. 그런데 법규범은 인간 행위를 있는 그대로 귀속의 항으로 삼는 것이 아니다. 법규범 속에서 인간 행위가 법적 사실이 될 수 있기 위해서는, 다시 말해 집합의 항이 될 수 있기 위해서는 '예외화'라는 조치가 필요하기 때문이다. 그리고 이 조치를 가능케 하는 것이 바로 '주권'이다. 아감벤은 칼 슈미트를 따라 주권을 '예외상태의 결정'으로 이해한다. 슈미트의 주권론은 "주권이

---

25) 앞의 책, 75쪽.
26) 앞의 책, 75쪽.

란 지고의 힘"이라는 동어반복을 넘어선 정의를 찾으려는 시도로, 법규범 바깥에서 일어나는 예외상태를 결정하는 일이야말로 주권의 본질이라 규정한다.[27] 법규범에서 벗어난 사태까지를 예외상태라는 형식을 통해 법규범 내로 포함시키는 일이야말로 슈미트 주권론의 핵심인 것이다.

이는 "폭력을 원초적인 (법)사실로 정립"하는 일에 다름 아닌데, 홉스를 부연해서 말하자면 주권의 성립이란 '만인에 대한 만인의 투쟁'이라는 폭력을 '예외상태'라는 (법)사실로 포함함으로써 가능함을 의미한다. 이때 개개인을 법적 주체로 탈바꿈시키는 주권의 성립이란, 개개인의 생명을 아무런 방어 수단도 지니지 못한 '벌거벗은 생명'으로 전락시킨다. 왜냐하면 법의 지배 바깥, 즉 자연상태에서 인간은 "죽음에 대한 공포"[28] 앞에 선 존재이며, 이로부터 벗어나기 위해 "자신의 권리를 버려야 하기"[29] 때문이다. 즉 법적 주체가 되기 위해, 인간은 무엇보다도 먼저 자신을 방어할 모든 수단을 일단 내려놓고 그저 생명만을 유지한 존재가 되어야 하는 것이다. 주권의 성립이란 개인이 벌거벗은 생명으로 전락함과 동시에, 그 상태로부터 벗어나는 법적 주체가 되는 일을 말한다. 따라서 주권의 성립은 개인을 벌거벗은 생명으로 배제하는 식으로 포함한다. 벌거벗은 생명 없이 주권은 탄생할 수 없지만, 벌거벗은 생명은 국가의 바깥으로 내몰리기 때문이다. 결국 개인은 주권의 구조 속에서 '법적 주체'와 '벌거벗은 생명'으로 분할되는 셈이다.

---

27) 칼 슈미트, 『정치신학』, 김항 옮김, 그린비, 2010, 1장 참조.
28) Thomas Hobbes, *Leviathan*, XIII-8, Oxford, 1651〔토머스 홉스, 『리바이어던』 1권, 진석용 옮김, 나남출판, 2008, 174~175쪽〕.
29) 앞의 책, XXIII-2.

그래서 귀속되지만 포함되지 않고 포함되지만 귀속되지 않는 '예외'란 바로 '법적 주체'와 '벌거벗은 생명'으로 분할된 개인이다. 인간 행위를 법규범 속에 귀속시키는 '예외화'란 벌거벗은 생명과 법적 주체의 분할이라는 주권적 구조의 존립을 말하는 셈이다. 법적 주체인 한에서 개인은 국민이라는 집합에 포함된다. 하지만 벌거벗은 생명인 한에서 개인은 국민이라는 집합에 귀속되지는 않는다. 그런 의미에서 개인과 국민 사이에는 뛰어넘을 수 없는 간극이 입을 벌리고 있다. 아감벤이 근대의 정치적 기획에 내장된 집합론을 비판하는 까닭이 여기에 있다. "홍길동은 한국 국민이다"라고 할 때, 홍길동과 한국 국민 사이에는 집합론으로 해결될 수 없는 간극이 있는 것이다. 홍길동이 권리와 의무를 지닌 한국 국민이 되기 위해서는 포함하는 배제라는 위상학적 구조에 몸을 내맡겨 법적 주체와 벌거벗은 생명으로 분할되어야 한다. 즉 한국 국민이라는 집합에 귀속되고 포함된 홍길동이라는 존재는 근원적으로 분열된 삶 속에 내던져져야 하는 것이다.[30]

  그가 하이데거의 "생기"를 코제브적 역사철학과 더불어 심사숙고해야 할 주제라고 부른 이유가 여기에 있다. 하이데거의 생기란 1989년 사후 출간된 『철학 논고Beiträge zur Philosophie: vom Ereignis』에 등장하는 개념으로, 『형이상학 입문』(1935) 이후의 이른바 하이데거 철학의 전회에서 핵심을 차지하는 개념이다. 이 개념에 기대어 아감벤이 개진하는 사유의 모습은 뒤에서 간략하나마 스케치할 텐데, 이 지점에서 중요한 점

---

30) 그래서 아감벤은 『호모 사케르』 첫머리를 조에와 비오스의 구분으로 시작한다. 사실 문헌학적으로 지지받기 어려운 논의를 첫머리에 가지고 온 까닭은 문헌학적 타당성에 기대어 자신의 논의를 뒷받침하자기보다는, 강렬한 주제의식을 전면에 내세우자는 의도에 있었던 셈이다.

은 이 개념을 중심으로 한 하이데거의 철학적 전회가 '존재'를 더 이상 물음의 대상으로 삼지 않는 동시대 상황을 염두에 둔 것이었다는 사실이다.

이 상황이란 1930년대 독일에서 유포되던 "총동원"이란 슬로건에 상징되듯이, 인간을 포함한 모든 존재자들이 조작과 작위의 네트워크 속에 하나의 단위로 조직되어버린 사태이다. 이때 현존재(인간)는 존재 물음을 개시할 특권적 존재자라기보다는, 그 존재 이유를 상하좌우의 네트워크 속에서만 확인할 수 있는 '물체'이며, 그런 한에서 의미를 상실하는 것이 아니라 오히려 의미(기능)로 충만한 존재자가 된다.[31] 즉 하이데거가 생기라는 개념으로 파악하여 거부하려 한 시대적 상황이란, 코제브적으로 말하자면 동물과 속물이 거대한 네트워크 속에서 하나가 되는 상황이며, 아감벤적으로 말하자면 법적 주체와 벌거벗은 생명이 식별 불가능한 채로 거대한 기계의 부품으로 전락한 사태였던 셈이다.

이 사태를 아감벤은 푸코의 문제 설정을 따라 '생명정치'라는 개념으로 파악한다. 이때 생명정치란 결국 법적 주체와 벌거벗은 생명의 분할을 말하는 것이라 할 수 있다. 푸코가 왕의 머리가 베인 이후에도 여전히 주권의 모델이 권력 분석의 범례로 자리 잡고 있음을 비판하면서, 생명정치적 패러다임의 중요성을 설파했음은 익히 알려진 사실이다.[32] 아감벤이 보기에 푸코의 이 주장은 법적 주체로서의 국민이 역사의 목표를 실현시키고자 인정투쟁을 벌이는 이면에서, 벌거벗은 생명은 의미 없는 법의 효력, 즉 예외화하는 법 고유의 힘 앞에 여전히 배제됨으로

---

31) 鹿島徹他, 『ハイデガー「哲学への寄与」読解』, 平凡社, 2006, 12~13쪽 참조.
32) 미셸 푸코, 『성의 역사 I: 앎의 의지』, 이규현 옮김, 나남, 1990, 3~5장 참조.

써 포함되고 있었음을 지적하는 것이었다. 역사의 종말과 국가의 종말을 동시에 사고해야 한다는 것은 이 사태를 정확하게 파악해야 한다는 요청이다. 법적 주체로서의 국민이 벌이는 투쟁(역사)이 종말을 고했음에도 살아남은 국가란 생명정치를 통치의 패러다임으로 삼음을 보여주는 증좌였던 셈이다. 그래서 그는 냉전 종식과 코소보전쟁으로 대변되는 1990년대의 정치적 격변을 보며, 다음과 같이 자신의 의도를 밝혔던 것이다.

民주주의가 마침내 적대자들에게 승리를 거두고 정점에 도달한 것으로 보이는 바로 그 순간에 왜 민주주의가—조에zoe의 해방과 행복을 위해 전력을 기울였음에도 불구하고—조에를 전례 없는 파멸에서 구해내는 데 무능할 수밖에 없었는지를 확실하게 이해해보려는 것이다.[33]

그가 수용소를 근대 통치의 패러다임으로 둔 것은 이 맥락에서 이해되어야 한다. 법적 주체의 투쟁이 종식되었다는 선언에도 벌거벗은 생명이 배제됨으로써 포함되는 구조가 존속된다면, 근대의 정치 기획을 지탱하던 목적론과 집합론은 재고될 수밖에 없다. 그랬을 때 근대 통치의 패러다임은 의회도 광장도 대통령궁도 아닌 수용소가 된다. 수용소야말로 귀속되지만 포함되지 않고 포함되지만 귀속되지 않도록 개인을 분할하는 법의 힘이 고스란히 드러나는 장소이며, 수용소의 주민은 아무런 법적 지위도 갖지 못한 채 법 안에 포함되어 있기에 그렇다. 벤야민을 인용하며 아감벤이 자주 사용하는 문구인 "예외가 규칙이 되었다"

---

33) 조르조 아감벤, 『호모 사케르』, 48쪽.

234

는 말은, 역사의 종말 이후에도 살아남은 국가주권이라는 사태 앞에서 정치적 사유가 정치의 근원으로 삼아야 할 토포스topos가 수용소임을 말해주는 표현이었던 셈이다.

그래서 역사의 종말과 국가의 종말을 동시에 사유해야 한다는 요청은 근대의 정치적 기획을 침윤하던 목적론과 집합론의 재검토를 요구하는 것이라 할 수 있다. 더 이상 인간의 행위는 어떤 목적을 위한 수단으로 자리매김될 수 없으며, 한 개인은 집합론적으로 매끄럽게 어떤 집단에 소속될 수 없다. 이념과 실천 사이, 정체성과 개인 사이에는 넘을 수 없는 심연이 가로놓여 있기에 그렇다. 이 넘을 수 없는 심연을 넘게 만드는 것이 바로 '예외화'라는 법질서 고유의 본질임은 이미 살펴본 대로이다. 그래서 아감벤이 바라보는 근대 정치의 극한적 대결은 자본주의와 사회주의, 혹은 자유민주주의와 전체주의 사이에서 벌어졌던 것이 아니라, 벤야민과 슈미트 사이에서 예외상태를 놓고 벌어졌던 "공백을 둘러싼 거인족의 싸움"이다.

'예외상태'와 '장치'

'의미 없지만 유효한 법'이 법 본래의 작동 방식이라면, 결국 인간에게 부과되는 금지와 규율뿐 아니라 보장되는 자유와 권리도 근거 없는 것이 된다. 이를 잘 알고 있었던 칸트는 존중이나 도덕감정이라는 안정 장치를 마련했지만, 이는 "우리 시대의 전체주의 국가들에서 아주 친숙해져버린 상황"[34]이 도덕감정에서 비롯되었다는 웃지 못할 논리적 귀결로 이어질 따름이다. 여기서 주의해야 할 것은 법 집행이 근거 없다고 해서, 그것을 어떤 독재자나 전제군주의 자의적 법 집행으로 해석해서는 곤란하다는 점이다. 오히려 강조되어야 할 점은 법의 집행을 보증하는 것은 법의 원천이 아니라는 사실, 즉 근대국가의 집행 권력이 정당성을 획득하는 것은 제헌 권력 때문이 아니라는 점이다. 거꾸로 말하면 법 집행의 정당성을 제헌 권력에서 찾는 논법이야말로 법의 근거 없음을 논증하는 것이며, 법의 근거나 정당성을 따지는 논리는 언제나 법의 원천적 근거 없음을 논증하고 마는 것이라 할 수 있다. 왜냐하면 제헌 권력을 비롯한 모든 법의 원천이란 언제나 헌법 권력(이미 구성되어 집행되고 있는 권력)의 성립 이후에 '전제'되는 것이기에 그렇다. 아감벤이 예외상태를 "현대의 통치 패러다임"으로 제시하는 까닭이 여기에 있다.

아감벤이 말하는 예외상태란 긴급상태나 비상사태와 구분되는 개념으로, "질서의 존립을 보증하기 위해 이루어지는 [법률의] 효력 정지"와 관련되며, "규범의 존립과 정상 상황에 대한 규범의 적용을 보증하기 위해 질서 안에 하나의 픽션적 공백을 만들어내는" 일과 관련된다.[35] 근대 법학은 긴급상태나 비상사태를 법률이 구속력을 상실한 상황을 지시하는 것을 넘어서서, 법률의 궁극적 기초와 원천 자체를 구성하는 원리로 전환시켰다.[36] 혁명이나 전쟁 등의 비상사태가 이후 성립된 체제의 정당성의 기초가 된다는 사고의 틀은 여기에서 비롯된다. 그러나 아감벤은 예외상태란 결코 법 집행의 효력을 보증하는 원천이 아니라고 말한다. 예외상태는 현실에서 긴급상태나 비상사태의 모습으로 드러나지만, 그것은 하나의 법 상태에서 다른 상태로의 이행 국면이라기보다는 법이

---

34) 앞의 책, 125쪽.
35) 조르조 아감벤, 『예외상태』, 65쪽.
36) 앞의 책, 57쪽.

스스로의 힘을 드러내는 본래적 사태에 다름 아니기 때문이다. 이 사태 속에서 집행되는 힘을 아감벤은 "법률-의-힘"이라 표현한다.

> 예외상태에 고유한 것은 [……] '법률-의-힘'을 법률로부터 독립시키는 데 있다. 예외상태는 한편으로 규범이 효력을 갖지만 적용되지 않고('힘'을 갖지 않고), 다른 한편으로 법률적 가치를 갖지 않는 결의가 법률의 '힘'을 획득하는 하나의 '법률 상태'를 규정하고 있다. 극한적인 상황에서 '법률-의-힘'은 규정 불가능한 요소로서 부유하는 것으로, (위임 독재로서 행동하는) 국가 당국에 의해서도 (주권 독재로서 행동하는) 혁명 조직에 의해서도 요구될 수 있다. 예외상태란 법률 없는 법률-의-힘(따라서 ~~법률~~-의-힘이라고 표기되어야 한다)이 핵심이 되는 아노미적 공간인 셈이다.[37]

나치와 파시즘은 물론이고 남북전쟁과 뉴딜 정책, 그리고 9·11 이후의 사태들 속에서 벌어진 일들은 모두 이 "법률-의-힘"의 전면화, 즉 예외상태 속에서의 통치 행위였다.[38] 이 아노미적 공간 속에서 법률은 효력 정지되고, 행정부의 여러 조치나 군부의 명령이 법률의 힘을 가지게 된다. 주의해야 할 사실은 아감벤이 여기서 이런 일련의 사태가 이후의 체제를 '창출했다'고 주장하는 것이 아니며, 나치나 파시즘이나 뉴딜 정책이나 모두 위정자의 자의에 의해 통치가 이뤄졌다는 점에서 동일하다고 주장하는 것이 아니라는 점이다. 오히려 아감벤은 이러한 현대사의

---

37) 앞의 책, 79쪽.
38) 앞의 책, 15~50쪽.

경험을 열거함으로써, 현대의 통치 패러다임이 적나라하게 법의 본래적 작동 방식을 전면화하면서 이뤄진다는 점을 말하고자 한 것이다(앞에서 논의한 맥락을 따라서 부연하자면, 이는 역사의 종말 이후에 살아남은 국가주권의 모습과 정확하게 중첩됨을 알 수 있다).

그렇다면 이 "**법률-의-힘**"이 지배하는 공간, 규범의 적용을 위해 규범을 효력 정지시키는 픽션적 공백인 예외상태를 통해 아감벤은 무엇을 말하고자 한 것일까? 그것은 바로 규범(법)과 현실(생명) 사이에는 아무런 논리적 관계가 성립하지 않는다는 사실이다. 앞에서 말했듯이, 법규범이 현실을 법사실로서 구성하기 위해서는 "만약 ……라면, ……이다"라는 형식을 취해야 한다. 이 형식을 취하지 않으면 법규범은 결코 현실에 적용될 수 없다. 그런 의미에서 법규범의 현실 적용은 무엇보다도 먼저 법규범의 '효력 정지'를 내포해야 한다. 왜냐하면 현실에서 벌어진 사태를 법규범 바깥의 일로 규정해야만(만약 ……라면), 현실 적용이 가능하기 때문이다. 그렇기 때문에 현실에서 벌어진 살인과 살인을 금지하는 법규범 사이에는 아무런 필연적 관계가 없다. 이 둘 사이를 연결시키기 위해서는 살인을 법사실로 구성하는 "만약 ……라면, ……이다"라는 "예외화"가 필요한 것이다. 아감벤이 말하는 예외상태, 즉 픽션적 공백이란 이 사태를 뜻한다. 이 픽션적 공백 속에서 법규범을 구성하는 내용은 아노미 상태인 채로 있다. 중요한 것은 "……"이 아니라 "만약, 라면, 이다"라는 "**법률-의-힘**"이기 때문이다.

법의 경우에 하나의 규범의 적용은 규범 자체에는 어떤 형태로도 포함되어 있지 않을뿐더러 규범으로부터 도출될 수도 없다. 그렇지 않다면 소송법의 장대한 체계를 만들어낼 필요도 없었을 것이다. 〔……〕 그런 의미에서 예외상태는 적용과 규범이 둘 사이의 분리를 드러내고, 하나의 순수한 **법률**-의-힘에 의해 적용이 정지되어 있던 규범이 실현되는(즉 탈-적용되면서 적용되는) 하나의 공간이 열리는 사태를 가리킨다. 이런 식으로 규범과 현실의 불가능한 용접 그리고 그 결과로서의 규범적 영역의 창출 등이 예외라는 형태 속에서, 즉 그것들 사이의 연관을 상정함으로써 이뤄지는 것이다.[39)]

아감벤의 이러한 예외상태에 대한 이해는 전적으로 슈미트에 힘입은 것이다. 슈미트는 『독재』에서 다음과 같이 말한다.

모든 독재가 규범에 대한 예외라는 사실은, 그것이 어떤 규범의 우발적 부정이라는 의미가 아니다. 독재라는 개념의 내적인 변증법은 다음과 같은 사실에 있다. 그것은 [독재로 인해] 규범이 부정되지만, 독재가 역사적-정치적 현실 속에서 지키고자 하는 것은 바로 그 규범의 지배라는 사실이다. 즉 실현해야 할 규범의 지배와 그것을 실현시키기 위한 방법 사이에 대립이 생기는 셈이다. [……] 이는 법이 그 본성을 드러내는 국면이다. [……] [그래서] 외적에 대한 전쟁과 국내의 폭동을 진압하는 일은 예외상태라기보다는 이상적인 정상 사례이다. 그 속에서 법과 국가는 스스로의 내적 목적을 유지하려는 성향을 직접적 힘을 통해 발휘하는 것이다.[40)]

---

39) 앞의 책, 81~82쪽.
40) Carl Schmitt, *Die Diktatur*(1921), Duncker & Humblot, 1978, pp. xvi~xvii.

따라서 독재란 국가의 목적과 그 실현 방법 사이에 갈등이 일어나는 국면이다. 그 목적이란 헤겔적인 의미의 인류의 완성일 수도 있고, 그 어떤 고상한 이념일 수도 있는 '규범'이다. 다만 중요한 것은 이 목적을 유지하기 위해서는 역설적이게도 그 목적을 무화시켜야 한다는 점이다. 독재가 "예외상태라기보다는 이상적 정상 사례"라고까지 말하는 까닭이다. 따라서 예외상태는 법규범이 적용되어 실현되는 이상적 정상 사례를 구성한다. 법규범은 예외상태 없이 현실과 맞닿을 수 없고, 현대의 통치 경험은 이 이상적 정상 사례가 전면화된 역사 과정을 여실히 보여주는 사례였던 셈이다. 그리고 앞에서 말했듯이 이 픽션적 공백 속에서 인간은 법적 주체와 벌거벗은 생명으로 분할되어 삶을 영위한다. 그렇다면 이 통치의 패러다임을 벗어나는 길은 무엇인가? 아감벤은 다음과 같이 말한다.

자연적이고 생물학적으로 주어진 생명과 자연상태의 아노미가 먼저 있고, 그런 다음 예외상태를 통해 그것들이 법에 포섭되는 것이 아니다. 그와 반대로 생명과 법, 아노미와 노모스를 구분할 수 있는 가능성은 바로 생명정치적 기계를 통한 이 둘 사이의 절합과 일치한다. 벌거벗은 생명은 이 기계의 산물이지 그것보다 먼저 존재하는 것이 아니다. [······] 법을 생명과의 비-관계 속에서 제시하고 생명을 법과의 비-관계 속에서 드러낸다는 것은 이전에는 '정치'라는 이름으로 스스로를 주장했던 인간의 행위를 위해 양자 사이에 하나의 공간을 열어젖힌다는 것을 의미한다. [······] 정치적인 행위란 폭력과 법 사이의 연계망을 끊어내는 행위뿐이다. 그리고 오직 그렇게 해서 열리는 공간에서 시작해야만 예외상태 속에서 법을 생명과 연결시키던 장치를 중지시킨 후 법을 어떻게 사용하

는 것이 가능한지를 물을 수 있다.[41]

법과 자연상태 사이에는 시간적인 선후 관계도 논리적인 인과관계도 없다. 법과 자연상태, 즉 법적 주체와 벌거벗은 생명의 분할은 예외상태 속의 장치가 만들어낸 산물이기 때문이다.[42] 슈미트는 법과 현실 사이에 아무런 필연적 관계가 없음을 너무나도 잘 알고 있었고, 그 까닭에 독재라는 예외적 형상을 법이 집행되는 이상적 정상 사례(즉 패러다임)로 간주했다. 슈미트에게 법의 궁극적 원천이란 무엇보다도 예외상태였던 것이다. 아감벤은 이러한 슈미트의 극한적 법 이론에 대항한 이가 벤야민이라고 말한다. 벤야민은 예외상태가 이상적 정상 사례가 된 상황, 즉 "예외가 규칙이 된" 상황 속에서 "진정한 예외상태"의 창출을 정치적 과제로 내세웠기 때문이다. 이 진정한 예외상태라는 벤야민의 말은 아감벤의 정치적 전망의 출발점이다. 그것은 "법을 생명과 연결시키던 장치를 중지시킨 후 법을 어떻게 사용하는 것이 가능한지를" 묻는 일이라 할 수 있다.

그런데 여기서 아감벤의 벤야민 독해로 길을 틀면 또다시 알레고리적 이미지의 미로에 갇히고 만다. 그랬을 때 논의는 메시아 도래 이후의 법, 카프카 소설에 등장하는 여러 형상들, 신의 다스림göttliche Gewalt과 순수한 폭력, 자신만을 전달하는 언어 등 그 자체로 개별 연구를 요하

---

41) 조르조 아감벤, 『예외상태』, 165~166쪽.
42) 예외상태를 둘러싼 슈미트와 벤야민의 대립을 다루는 『예외상태』 4장은 여러 가지 문헌적 조사가 덧붙여져야겠지만 매우 흥미로운 내용을 담고 있다. 이에 관해서는 김항, 「신의 폭력과 지상의 행복: 발터 벤야민의 탈정치신학」, 『안과밖』 29호, 2010, 99~129쪽과 본서 4장 참조. "예외가 규칙이 되었다"는 명제는 벤야민의 「역사의 개념에 대하여」의 여덟번째 테제이다.

는 '밀어密語' 속에 몸을 내맡겨야 한다. 물론 그런 작업도 꼭 필요하겠지만, 여기서는 오히려 앞 인용문의 마지막에 등장하는 '장치dispositif'라는 말에 주목함으로써 다른 길을 모색해보고자 한다. 아감벤은 이 용어를 푸코의 "결정적인 기술 용어"[43]라 정의했다. 아감벤은 푸코가 이 용어를 자주 사용하기 시작한 것이 1970년대 후반부터이며, '통치성governmentality'이라는 테마를 다루는 시기였다고 지적한다. 따라서 장치란 용어는 통치성이라는 테마를 분석하고 논증하기 위한 '기술 용어'였다고 이해할 수 있다.

통치성이란 테마를 통해 푸코가 하고자 했던 일은 이른바 "정치의 분석철학"[44]이다. 푸코는 정치의 분석철학이라는 방법으로 권력을 어떤 존재나 근거로 환원하여 설명하는 것이 아니라, 권력을 작동시키는 여러 요소들을 분해하고 그것들 사이의 상호작용(푸코의 용어로는 게임)을 재구성함으로써, 권력이 실제로 어디에 어떻게 얼마만큼 편중되며 편재되어 있는지를 파악하고자 했다. 통치성이란 이런 기획을 역사성 속에서 파악하려는 테마로, 통치 대상의 질서 정연한 배치와 풍요로운 삶을 목적으로 하는 기술의 계보학을 구축하려는 시도라고 할 수 있다.[45] 푸코는 다양한 16~18세기의 텍스트를 통해서 통치의 기술을 세세하게 분석하고 있지만, 여기서의 관심은 그 역사적 사례들이 아니다.

---

43) Giorgio Agamben, *What is an Apparatus?*, David Kishik and Stefan Pedatella trans., Stanford UP, 2009, p. 1[조르조 아감벤, 『장치란 무엇인가? 장치학을 위한 서론』, 양창렬 옮김, 난장, 2010, 15쪽].
44) ミシェル・フーコー, 「政治の分析哲学—西洋世界における哲学者と権力」, 『ミシェル・フーコー思考集成 7』, 筑摩書房, 2000, 123~139쪽. 이는 푸코의 1978년 일본 강연이다.
45) Michel Foucalult, "Governmentality," *Foucault/Power*, The New Press, 2000, pp. 211~212 참조.

중요한 지점은 '장치'라는 말이 이 테마를 분석하는 기술 용어라는 데서 알 수 있는 함의이다. 그것은 권력의 원천과 권력의 작동 사이의 균열을 문제 삼겠다는 방법적 의도라고 할 수 있다.

아감벤은 푸코의 장치가 장 이폴리트Jean Hyppolite의 헤겔 해석에 등장하는 '실정성positivity'에서 유래한다고 말한다. 그에 따르면 이폴리트는 헤겔에게 "실정성"이 핵심 개념이라 말하면서, 이는 "자연종교natural religion"와 대비시켰을 때 정확한 의미가 도출될 수 있음을 주장했다. 자연종교는 인간 이성과 신성함 사이의 직접적이고 일반적인 관계와 관련되는 반면, 실정적 혹은 역사적 종교는 믿음, 규칙, 의례의 집합을 포함하며, 이 일련의 요소들은 특정 시기에 개인에게 강제로 부과되는 것이다. 따라서 자연종교는 신의 존재에 무매개적으로 합일되는 종교이며, 실정적 종교는 신에 복종하기 위해 강제와 규칙이 필요한 종교인 것이다. 아감벤은 이를 신의 존재와 통치 사이의 균열이라고 파악하면서, 기독교의 삼위일체설이란 이 균열을 메우려는 시도였다고 지적한다.[46] 이 글의 맥락으로 고쳐 말하자면, 법의 집행을 근간으로 하는 통치와 법의 원천인 주권 사이에는 균열이 존재하는 것이다. 다시 말하자면 이는 규범과 적용 사이의 균열이며, 법 집행과 법의 근거 사이의 균열이다.

삼위일체나 예외상태란 이 균열을 메우기 위한 픽션이며, 그 속에서 개인을 통치의 대상으로 만드는 다양한 규칙, 믿음, 강제, 기술의 네트워크인 '장치'가 작동한다. 아감벤이 '장치'의 어원이라 지목한 '오이코노미아'가 삼위일체설과 함께 기독교의 인간 통치 패러다임을 만들어낸 데에서도 알 수 있듯이[47] 이 픽션과 장치의 역사는 매우 오래된 것으로,

---

46) Gorgio Agamben, *What is an Apparatus?*, pp. 8~10.

통치성의 계보학이란 결국 근대의 정치적 기획이 가정하고 있는 권력의 정당한 집행이 불가능함을 보여주는 것이다. 그것은 권력의 집행이란 모두 부당하다는 무정부주의의 설파가 아니라, 권력 집행과 정당성 사이에는 아무런 관계가 없다는 사실, 즉 신의 존재와 신의 행위에는 아무런 관계가 없다는 근원적 사실을 직시하라는 요청인 셈이다.

따라서 아감벤이 "예외상태 속에서 법을 생명과 연관시키던 장치를 중지시킨다"고 한 것은 법을 폐기하자는 주장이 아니다. 이 장치의 작동이 법의 내용과 아무런 필연적 관계를 갖지 않는 한에서(그것은 궁극적으로 법률-의-힘으로 작동한다), 법의 지배를 종식시키는 것은 법의 존재를 폐기하는 것으로 연결되지 않는다. 그것은 오히려 이 예외상태를 창출하고 작동시키는 장치(여러 요소들의 네트워크)를 멈추는 일을 요청하며, 푸코는 이를 "이렇게 통치당하지 않으려는 기술"이라 말했다. 이제 푸코의 칸트 해석을 바탕으로 아감벤의 정치적 기획의 윤곽을 추출하면서 마무리하도록 하자.

절대적 계몽과 무위의 인간

푸코는 1978년 일본 방문을 마치고 돌아오자마자 프랑스 철학회에서 "비판이란 무엇인가?"라는 주제하에 발표를 했다. 이 발표는 이 시기 그가 붙잡고 있던 '통치성'이란 테마와 밀접한 관계에 있는 것으로, 통치의

---

47) Giorgio Agamben, *Il Regno e la Gloria: Per una genealogia teologica dell'economia e del governo*, Neri Pozza Editore, 2007 참조.

기술을 권력 작동의 분석철학으로 해부하여 재조립하고, 그 권력 작동이 산출해내는 '주체(신민)subject'의 특정한 태도나 기술의 계보학을 추출하려는 관심을 드러내고 있다. 이러한 그의 관심은 막스 베버에서 프랑크푸르트학파를 거쳐 하버마스에 이르는 이른바 독일 철학의 합리성 비판과 궤를 같이하는 것이며, 푸코는 이 합리성 비판이 프랑스에서는 과학철학, 현상학, 그리고 1960년대 이후의 일군의 철학자들로 이어지는 계보 속에서 공유되어왔다고 파악한다.[48] 이런 맥락 속에서 푸코는 이 합리성 비판이라는 현대 철학의 흐름을 스스로의 통치성 연구와 접맥시키려 했는데, 이는 통치의 기술 속에서 산출되는 효과로서의 주체가 어떤 능동성을 갖느냐를 본격적으로 탐구하려는 노력이었다고 볼 수 있다. 즉 삭막한 장치의 산출 효과로서의 주체가 아니라, 스스로를 옥죄는 통치의 힘과 맞서려는 주체의 의지를 탐색하려는 시도였던 셈이다.

여기서 푸코는 통치의 기술이 탄생한 시점을 중세 기독교의 사목 권력에서 찾는다.[49] 고대에는 매우 낯설었던 이 기술은 수도사들의 일상적 행위에서 양심의 영역에 이르기까지 세세한 규칙을 통해 지도하는 일을 핵심으로 삼는 것이다. 이 기술이 15~16세기 유럽에서 광범위하게 퍼지게 되는데,[50] 푸코는 이 통치화가 "어떻게 통치당하지 않을 것인

---

48) 미셸 푸코, 「비판이란 무엇인가?」, 이상길 옮김, 『세계의 문학』 76호, 1995, 112~115쪽. 또한 An Interview with Michel Foucaut, "Critical Theory/Intellectual History," Foucault, *Politics, Philosophy, Culture: Interviews and Other Writings 1977~1984*, Routledge, 1988, pp. 25~30 참조.
49) 아감벤은 보다 거슬러 올라가 3~4세기 기독교 교리 속에서 그 출발점을 찾는다. Giorgio Agamben, *Il Regno e la Gloria*, pp. 9~10 참조.
50) 이는 종교개혁과 마키아벨리에 대한 비판 속에서 등장한다. Michel Foucaut, "Govern-mentality," pp. 204~208 참조.

가?" 하는 질문과 불가분의 관계에 있다고 본다. 이는 통치를 아예 거부하는 것이 아니라 "어떻게 하면 이런 식으로, 이런 명목 아래, 이런 목표들을 위해, 이런 절차와 수단으로, 이들에 의해서 통치당하지 않을 것인가?"라는 물음이며, 푸코는 이를 '비판'이라고 명명한다. 이는 세 가지 층위에서 등장했는데 성서 비판, 실정법 비판, 권위 비판이 그것이다. 이는 결국 진실의 이름으로 복종을 산출하는 일련의 장치를 정지시키는 일을 의미하며, 푸코는 이를 철학적으로 집대성한 것이 칸트의 비판철학이자 계몽이라 파악한다. 따라서 칸트의 계몽이란 통치화라는 예외상태의 작동을 멈추는 하나의 전략으로 읽힐 수 있다는 것이 푸코의 주장이라 할 수 있다.

이러한 푸코의 독해는 아감벤의 정치 기획을 칸트의 계몽으로부터 도출해볼 수 있는 기회를 제공해준다. 아감벤이 말하는 예외상태, 생명정치, 장치 등의 개념이 푸코의 통치성이라는 테마와 불가분의 관계에 있다고 할 때,[51] 푸코가 통치의 장치를 정지시키는 기술로 본 '비판'과 '계몽'은 반드시 아감벤의 정치적 기획과 모종의 관계를 맺고 있으며, 큰 시사를 줄 수 있을 것이기 때문이다. 그 실마리는 이성의 공적 사용과 사적 사용에 관한 칸트의 구분에 있다.

칸트는 어떤 성직자가 자신이 속한 교구의 교리에 따라 교회에서 설교할 때 이성을 사적으로 사용하는 것이며 교리를 비판할 자유가 없다고 말한다. 반면 이 성직자가 교회에서 퇴근하여 불특정의 공중을 대상으로 자신의 의견을 피력할 때에는 교리를 비판할 자유를 가진다. 칸트

---

51) "이 연구〔『왕국과 영광』〕는 미셸 푸코에 의해 수행된 통치성의 계보에 관한 연구의 연장선상에 위치한다"(Giorgio Agamben, *Il Regno e la Gloria*, p. 9).

는 이 이성의 공적 사용이 계몽을 가져다준다고 말하면서, 이성의 사적 사용은 제한될 수 있는 성질의 것이라 말한다. 결국 칸트는 제한 없는 이성의 공적 사용과 이성의 사적 사용에 대한 적절한 제한이 계몽의 조건임을 설파한 것이다.[52] 여기서 이성의 사적 사용이 특정한 복종의 규칙을 통한 통치화된 주체의 산물이며, 이성의 공적 사용이 푸코가 파악한 비판에 해당함을 알 수 있을 것이다. 그런데 아감벤의 앞에서의 논의, 즉 규범과 적용 사이의 균열을 염두에 두자면, 이 복종과 비판 사이에는 '이성의 능력'이라는 범주 아래 묶일 수 없는 균열이 있음을 알 수 있다. 칸트가 이성의 능력이라고 통합해버린 이 두 가지 '태도' 사이에는 본래적인 '무관계성'이 가로놓여 있는 것이다. 왜냐하면 이성의 사적 사용은 일정한 유한한 집합을 대상으로 하는 반면에, 이성의 공적 사용은 공중, 즉 무한히 열려 있는 인간 집단을 대상으로 하는 것이기 때문이다.

그런 의미에서 이성의 사적 사용이란 어떤 규범이 개인을 분할하는 장치의 작동이라면, 이성의 공적 사용은 그 분할을 멈추고 규범의 작동 방식을 자유롭게 궁리할 수 있는 가능성을 내포한 비판이다. 전자는 벌거벗은 생명의 예외화에 기반한 개인의 분할로 이뤄지는 '주체화'이며, 후자는 벌거벗은 생명의 분할을 더 이상 허락하지 않는 생명과 몸짓의 통합, 즉 아감벤이 "조에 천연의 감미로움"이라 불렀던 "삶-의-형식"이 체현된 형태이다.[53] 그리고 이성의 공적 사용이 무한히 열려 있어 귀

---

52) 임마누엘 칸트, 「계몽이란 무엇인가에 대한 답변」, 『칸트의 역사철학』, 이한구 옮김, 서광사, 2009, 16~19쪽.
53) Giorgio Agamben, *Means without End*, pp. 3~11[조르조 아감벤, 『목적 없는 수단』, 13~23].

속과 포함이라는 집합론적 논리를 넘어서는 '공중'을 대상으로 하는 한에서, 그것은 아감벤이 말하는 '인간' 고유의 '무위'에 중첩된다고 할 수 있다.

플루트 연주자, 조각가 혹은 모든 전문가들의 훌륭함과 행위, 그리고 일반적으로 일정한 기능과 일정한 행위를 수행하는 이들이 자신에게 고유한 기능ergon 안에 머물러 있는 것처럼, 인간의 훌륭함과 행위도 그의 고유한 기능 속에 있다고 볼 수 있다. 그래서 이렇게 말할 수 있지 않을까? 즉 목수나 제화공이 고유한 기능과 행위의 영역을 가지고 있는 반면, 인간으로서의 인간은 아무것도 가지고 있지 않다고, 즉 아무런 기능 없이 무위의 훌륭함만이 본성적으로 남아 있는 것이라고 말이다.[54]

이 무위의 인간은 아무것도 하지 않는 존재가 아니다. 이는 그의 행위와 삶이 그 어떠한 기능이나 목적에 결코 종속되지 않음을 뜻한다. 칸트가 말하는 이성의 공적 사용이란 이 인간 고유의 '무위'라고 할 수 있다. 그것은 어떤 실정적 법을 만들어낸다기보다는, 실정적 법이 작동하여 산출하는 통치의 장치를 정지시켜 법의 다른 사용처를 궁리하는 인간의 능력이다. 이 능력을 극한으로 밀고 나가는 일이 아감벤의 정치적 기획이고 말이다. 벤야민과 카프카로부터 비롯된 수많은 수수께끼 같은 알레고리는 이 무위의 인간과 연관되어 있다. 인구에 널리 회자되었지만 난해하기 짝이 없는 '잠재성'이나 바틀비의 "하지 않는 편이 좋겠어요I prefer not to"도 이런 맥락에서 이해되어야 한다. 그것은 복종을 일

---

54) 앞의 책, p. 140[조르조 아감벤, 『목적 없는 수단』, 152쪽].

소하는 것이 아니라, 복종을 가능케 하는 장치를 멈추는 비판과 계몽으로 인간을 인도한다. 이것이 벌거벗은 생명과 법적 주체로 분할된 개인을 '인간'으로 통합하는 길이며, 그런 의미에서 '절대적 계몽'의 추구라고 할 수 있다. 아감벤의 정치적 기획은 이런 방향에서 재검토되어야만 한다.

제4부   언어의 운명과
        문학의 자리

7장

자연, 법, 그리고 문학
—발터 벤야민과 인간의 언어에 관하여

1

한때 일본에는 '갸쿠엔콘逆緣婚'이라는 제도가 있었다. 결혼한 장남이 죽었을 경우 차남이 형수와 결혼하여 집안을 잇는 제도이다. 매우 엽기적이고 비도덕적으로 보일지 모르지만, 나름 합리적인 제도관과 윤리관에 바탕한 제도이다. 이 제도의 배경에는 여성은 '집안'과 결혼한다는 제도적 사유가 가로놓여 있고, 장차 집안을 잇게 될 죽은 장남의 어린 자식과 새로이 아버지가 된 차남 사이를 단순히 계부-양자라는 법적 유대가 아니라, 숙부-조카라는 끈끈한 유대가 지탱한다는 윤리관이 가로놓여 있기 때문이다. 그런데 아무리 나름의 합리성과 윤리에 기초한 제도일지라도 웃지 못할 비극적 사태가 벌어지기도 했다.

제2차 세계대전이 끝난 지 6개월이 지난 1946년 2월 무렵, 일본열도 중부 나가노현의 한 마을에서 성대한 결혼식이 치러졌다. 혼주는 이 지방 대대로 지역 유지의 지위를 누려온 명문가의 가주家主로, 고급 관료, 국회의원, 사업가 등 나가노현에서는 모르면 간첩 소리를 듣는 인물들을 배출해온 집안의 수장이었다. 결혼식은 이 마을의 관례에 따라 이틀에 걸쳐 치러졌는데, 하객만 5천 명에 달하는 거대한 규모였고, 패전의 피폐함으로 지쳤던 지역민에게는 더할 나위 없는 물질적이고 정신적인 위안거리를 제공해주는 이벤트였다. 풍족한 먹거리와 흥겨운 잔치가 굶주린 배와 마음을 채우기에 충분했을뿐더러, 해군 장교로 전사한 이 집안 장남 때문에 깊은 시름에 잠겼던 마을 전체가 무거운 공기로부터 해방되는 순간이었기 때문이다. 즉 이 집 차남이 어린 아들을 두고 전장의 이슬로 사라져버린 형을 대신해 형수의 남편, 조카의 아버지가 되는 순간이었던 것이다. 모든 마을 사람들은 진심으로 축하했고, 이 마을을 지배하던 질서와 구조가 예외상황에서 벗어나 정상 궤도로 재진입하는 의식이 성대하게 마무리되었다.

비극은 여기서 시작된다. 1948년 6월, 인도네시아 부근 도서에서 전사한 것으로 알았던 장남이 돌연 돌아온 것이다. 이미 아내와 동생은 슬하에 두 명의 자식을 두고 있는 상황이었다. 장남은 이 상황을 담담하게 받아들였다고 한다. 물론 아내와 동생을 원망하지도 않았다. 당연히 아버지, 어머니, 일가친척 어르신 모두를 탓하지도 않았다. 또한 '갸쿠엔콘'이라는 제도가 가혹하다고 생각할 수도 없었다. 여성이 집안과 결혼하는 것이라면, 남성은 집안을 세우고 만드는 것이 인간됨의 가장 기초적인 도리였기 때문이다. 그렇다 하더라도 장남이 느꼈을, 그리고 애써 죽였을 분노와 원한과 회한은 미루어 짐작하고도 남는다. 누구에게도 호소할 수 없기에 느끼는 모든 이에 대한 원망, 전쟁과 집안 승계라는 이 세상을 지배하는 질서와 제도에 대한 증오, 그리고 무엇보다도 장남이라는 지위에 억눌려 있던 사랑이라는 감정의 분출, 이런 격정들을 제어할 수 있는 길이 과연 이 장남에게 있기나 했던 것일까?

이 밑도 끝도 없는 장남의 처지 앞에서 인간의 언어는 무력할 수밖에 없다. 불합리한 제도와 부당한 전쟁이 낳은 비극이라는 식의 사후적인 평가나 이해는 장남에게 그 어떤 위안거리도 제공하지 못한다. 그도 그럴 것이 이런 설명과 이해는 '불합리'나 '부당'이라는 수식어가 말해주듯이, 이 비극적 상황을 초래한 제도와 전쟁과는 다른 '합리적'이고 '정당한' 질서 체계를 전제할 수밖에 없기 때문이다. 그러나 그 누구도 제도나 질서가 정당하기 때문에 복종하지는 않는다. 문제는 그 제도나 질서로 인한 운명적 비극이 자신을 덮칠 때, 비합리성과 부당함에 대한 고발이 전혀 힘을 갖지 못하는 밑도 끝도 없는 황망함 속에 삶이 내던져진다는 사실이다. 과연 이 황망함을 표현하거나 지시할 수 있는 능력을 인간의 언어는 갖는 것일까? 장남의 목소리는 스스로의 황망함을 어떻게 '전달'하고 '표현'할 수 있을까?

2

사실 '갸쿠엔콘'이란 제도는 라틴어에서 유래한 'levirate'(levir는 형제를 뜻한다)라는 결혼 형태의 번역어이며, 이미 존재하던 제도를 외래 개념의 번역어로 명명한 것이다. 이 제도는 일본에서뿐만이 아니라 다양한 사회에서 산재하고 있었으며, 수많은 인류학적 사례 보고가 있기도 하다. 물론 여기서의 관심이 이 제도 자체에 있는 것은 아니다. 여기서의 관심은 가족 관계의 트리 구조가 어긋남으로써 발생하는 이런 비극이 숱한 문학작품의 소재가 되어왔다는 사실이다. 그리스비극, 셰익스피어, 그리고 근대소설에 이르기까지, 열거하기에도 벅찬 수많은 이야기들이 이 어긋남을 소재 삼아 인간 삶의 부조리를 형상화해온 것이다. 이러한 문학적 계보의 중심 테마를 한마디로 하자면, 자연과 법 사이에서 펼쳐지는 인간 삶의 운명과 파국이라고 할 수 있을 것이다. 가족은 자연적 결합에 바탕을 둔 인간관계인 동시에, 법적 형식을 띤 최소 단위의 인간관계이기 때문이다. 그러므로 이 문학적 계보는 가족 관계의 트리 구조가 어긋나는 사태를 통해, 자연과 법 양쪽 모두가 혼돈으로 빠진 상황 아래의 인간 삶을 대상으로 삼고 있는 셈이다.

그런데 가족이라는 인간관계에 새겨져 있는 자연과 법의 표식은 단순하게 배치되어 있는 것이 아니다. 상식적으로 생각한다면 종의 번식을 위한 수컷과 암컷의 자연적 결합이 인간 고유의 법적 질서를 통해 규정되고 보호되었다는 일종의 진화론을 떠올릴 수도 있다. 즉 자연상태에서 문명상태로의 이행으로 말이다. 그러나 가족에 새겨진 자연과 법의 표식은 그런 식의 시간적 선후 관계나 공간적 이분법을 허용치 않는다. 따라서 저 문학적 계보에서 테마로 하고 있는 자연과 법의 파국도 복잡한 구조를 내포하고 있음을 어렵지 않게 추측해볼 수 있을 것이다. 그렇다면 그 복잡성이란 무엇인가? 홉스를 참조하면서 풀어가보자.

만약 계약이 없으면, 지배는 어머니에게 있다. 왜냐하면 혼인에 관한 법률이 없는 완벽한 자연상태에서 누가 아버지인가는 어머니에 의해 선언되지 않는 한 알 수 없기 때문이다. 따라서 자식에 대한 지배권은 그녀의 의지에 달려 있고 결과적으로 그녀의 것인 셈이다.[1]

이것은 법이 최초로 탄생하는 원초적 장면이다. 홉스는 법을 자연법lex naturale과 시민법lex civile으로 나눈다. 그런데 홉스는 상식적으로 생각하듯이 자연법을 실정화한 것이 시민법이라는 단순한 도식을 채택하지 않는다. 그에 따르면 "자연의 모든 법은 공평, 정의, 보답 및 그것들에 기초한 도덕을 기초 짓기 위한 것이지만, 완전한 자연상태에서는 원래 법이 아니라 사람들을 평화와 순응으로 향하게 하는 성질들" (*Leviathan* XXVI-8/1권, 350)이라고 정의한다. 따라서 자연법은 시민법, 즉 주권자에 의해 공포되고 강제력을 동반한 법을 통해서만 비로소 법이 될 수 있다. 앞서의 경우에도 마찬가지이다. 자연상태에서 자식에 대한 지배는 어머니에게 귀속된다고 하지만, 그것은 어머니에게든 아버지에게든 법적으로 지배권이 귀속되어야만 확정될 수 있는 언명이다. 왜냐하면 자연상태에서 어머니는 자식에 대한 지배를 확인할 필요가 없으며, 그 필요성은 딱 한 가지 경우, 즉 수컷이 아비임을 내세워 자식을 요구했을 때에만 제기되기 때문이다. 따라서 자연(어머니의 지배)은 전적으로 법의 산물이다. 자연적이라고 사념되는 모든 것들은 사실 인간의 법과 언어와 제도가 성립해야만 전제될 수 있는 전도된 '기원'인 셈이다. 그래서 데리다는 다음과 같이 말했다.

• 자연 속에서 형제와 만난 적이 있는가? 자연 속에서, 말하자면 동물이 탄생했을 때 말이네. 형제성에는 법과 이름이, 상징이, 언어가, 계약이, 서약이, 언어적인 것, 가족적인 것, 그리고 민족적인 것이 필요하네.

---

1) Thomas Hobbes, *Leviathan*, XX-5, Oxford, 1651[토머스 홉스, 『리바이어던』, 진석용 옮김, 나남출판, 2008, 267쪽]. 이하 이 책의 인용은 본문 중에 '(*Leviathan* 장-단락 수, 쪽수/번역본 권수, 쪽수)'로 표기.

• 그렇지만 '현실'의, 감성적인 탄생의 저 기억을, 그리고 동일한, 따라서 식별 가능 어미의 기억을 지우는 것은 곤란하네. 식별 가능한 탄생, 자연, 혹은 민족의 기억을 말일세.

• 아니 아마도 반대일 걸세. 글쎄 자네가 원한다면 똑같은 이야기이지만, 아마도 반대일 걸세. "기억을 지우기는 곤란하다"라고 말하는 대신, "상기하지 않을 수 없다"고 말해야만 하네. 그러면 모든 것이 바뀌네. 형제를 찾아내기 위해서는 기억의 명령으로부터, 따라서 일종의 서약으로부터 출발해야 하는 것이 아닌가? 친애하는 친구여, 형제란 언제나 맹우인 형제, 의형제=법률상의 형제brother in law, 양자들로 이뤄진 형제 foster brother라고 생각하지 않는가?[2]

법 이전의 자연상태가 법이 성립해야만 존립 가능하다는 이 전도는 자연상태가 허구의 산물일 뿐이라는 단순하고 성급한 판단을 내리게 할 수도 있다. 그러나 이 전도가 의미하는 바는 전혀 다른 것이다. 그것은 법이 언제나 인간으로 하여금 자연상태를 상기토록 '명령'한다는 사실이며, 이때 인간은 인간 이전의 존재로 전락한다는 사태이다. 왜냐하면 자연상태란 홉스의 말대로 "기술도 문자도 사회도 없는"(*Leviathan* XIII-8/1권, 172) 세상이기에, "말을 하는 정치적 동물"(아리스토텔레스)인 인간이 사는 세상이 아니기 때문이다. 이곳에서 인간은 법이 지배하는 공동체 속에서의 공생과, 그것이 가능케 하는 안전한 삶에 대한 보장 없이 "고독하고 빈곤하며, 험악하고 잔인한"(*Leviathan* XIII-14/1권, 172) 동물적 삶으로 내던져진다. 이 끔찍한 자연상태로의 전락을 바로

---

2) Jacques Derrida, *The Politics of Friendship*, George Collins trans., Verso, p. 149.

그곳으로부터 벗어나게끔 하는 법이 명령하고 있다는 사실, 이것이야말로 저 전도가 뜻하는 심연의 의미인 셈이다. 즉 인간은 자연과 법의 이 오묘한 위상학 속에서 인간 아닌 존재로 전락하라는 명령에 이미 언제나 복종하고 있는 셈이다.

물론 자연상태를 죽음에 대한 공포가 지배하는 공간으로 설정하는 것은 홉스의 상상력이었다. 로크나 루소는 자연상태를 그런 식으로 상상하지 않는다. 로크는 자연상태를 개인이 자신의 토지에서 아무런 방해도 받지 않고 노동하고 소비하는 상태로 꿈꿨고, 루소는 주지하다시피 자연상태야말로 인간의 본래적 특성들로 충만한 세상이라 찬미했다. 그러나 이들도 법이 지배하는 문명사회의 출현을 필연적인 것으로, 나아가 바람직한 것으로 설파했다. 로크는 자연상태와 구분되는 전쟁상태를 상정했고, 루소는 자연상태 안에서 인간의 파괴적 욕망을 발견하기 때문이다. 그런 의미에서 이들은 어떤 경로로든 홉스적 자연상태를 스스로의 사유 안에 기입하고 있다. 또한 마찬가지로 홉스도 자연상태를 끔찍한 상태로만 상상한 것은 아니다. 그는 비록 자연법이 시민법의 성립을 통해서만 법이 된다고 말하고 있지만, 그것이 "사람들을 평화와 순응으로 향하게 하는 성질들"임을 주장하고 있기 때문이다. 따라서 자연상태는 한편에서는 폭력이 지배하고 죽음의 공포에 노출된 상태임에 틀림없지만, 다른 한편에서는 올바르고 아름다운 삶이 지배하는 이상적 상태이기도 했던 것이다.

그러나 이러한 이상적 상태 또한 인간의 세상은 아니다. 다시 한 번 홉스의 말을 빌리자면 이렇다. "인간이 인간에 대해 신이라는 것도, 인간이 인간에 대해 악의에 가득 찬 늑대인 것도 진실"[3]인데, 이는 모두 법-국가에 기입되어 있지만 그것과는 다른 상태를 지칭한다. 홉스는 전자의 관계는 시민들 사이의 관계를 볼 때 진실이며, 후자의 관계는 국가들 사이의 관계를 볼 때 진실이라고 말한다. 그렇지만 시민들 사이만으로 구성된 인간 사회는 없으며, 국가들 사이의 관계가 없는 인간 사회 또한 없다. 따라서 인간이 인간에 대해 신인 상태와 늑대인 상태는 자연 상태를 상상해온 저 두 가지 이미지와 정확하게 일치하는 셈이다. 따라서 로크나 루소가 상상한 자연상태 또한 인간의 세상이 아니다. 그것은 신들의 세상이라고 지칭되듯이, 인간 사회를 초과한 상위의 상태로 상상되는 세상인 셈이다.

그래서 법이 상기토록 명령하는 자연상태는 전쟁과 낙원이라고 정리할 수 있다. 법은 인간에게 한편에서 타락을, 다른 한편에서 초월을 명령한다. 이 명령 없이 법이 존립하는 일은 없다. 왜냐하면 법은 언제든지 법 바깥과 스스로를 분할하면서 성립하기 때문이다. 그래서 법이 지배하는 세상에서 인간은 언제나 비-인간으로 타락하든지 초월하든지 명령을 받고 산다. 그러므로 앞에서 언급한 문학적 계보는 바로 이 명령에 얽힌 운명과 파국을 테마로 했다고 할 수 있다. 그것은 인간이 자연과 법의 파국 속에서 제자리를 잃고 마는 운명을 다루고 있는 것으로, 셰익스피어의 말대로 "관절이 어긋난out of joint" 세상 속에서 벌어지는 사태를 주된 테마로 하지만, 역설적이게도 인간은 이때 비로소 인간의 자리로 되돌아온다고 해야 할 것이다. 그도 그럴 것이 자연과 법의 역설적 위상학 속에서 살고 있는 인간이 비-인간이 되라는 명령에 복종하고 있다고 할 때, 자연과 법의 '관절이 어긋난' 상태 속에서 인간은 비로소 비-인간이라는 상태를 벗어던질 수 있기에 그렇다. 그런 의미에서 저 장

3) Thomas Hobbes, *De Cive*, 1642〔토머스 홉스, 『시민론』, 이준호 옮김, 서광사, 2013〕.

남이야말로, 자신의 자리를 잃어버린, 스스로의 처지를 호소할 수 있는 언어를 상실한, 밑도 끝도 없는 황망한 속에 내던져진 이 존재야말로 비-인간의 굴레를 벗어던진 인간이다. 그런데 과연 문학은 이 인간을 형상화해왔던 것일까? 아니 과연 이런 인간을 형상화하는 언어가 가능키나 한 것일까?

3

한스 블루멘베르크는 대작 『코페르니쿠스적 우주의 생성*Die Genesis der kopernikanischen Welt*』의 첫머리에서 다음과 같이 말한다. "그리스인이 코스모스를 생각해냈고, 게다가 비극을 만들었다는 사실은 오늘날까지 결론이 나지 않았는지도 모를 유럽적 의식의 초기 발생사에서의 이율배반이다." 코스모스란 굳이 설명할 필요도 없이 '우주-질서'를 뜻한다. 그것은 천구의 별들이 언제나 제자리로 돌아온다는 사실에서 유래한 사유로, 세상의 삼라만상이 모두 제자리에 위치하고 있는 상태를 뜻한다. 그리스인이 행복이라고 불렀던 것은 바로 이 코스모스적 세계에서 삶을 영위하는 것이었고 말이다. 그런데 그리스인은 이 세상이 코스모스라고 굳게 믿었음에도 비극을 만들어냈다. 니체가 『비극의 탄생』에서 제기한 물음, 즉 저 행복하고 쾌활하고 명랑한 그리스인이 왜 비극을 만들어냈을까 하는 궁금증이 바로 여기에서 연유한다. 자연과 법의 관절들이 어긋나버려 인간을 불행으로 이끄는 비극을 왜 굳이 코스모스의 행복하고 충만한 삶을 산다고 믿었던 그리스인이 생각해낸 것일까?

블루멘베르크 같은 서구 현대사상의 '거물(괴물?)'이 풀리지 않은 수수께끼라고 하면서 총 3권으로 이뤄진 대작을 썼던 점을 감안하면, 이런 초라한 소론을 통해 이 물음에 답할 수 없을뿐더러 의지조차도 감히 가질 수 없다. 그런데도 이 이야기를 하는 까닭은 이 물음에 답을 하기 위해서라기보다는, 이 물음의 의미를 되새김질하기 위해서이다. 그것은 행복과 불행, 질서와 혼돈이 결코 대칭적인 이항 대립을 이루지 않는다는 사실을 숙고해야 한다는 것이다. 그리고 발터 벤야민에 따르면 행복과 불행, 질서와 혼돈을 비대칭적인 분할 속으로 내던진 것은 바로 법이다.

운명 사상이 그리스 고전기에 형성됐을 때를 보면 한 사람에게 주어지는 행복은 절대로 그의 무죄한 삶의 역정에 대한 확인으로 파악되지 않았고, 오히려 가장 무거운 죄지음인 교만으로의 유혹으로 파악되었다. 무죄에 대한 관계는 따라서 운명에는 등장하지 않는다. 그리고 더 깊이 들어가는 물음은 과연 운명 속에 행복에 대한 관계가 있느냐이다. 행복은, 불행이 의심할 여지가 없이 그렇듯이, 운명에 대한 구성적 범주인가? 오히려 행복한 사람을 운명의 연쇄와 그의 운명의 그물망에서 풀어내주는 것이 행복이다. 횔덜린이 지복한 신들을 "운명이 없는" 신들이라고 부른 것은 그 까닭이 있다. 따라서 행복과 지복은 무죄와 마찬가지로 사람들을 운명의 영역에서 벗어나게 한다. 그러나 그 유일하게 구성적인 개념들이 불행과 죄이고 그 안에서 상상할 수 있는 아무런 해방의 길도 없는 (왜냐하면 무엇인가가 운명이라면 그것은 불행과 죄이기에) 어떤 질서, 그와 같은 질서는 종교적인 질서일 수가 없다. 그것은 제아무리 오해된 죄 개념이 그쪽을 지시하는 듯이 보일지라도 그러하다. 따라서 오로지 불행과 죄만 통용되는 또 다른 영역, 지복과 무죄가 너무 가볍게 여겨져 위로

뜨는 어떤 저울을 찾을 필요가 있다. 이 저울이 법Recht의 저울이다. 운명의 법칙들인 불행과 죄는 법을 인격의 척도로 상승시킨다. 죄만이 법 연관 속에 있을 거라고 가정하는 것은 맞지 않다. 오히려 모든 법적 죄지음은 하나의 불행 이외에 아무것도 아니라는 점을 증명할 수 있다.[4]

'운명-불행-죄-법'의 연쇄가 한편에, '행복-무죄-종교'의 연쇄가 다른 한편에 있다. 이 둘 사이의 관계는 거듭 말하지만 대칭적인 관계가 아니다. 벤야민이 쓴 1910년대 후반의 여러 에세이나 논문을 검토하는 절차를 거쳐야 하지만, 그 과정을 과감하게 생략하고 요약해서 정리하자면, 벤야민은 전자를 역사적 세계에, 후자를 메시아의 도래에 할당한다. 이 양자 사이의 관계는 다음과 같다. "메시아 자신이 비로소 모든 역사적 사건을 완성시킨다. 그것도 메시아가 그 역사적 사건이 메시아적인 것에 대해 갖는 관계를 스스로 구원하고 완성하고 만들어낸다는 의미에서이다. 그렇기 때문에 어떤 역사적인 것도 그 자체로부터 메시아적인 것과 연관되기를 바랄 수 없다."[5]

따라서 이 관계는 매우 일방적이다. 오로지 메시아만이 양자 사이의 관계를 "구원하고erloesen(해제하고), 완성하고vollenden(가득 채우고), 만들어내기schaffen(창조하기)" 때문이다. 게다가 이 세 가지 동작은 한꺼번에, 동시에 이뤄진다. 벤야민이 이 세 동사를 병렬시키면서 차례차례 동작이 이뤄짐을 나타내는 표현 방식(a, b, und c)을 사용하지 않고, 그저 쉼표("erloesen, vollenden, schaffen")로 병치시켰음에 유의해야 한다.

4) 발터 벤야민, 「운명과 성격」, 『발터 벤야민. 선집 5: 역사의 개념에 대하여/폭력비판을 위하여/초현실주의 외』, 최성만 옮김, 길, 2008, 69~70쪽.
5) 발터 벤야민, 「신학적·정치적 단편」, 앞의 책, 129~130쪽.

따라서 구원이 완성이고, 완성이 창조이며, 창조는 구원이 된다. 보다 정확히 말하자면 관계의 해제가 관계의 충만이고, 관계의 충만이 관계의 창조이며, 관계의 창조는 관계의 해제인 셈이다. 풀어헤치는 것이 창조가 되는 관계, 완성시키는 것이 풀어헤치는 것이 되는 이 오묘한 관계를 통해 벤야민이 말하고자 했던 바는 바로 '신화적 폭력=법의 지배'에서 벗어나는 길이라고 할 수 있다. '운명-불행-죄-법'의 연쇄가 지배하는 곳으로부터 해방되는 가능성을 타진하는 것이 벤야민의 의도였던 셈이다.

익히 알려져 있듯이 벤야민은 이 '운명-불행-죄-법'의 연쇄에 '신화적 폭력'이라는 형상을, '행복-무죄-종교'의 연쇄에 '신의 폭력'이라는 형상을 각각 부여했다. "신화적 폭력이 법 정립적이라면 신의 폭력은 법 파괴적이고, 신화적 폭력이 경계를 설정한다면 신의 폭력은 경계가 없으며, 신화적 폭력이 죄를 부과하면서 동시에 속죄를 시킨다면 신의 폭력은 죄를 면해주고, 신화적 폭력이 위협적이라면 신적 폭력은 내리치는 폭력이고, 신화적 폭력이 피를 흘리게 한다면 신의 폭력은 피를 흘리지 않은 채 죽음을 가져온다."[6] 수많은 벤야민의 글들 안에서 이렇게 명쾌한 이미지를 만나기란 쉽지 않다. 그가 여기서 강조하고 있는 것은 바로 '행복-무죄-종교'의 연쇄란 법을 해제하는 일이라는 사실이다. 그리고 앞에서 이미 인용했듯이 이 법의 해제가 바로 메시아가 역사적 사건과 관계맺을 때 "구원(해제)하고, 완성하고, 창조하는" 행위와 중첩됨은 말할 필요가 없다. 따라서 벤야민이 요청해 마지않았던 것은 법의 해제였음을 알 수 있으리라.

벤야민에게 법의 해제는 그에게 고유한 정치적 사유였으며, 이는 폭

---

6) 발터 벤야민, 「폭력비판을 위하여」, 앞의 책, 111쪽.

력비판론에서 전개된 총파업부터 「기술복제시대의 예술작품」에서 언급된 예술의 정치화까지를 관통하는 것이었다. 여기서 이 정치적 사유 자체에 대해 깊숙이 메스를 들이댈 수는 없지만, 중요한 사실은 벤야민의 이 정치적 사유가 바로 비극적 영웅에 대한 고찰에서 시작되었다는 점이다. 그가 '운명-불행-죄-법'의 연쇄가 드러나는 장으로 제시한 것은 비극이었다. 디오니소스 신전에서 상연된 저 아티카 비극 말이다. 이 비극은 전설이나 호메로스의 서사시에서 소재를 따와 아테네 시민에게 상연되었는데, 벤야민이 보기에 서구의 정신사는 이 비극을 '시학'으로 축소시켜 해석함으로써 그 정치적 의의를 평가해오지 못했다. 니체가 이미 지적했고 수많은 문헌학자들이 말했듯이, 비극Tragödie은 산양 tragos과 노래oide의 합성어로, 어원적으로는 산양의 노래를 뜻한다. 여기서 알 수 있듯이 비극은 희생제의와 밀접한 연관을 갖는다. 희생양의 노래가 바로 비극이기 때문이다. 그래서 벤야민은 비극적 영웅의 죽음을 다음과 같이 설명한다.

주인공은 무엇을 위해 죽는가? 비극 문학은 희생 이념에 바탕을 두고 있다. 그러나 비극적 희생은 최초의 희생이자 마지막 희생으로서 그 희생의 대상, 즉 주인공과 관련한 다른 모든 희생과 구별된다. 비극적 희생은 옛 법을 수호하는 신들에 바쳐지는 속죄의 희생물이라는 점에서는 최후의 희생이지만, 민족 생활의 새로운 내용들을 알리는 대임代任 행위라는 의미에서는 최초의 희생이다.[7]

---

7) 발터 벤야민, 『독일 비애극의 원천』, 조만영 옮김, 새물결, 2008, 128쪽.

비극적 영웅의 죽음은 이렇듯 법의 수호와 법의 탄생을 알리는 이중의 표식이다. 운명과 불행으로 점철되어 죽음을 맞이하는 비극적 영웅의 죽음은 기존의 법질서가 어지럽혀진 데 대한 속죄의 희생임과 동시에, 기존의 법질서를 대체하는 새로운 법질서의 탄생을 알리는 희생이기도 하기 때문이다. 벤야민은 이렇게 비극이 본질적으로 법의 수호와 탄생에 연관되어 있음을 간파했다. 그리고 이 법을 유지하고 정립시키는 폭력을, 다른 말로 하자면 비극적 영웅을 운명으로 이끄는 힘을 '신화적 폭력'이라고 명명한 것이다. 이 폭력이 지속되는 한 법의 지배는 유지된다. 그리고 법의 지배가 유지되는 한 인간은 여전히 비-인간으로 전락하거나 초월한다. 이를 벤야민은 "단순한 생명blosses Leben"으로 형상화했다.

법적 폭력의 작동은 단순한 자연적 생명의 죄지음으로 거슬러 올라간다. 그 죄지음은 살아 있는 자를 아무 죄도 없이 불행하게 속죄에 넘겨줌으로써 그 죄지음을 속죄하게 한다. 왜냐하면 단순한 생명과 함께 살아 있는 자에 대한 법의 지배도 그치기 때문이다. 신화적 폭력은 그 폭력 자체를 위해 단순한 생명에 가해지는 피의 폭력이고, 신의 폭력은 살아 있는 자를 위해 모든 생명 위에 가해지는 순수한 폭력이다. 전자는 희생을 요구하고 후자는 그 희생을 받아들인다.[8]

여기서 말하는 단순한 생명이 앞에서 살펴본 자연상태와 중첩되는 것임은 명백하다. 여기서 서술되고 있는 것은 인간이 법적 지배를 받아

---

8) 발터 벤야민, 「폭력비판을 위하여」, 111~112쪽.

들이기 위해서 자연상태를 상기해야 하는 사태와 정확히 일치한다. 벤야민에게 죄와 속죄란 바로 자연상태를 상기하고 법에 복종하는 일에 해당되는 셈이다. 이때 벤야민은 자연상태를 단순한 생명이라는 형상으로 소환한다. 그래서 단순한 생명은 한편에서 신화적 폭력 고유의 대상이기도 하면서, 동시에 신화적 폭력=법의 폭력이 그치는 결절점이기도 하다. 왜냐하면 자연상태는 인간이 서로에게 신인 상태를 뜻하기도 하기 때문이다. 벤야민의 정치적 전망에 따라 말하자면, 단순한 생명은 신화적-법적 폭력이 해제되는 장이기도 한 셈이다. 비극적 영웅의 저 이중적 희생은 바로 이 단순한 생명의 이중성과 연관이 있다. 그런데 이 연관이 법의 종말과 탄생이라는 이중적 희생과 폭력의 작동과 해제의 단순한 중첩이라고 이해될 수는 없다. 단순한 생명의 이중성은 법의 종말과 탄생을 알리는 비극적 영웅의 희생에 내재하는 어떤 단절점, 종말과 탄생 사이에 가로놓인 심연을 지시하는 것이기 때문이다. 즉 법이 종말을 고하고 새로운 법이 탄생할 때에 생기는 틈새야말로 단순한 생명의 이중성의 장소인 셈이다.

다시 저 장남으로 시선을 돌려보자. 그리스비극이었다면 아마도 저 장남은 비극적 영웅이 되었을 것이다. 장남을 전쟁으로 이끈 것은 신들의 변덕스러운 장난이었을 터이고, 동생과 형수의 결혼을 성사시키는 데에 어떤 음모나 탐욕의 손길이 관여했을 것이고 말이다. 그리고 장남은 그 음모와 탐욕을 처단하기 위해 법을 어기면서 복수를 할 것이며, 복수가 끝난 뒤 신들의 변덕스러움을 한탄하면서 스스로 목숨을 끊거나 방랑의 여정을 시작하는 것으로 막이 내릴 것이다. 그리하여 장남은 비극적 영웅으로 이중적 희생의 희생양이 된다. 즉 그는 벤야민이 말하는 법적 지배의 존속과 탄생을 알리는 강력한 표식으로 비극 안에 기입

될 운명을 짊어지는 것이다. 그러나 장남은 단순히 법적 지배를 위한 희생양의 지위만을 갖는 것은 아니다. 장남은 분명히 이 법적 지배를 해제할 장을 열어젖히고 있기 때문이다. 그것은 그가 누군가에게 자신의 처지를 호소할 언어를 상실했기에 가능한 일이었다.

4

벤야민이 말하는 단순한 생명이 갖는 이중성을 조금 더 살펴보기로 하자. 그는 비극적 영웅을 설명하는 자리에서 다음과 같은 말을 보태고 있다.

비극적 영웅은 자신에게 완전하게 부합되는 하나의 언어만을 갖는다. 침묵이 바로 그 언어이다. 처음부터 그것은 침묵이었다. 그리고 바로 이 때문에 비극적인 것은 침묵을 공연으로 제시할 수 있게 하기 위해서 드라마라는 예술 형식을 마련했다. 영웅은 침묵을 함으로써 자기를 신과 세계로 이어주는 가교들을 무너뜨리며, 보통 사람들이 말을 나눔으로써 타인들과 자기를 구획하고 개별화하는 그 인격의 광장으로부터 스스로를 끌어내어서, 그 '자신'의 얼어붙은 고독 속으로 밀어 넣는다. 그 자신은 자기 이외에는 아무것도 알지 못한다. 그 자신은 그야말로 고독하다. 이러한 자신의 고독, 이러한 자신의 안의 응고된 반항이 바로 이렇게 침묵하는 것 말고는 달리 어떻게 나타날 수 있겠는가?[9]

---

9) 발터 벤야민, 『독일 비애극의 원천』, 130쪽.

이 절대 고독의 침묵, 신과의 관계, 타인들과의 관계로부터도 벗어난 이의 침묵, 이것이야말로 벤야민이 말하는 비극적 영웅이라는 단순한 생명의 이중성에 기입된 한 축이다. 비극적 영웅은 한편에서는 단순한 생명의 극한이다. 왜냐하면 그는 피를 흘리며 희생양이 됨으로써 법적 지배를 유지시킨다. 즉 그는 자연상태를 상기하라는 저 법의 명령, 비-인간으로 전락하라는 그 명령을 피를 흘리며 대임하여 스펙터클화하는 존재이다. 그러나 다른 한편에서 그는 침묵함으로써 이 법의 명령을 거스르는 존재이기도 하다. 그는 어디에도 스스로의 처지를 호소하지 않음으로써 스스로의 고유한 실존을 지켜내려 한다. 그것은 바로 법으로부터 벗어나는 유일한 길이다. 왜냐하면 언어가 인간 사이의 규약을 의미한다고 할 때, 침묵하는 것은 그 규약을 벗어나는 일이기 때문이며, 이는 인간 규약의 총체인 법으로부터 벗어나는 길이기 때문이다. 그리고 이 법이 인간을 끊임없이 비-인간으로 전락시키는 명령이라고 할 때, 스스로가 인간임을 지켜내는 길은 역설적이게도 언어를 상실하는 이 단순한 생명이 되는 것 이외에는 없다. 비극적 영웅의 침묵이란 바로 이 법의 존속과 탄생 사이의 심연에 벌어지는 자그마한 틈새를 지칭하는 것이었던 셈이다.

자연과 법의 저 오묘한 위상학이 총체적으로 파국을 맞이할 때, 이 파국을 극복하고 질서를 재건하기 위한 희생양이 됨과 동시에, 이 파국을 파국 그 자체로 완성되고 창조되는 것으로 만드는 비극적 영웅. 이 영웅이 법의 존속과 탄생 사이에서 단순한 생명으로 전락하는 과정이야말로 인간과 비-인간의 변증법이 멈추는 순간이라고 할 수 있다. 법과 언어가 인간 사회를 성립시키는 근원적 규약이라고 할 때, 이미 살펴보았듯이 그것은 역설적이게도 인간을 끊임없이 비-인간의 형상으로 전락시키거나 격상시키는 일을 통해 존립한다. 비극적 영웅은 이 비-인간의 형상을 극한에서 체현한 형상이고 말이다. 그러나 벤야민은 이 비극적 영웅 속에서 인간 사회의 저 지독한 법적 지배로부터 벗어나는 길을 찾는다. 그것은 그의 침묵을 통해서였다.

이 침묵 이외에 언어가 인간의 것이 되는 길은 없다. 이는 매우 역설적인 이야기로 들릴지 모른다. 그러나 이 침묵이야말로 벤야민이 생각한 '인간의 언어-이름 붙이기'라고 할 수 있다. 벤야민에게 이름 붙이기란 반복 가능한 이름을 뜻하는 것이 아니라, 그때그때마다 고유한, 절대로 반복 불가능한 타자와의 관계 맺기를 뜻한다. 1930년대의 여러 에세이에 등장하는 '아우라'란 이런 맥락에서 이해되어야 한다. 그것은 벤야민의 고고한 예술 취향을 드러낸다기보다는, 그가 생각한 언어의 정치를 드러내는 개념이었던 것이다. 벤야민이 불행과 죄의 사슬로부터 벗어나는 길을 법적 폭력의 해제라고 생각했고, 그것을 가능케 하는 것이야말로 '행복'임을 주장했던 까닭이 여기에 있다. 그에게 행복이란 인간이 스스로의 몰락을 순수하게 추구하는 일이었기 때문이다.

인간은 유한한 존재인 한에서 죽음을 맞이한다. 즉 그에게 삶이란 죽음을 향한 도정인 셈이다. 벤야민이 문제 삼은 것은 바로 그 죽음이 죽음 자체로서 성취될 수 있느냐였다. 유한한 자의 유한성이 그 어떤 상위의 질서나 권력으로 회수되지 않고 순수한 '끝'이 될 수 있느냐가 벤야민의 관심사였던 셈이다. 그런 의미에서 비극의 희생제의는 벤야민이 볼 때 가장 근원적인 정치적 공격의 대상일 수밖에 없었다. 왜냐하면 인간의 죽음을 국가나 공동체라는 상위의 질서가 회수해가는 것이 바로 희생제의이기 때문이다. 인간이 전쟁이나 낙원과 같은 비-인간으로 전제되어서야 법질서가 성립할 수 있는 것은, 법질서가 끔찍한 희생과 그 희생으로 가능하게 되는 낙원을 현재라는 시간이 존립하는 조건으로 삼고 있기 때문이다. 즉 희생양은 피를 흘리는 벌거벗은 생명이지만, 동시에 더할 나위 없이 신성한 존재이기도 한 것이다. 비극적 영웅은 바로 이 비-인간의 극한을 형상화한 것이고 말이다. 그러나 이 피비린내 나는 신성함이야말로 인간이 행복, 즉 스스로의 몰락을 몰락 자체로 순수하게 추구하는 일을 방해하는 것이며, 그것이야말로 인간을 인간으로서 존립 불가능하게 하는 폭력이다.

　　인간은 결코 그저 살아 있는 것으로 취급될 수 없으며, 인간 속의 단순한 생명과도 또한 인간의 상태나 특성이 갖는 다른 무엇과도 일치하지 않는다. 심지어 인간의 육체적 인격의 일회적 유일성과도 일치하는 것이 아니다. 인간이 (또는 그 인간 속에 지상에서의 삶과 죽음과 사후의 삶을 통틀어 동일하게 놓여 있는 생명이) 성스럽다면, 그것은 그의 상태가 성스럽다는 뜻이 아니며, 그의 육체적인 생명, 동류의 인간에 의해 손상될 수 있는 생명이 성스럽다는 뜻도 아니다. 인간의 생명을 동물이나 식물의 생명과 본질적으로 구별시키는 요소는 무엇일까? 그리고 동식물이 성스럽다손 치더라도 그것들은 단순한 생명 때문에, 그 생명 속에서 성스러운 것은 아니다. 생명의 성스러움에 관한 도그마의 원천은 탐구해볼 가치가 있다.[10]

이 "생명의 성스러움에 관한 도그마의 원천"에 대한 탐구라는 벤야민

---

10) 발터 벤야민, 「폭력비판을 위하여」, 114~115쪽.

의 과제를 고스란히 떠맡은 것이 조르조 아감벤의 『호모 사케르』라는 사실은 익히 알려져 있다. 여기서 『호모 사케르』의 자세한 내용을 소개할 필요는 없지만, 이 탐구의 과정에서 아감벤이 법과 생명의 관계에 대한 심오한 통찰로 나아갈 수밖에 없었다는 사실에는 주목해야 한다. 벤야민과 아감벤이 말하고자 하는 바는 인간의 생명이 성스럽다는 것이 허울 좋은 이데올로기라는 고발이 아니다. 인간의 성스러움이 희생제의와 연관이 있으며, 게다가 이 희생제의가 신과 법과 자연과 인간을 연결해주는 단순한 의식이 아니라는 통찰이 이들에게는 중요했다. 그것은 인간의 법이 왜 인간을 끊임없이 비-인간으로 만들면서 존속해야 하는지, 또 인간의 언어가 왜 인간의 일회적이고 고유한 표현을 방해하는지를 말해주는 것이었다. 즉 그것은 인간 사회가 비-인간의 형상을 바탕으로 성립되고 있음을 알려주는 문명의 원천이었던 셈이다.

그래서 인간은 생명과 일치하지 않고 신체적 특성과도 중첩되지 않는다. 그런 식으로 인간을 생명이나 신체로 환원하는 것이야말로 비-인간을 상기하라는 명령에 다름 아니기 때문이다. 그렇다고 인간이 정신적 고귀함이나 언어의 능력으로 환원되는 것은 아니다. 또한 근대 철학의 저 코기토, 주어 '나'가 인간인 것도 아니다. 벤야민은 오히려 이런 환원과 정의가 모두 인간을 비-인간의 형상으로 전락시키는 것이라고 믿었다. 그렇다면 벤야민에게 인간이란 도대체 무엇이란 말인가? 그것은 바로 순수한 목소리를 회복함으로써 끊임없이 인간이고자 하는 존재이다. 이것이 바로 벤야민의 정치이며, 이 정치는 몰락을 몰락으로서 추구하는 행복을 뜻한다.

"이처럼 영원히 사멸해가는, 총체적으로 사멸해가는 속세적인 것, 그 공간적 총체성뿐만 아니라 시간적 총체성까지도 사멸해가는 속세적인 것의 리듬, 이 메시아적 자연의 리듬이 행복이다. 왜냐하면 자연은 그 것의 영원하고 총체적인 무상함으로 인해 메시아적이기 때문이다. 이 몰락을 추구하는 일이 세계 정치의 과제이고, 그것의 방법은 니힐리즘 으로 불러야 한다."[11] 여기서 사멸, 무상함, 몰락을 '죽음'이라고 해석할 수도 있다. 그랬을 때 아마도 벤야민과 하이데거의 거리는 더할 나위 없이 가까워지리라. 그렇지만 이를 '죽음'의 결단 따위로 해석할 수는 없다. 왜냐하면 이 벤야민의 정치적 사유의 밑바탕에는 '언어론'이 자리잡고 있기 때문이다.

이미 말했듯이 벤야민은 인간 언어의 고유성을 '이름 붙이기'라고 했다. 이때 '이름'은 그야말로 고유명을 뜻하는 것으로, 그것은 그 이름으로 사물이나 타인을 언제든지 반복해서 부를 수 있는 표식이 아니다. 오히려 이 고유명은 인간과 사물의, 인간과 인간의 일회적 만남, 반복될 수 없는 만남, 그 사태 자체를 뜻한다. 이때 인간과 세계는 그 일회적 소통Mitteilen을, 즉 함께 나누기를 할 수 있다. 이 '소통=함께 나누기'는 반복될 수 없는, 그때그때마다의 고유성을 가진 것이다. 왜냐하면 그 어떤 역사적 사건도 동일한 형태로 반복될 수는 없기 때문이다. 이것이 바로 벤야민의 '몰락'이 의미하는 바이다. 역사적 사건을 정해진 준칙이나 규율을 통해 일반화하는 것이 법적 폭력이라면, 벤야민은 이 법

---

11) 발터 벤야민, 「신학적·정치적 단편」, 131쪽.

적 폭력을 해제하는 일회적이고 고유한 언어를 추구했던 것이다. 그것이 법이 지배하는 세상의 언어일 수는 없다. 그래서 비극적 영웅은 침묵했던 것이다. 중요한 것은 바로 이 침묵을 추구하는 일, 이 침묵을 몰락으로서 추구하는 세계의 정치이다. 이때 인간은 비-인간의 형상을 바탕으로 한 법적 폭력에 내던져지는 일로부터 해방될 수 있는 것이다.

이를 벤야민은 순수한 음성언어라고 불렀다. 이미 데리다의 논의를 충분히 담아내고 있는 벤야민의 언어론은 음성언어의 반복 불가능성에 착목한 것이라 할 수 있다. 데리다가 이 음성언어의 전도된 순결성을 고발했다면, 벤야민은 어디까지나 이 음성언어를, 즉 일회적 나타남과 사라짐이라는 아우라를 추구했다. 여기서 중요한 점은 이 아우라의 추구가 목적이 될 수 없다는 것이다. 아우라는 언제든지 껍질에 쌓여 전달 불가능한 형태로 제시되는 무엇이다. 그것은 추구하는 일만이 허용된 무언가인 셈이다. 그래서 벤야민의 정치는 무언가를 건설하고 구축하는 것이 아니다. 그것은 어디까지 건설되고 구축된 질서를 해제하는 힘을 추구하는 것이며, 인간이란 바로 이 추구 속에서만 그 고유한 실존성을 획득하게 된다. 여기서 인간은 모든 서술어(보편)를 거부하는 존재이며, 지상의 존재들이 유한함을 표현할 수 있는 유일한 존재이다. 인간의 언어란 바로 이 표현의 매체이고 말이다.

그런 의미에서 저 장남이 처한 밑도 끝도 없는 황망함은 비극으로부터 솟아나는 인간의 음성언어를 위한 자리이다. 물론 장남이 처한 처지는 더할 나위 없이 비극적이다. 그렇지만 이것은 비극이기 이전에, 인간이 비-인간으로 전락하면서 인간일 수 있는 법적 폭력의 가공할 만한 대책 없음을 보여주는 드라마이다. 문학의 언어는 바로 이 인간과 비-인간의 변증법을 언제나 중심 테마로 간직해왔다고 할 수 있을 것이다.

그러나 문학은 언제나 이중적이다. 그것은 장남을 새로운 법의 탄생을 알리는 희생양으로 삼음과 동시에, 법의 지배가 해제되는 장으로 형상화하기 때문이다. 그것이 문학이 갖고 있는 고유의 정치성일 테고 말이다. 아마도 문학에는 앞으로도 끊임없이 인간과 비-인간의 경계 영역이 등장할 것이다. 그것이 유령의 형상을 띠든, 괴물의 형상을 띠든, 아니면 로봇이나 사이보그의 형상을 띠든 말이다. 그러나 중요한 것은 문학에서 인간은 정의됨과 동시에 탈정의된다는 사실이다. 그것은 반드시 단순한 생명의 침묵의 순간을 자신 안에 기입할 수밖에 없기 때문이다.

애초의 질문으로 돌아가보자. 과연 장남의 처지를 이해하고 호소할 인간의 언어가 있을까? 그런 언어는 없다. 이해와 호소의 언어로부터 벗어날 때만이 인간의 언어는 비로소 발화될 수 있기 때문이다. 과연 문학이 이 발화의 장소를 부여잡고 인간의 탈정의를 완성할 수 있을까? 그것은 벤야민의 말대로 인간이 알 수도 없고 관여할 필요도 없는 문제이다. 다만 저 장남의 밑도 끝도 없는 황망함에서 자그마하고 순간적으로 열리는 틈새를 들여다보는 일, 이것이 문학이 인간과 맺어야 할 관계의 시작이자 끝이 아닐까?

8장

신화를 거스르는 문학의 언어
—발터 벤야민의 비평에 관하여

1

"국법은 여기서 끝난다."[1] 1933년 11월, 나치의 어용 공법학자로 베를
린대학에 입성한 칼 슈미트는『정치신학』2판 서문을 이 말로 끝맺었다.
익히 알려져 있듯이『정치신학』은 법규범을 실정법의 위계질서로 파악
하는 법실증주의와 프랑스혁명 이후 정치/도덕의 종말을 초래한 무정
부주의자에 대한 공격을 위해 쓰인 책이다. 슈미트는『정치적 낭만주
의』『독재』『정치신학』을 통해 패전의 폐허로부터 독일 재건을 향한 하
나의 길을 제시했는데, 그것은 '헌법=체제Verfassung'의 수호를 위해 예
외상태를 결정할 수 있는 권한을 일원화하는 일이었다. 이는 '영원한 수
다'로 결정을 회피하는 '정치적 낭만주의=의회주의=다원주의'에 대한

---

[1] 칼 슈미트,『정치신학』, 김항 옮김, 그린비, 2010, 11쪽.

비판임과 동시에, 체제를 위협하는 여러 정파들의 난립을 정리하고자 하는 현실적 의도를 가진 것이었다. 1933년 이전에 그는 대표적인 위협적 정파로 나치를 거론했었는데, 같은 해 9월 이후 그런 그가 나치의 공법학자가 된 것은 참으로 이해하기 힘든 일이라고 할 수 있다. 하지만 여기서의 관심은 이런 슈미트의 정치적 여정에 숨겨진 비밀이 아니라, 비판에서 협력으로 뒤바뀐 그의 카멜레온 같은 태도에도 불구하고 그의 공법학적 관심에 조금의 변화도 없었다는 사실이다. 서두의 인용문은 그 관심을 드러내는 열쇳말이었다.

'정치적인 것das Politischen'의 고유 영역을 '적과 동지의 구분'으로 정의한 칼 슈미트답게, 바이마르 시기에 제출된 그의 모든 저작은 특정한 '적'을 향한 것이었다. 이 시기의 비교적 짤막한 저작들이 법학자의 논문이라기보다는 정치적 팸플릿의 성격이 강한 것도 이 때문이다. 특히 앞서의 인용문은 공법학의 계보 전체를 '적'으로 삼은 도발적인 것이라 할 수 있다. 자신의 선인先人으로 거론한 장 보댕Jean Bodin이나 토머스 홉스 등 소수의 정치사상가 및 공법학자를 제외하고, 슈미트는 광범위하게 전선을 그은 셈이다. 그의 전선은 '주권'이란 '지고의 힘'이라는 동어반복적 정의로 만족해온 공법학의 계보에 맞서 그어진다. 그가 보기에 이 정의야말로 공법학이 실증주의 및 기술 지배 앞에 굴복한 가장 큰 요인이다. 왜냐하면 규칙의 근원에 대해 함구한 채 합법칙성에만 주목하는 자연과학/실증주의와 달리, 법학이란 법규범의 총체가 어디에 근거하느냐를 설득력 있게 제시해야 하는 학문이기 때문이다. 법의 '정통성'을 근거 짓는 일이야말로 법학의 임무인 것이다. 그래서 슈미트는 이 물음에 답하기 위해서 법의 지배가 끝나는 것으로 보이는 지점으로부터, 즉 예외상태라는 '한계개념Grenzenbegriff'으로부터 사유를 시작해야 한다고 말한다. 기존의 공법학이 법학적으로 대처하지 못했던 예외 상태를 법학적으로 논구하는 일이야말로 슈미트의 과제였던 셈이다.

따라서 "국법은 여기서 끝난다"는 인용문은 공법학에 대한 야유이다. 국법이 끝나는 지점에서 사유와 탐구를 멈추는 것이 아니라, 그 지점이 야말로 법학 고유의 영역이라는 것이 슈미트의 주장이었던 것이다. 그리하여 저 유명한 "주권자란 예외상태를 결정하는 자이다"라는 정식화가 등장한다. 법의 근원인 주권을 지고의 힘이라고 동어반복적으로 제시하는 대신에, 그는 예외상태를 결정한다는 구체적이고 명확한 정의를 내린다. 여기서 결정이나 예외상태 등 슈미트 고유의 개념을 문헌학적이고 계보학적인 시선으로 집요하게 추적하는 일은 유보해두자. 다만 '결정entscheiden'이 '구분scheiden'을 실행하는 일이며, '예외Ausnahme'가 '밖에서-취득함Aus-nahme'을 의미함을 확인해두어야 한다. 이를 염두에 두자면, 주권자의 결정이란 취득함으로써 밖을 구분하는 일을 뜻함을 알 수 있다. 법규범이 통용되는 정상상태가 이미 있고 그로부터 벗어나는 예외상태가 법 바깥에 있는 것이 아니라, 무언가를 바깥에서 취득하여 구분함으로써 안쪽이 확보되는 것이다. 이런 의미에서 주권자란 법의 정상상태에 의존하는 자가 아니라, 법의 바깥과 안을 구분하여 법이 통용되는 상태를 확보하는 자이다.

이렇게 슈미트는 국법이 끝나는 것으로 보이는 지점에서 법규범의 근거를 찾는다. 그 의도는 명확하다. 법학자들이 흔히 입에 담는 말, 즉 "그것은 사실의 영역이지 법의 영역이 아니다"라는 말에 대해 슈미트는 비웃고 있는 것이다. 그래서 슈미트는 사실과 법의 배타적 구분을 넘어서기 위해 예외상태라는 개념을 제시했다. 법의 '효력 정지Suspendierung'를 뜻하는 예외상태란 법 바깥도 법학적 탐구의 대상임을 주장하는 개넘이기 때문이다. 이 효력 정지, 혹은 아감벤을 따르자면 법의 공백이야 말로 슈미트가 혼신의 힘을 다해 법학의 존립 근거로 삼은 영역이라고 할 수 있다. 그런 의미에서 슈미트는 법이 끝나는 지점, 법 너머의 지대까지를 법학적으로 파악하려 했던 궁극의 법학자였다. 우선 이 사실을 확인해두는 것으로 논의를 시작해보자.

2

서두에서 다소 장황하다 싶을 정도로 슈미트의 이야기를 한 까닭은 문학과 법 사이의 관계를 생각해보기 위해서이다. 사실 문학과 법 사이의 관계를 생각하면 법을 다룬 동서고금의 수많은 문학작품들이 먼저 떠오를 것이다. 그리스신화, 권선징악을 주제로 한 동서양의 설화, 셰익스피어의 희곡 등 열거하기에도 벅찬 목록이 머리를 스쳐 지나간다.

그러나 법은 단순히 문학작품의 소재에 그치는 것이 아니다. 물론 법은 인간사의 오묘한 희비극을 다루는 문학에게 절묘한 소재를 제공할수 있다. 안티고네는 국법을 위배하면서까지 오빠의 시신을 묻음으로써 실정법과 자연법 사이에서 균열되는 인간 윤리를 그려내 보였으며, 베니스의 상인은 기독교 형제 공동체와 자본주의적 상거래 법칙 사이에서 벌어지는 드라마를 선보였다. 또한 숱한 권선징악 설화는 인간 운명이 어떤 정의에 의해 지배받고 있다는 교훈을 설파했다.

그러나 문학과 법 사이에는 소재와 형식이라는 단순한 관계 이상의것이 감춰져 있다. 그것은 세계의 근원을 묻는, 인간 존재의 근원을 묻는 두 가지 상이하지만 얽혀 있는 언어 형식을 내포하고 있으며, 또 다른 언어 형식을 개시하게끔 하는 가능성을 담고 있기 때문이다. 그리고 슈미트의 법사상은 이 언어 형식을 탐구하기 위한 출발점을 제공해준다. 이를 본격적으로 암시한 이가 벤야민과 슈미트를 대질시키는 아감벤임은 말할 필요가 없을 것이다. 물론 아감벤은 직접적으로 문학에 대해 언급하지 않는다. 하지만 그가 법의 작동을 멈춘 뒤 법을 '궁리'하는 신임 변호사의 형상을 제시할 때, 이 형상이 벤야민이 제시한 '비평'의 언어를 지시하고 있음은 명백한 사실이다. 이를 확인하기 위해서는 다소 긴 우회로를 거쳐야 하지만, 아쉽게도 지름길이 마련되어 있지 않기에 한 걸음씩 나아가보기로 하자.

3

아감벤은 『예외상태』 4장 「공백을 둘러싼 거인족의 싸움」에서 벤야민과 슈미트를 대질시켜 서구 정치(사상)사의 '비밀'을 밝히려 했다. 여기서 슈미트의 입론을 상기해보자. 그는 국법이 끝나는 지점에서 법학적 사유를 개시함과 동시에 법의 존립을 근거지으려 했다. 슈미트는 법학자들이 자신의 권한 바깥이라고 생각한 지점에서 법학자로서 발언하려 했던 셈이다. 그러나 아감벤은 『예외상태』의 에피그램에서 "법학자들이여, 어찌하여 그대들 소임 앞에서 입을 다물고 계시는가?"라고 법학자를 질책하는데, 이는 사실 슈미트를 향한 질책이었다. 1950년에 출간한 『옥중기』에서 슈미트는 유럽 공법학의 마지막 교사이자 자각적 연구자로서의 자신을 되돌아보면서, 지금은 침묵할 때라고 선언했기 때문이다. 즉 1950년에 침묵한 슈미트를 다시 한 번 문제 삼고자 한 것이 아감벤의 『예외상태』였던 것이다. 그래서 공법학자들을 야유하는 슈미트와, 슈미트를 질책하는 아감벤이라는 계보가 그어질 수 있다. 이 야유와 질책으로 이뤄진 계보는 아감벤이 슈미트의 침묵을 깨트림으로써 문제화하려 한 정치철학이 무엇인지를 드러내주는 것이라 할 수 있다.

슈미트의 침묵은 외부로부터 강요받은 것인 동시에 스스로의 법학적 사유에 기인한 것이기도 했다. 법이 끝나는 지점에서 법학적 사유를 개시하려 했던 슈미트의 의도를 다른 말로 하자면 '보편주의'에 대한 강력한 이의 제기라고 할 수 있을 것이다. 보편주의란 법규범이 탄생한 일회적이고 구체적인 상황을 무시하고, 추상적이고 일반적인 법규범의 보편타당성을 주장하는 입장이라 정의된다. 이때 법의 타당성 근거는 자연법, 실정법, 신법 등 다양하게 설정될 수 있지만, 중요한 것은 보편주의적 입장에서 봤을 때 법이란 시대와 장소를 막론하고 보편타당하게 통용될 수 있다는 사실이다. 그래서 자유, 평등, 박애, 인권 등의 개념은 보편타당한 법규범의 근거로 제시되며, 그것이 자연법에 기초하든 실정법에 기초하든 신법에 기초하든 하등의 상관이 없다. 또한 그러한 법규범의 보편타당성을 인간의 심리적 과정에서 찾든, 인류사적 사실에서 찾든 아무런 차이가 없다. 중요한 것은 오직 하나, 법규범이란 구체적이고 일회적 상황에서 비롯된 역사적인 산물이 아니라 보편타당한 규칙의 체계라는 사실뿐인 셈이다.

슈미트가 보기에 이런 사유는 법규범의 존립을 위태롭게 만드는 것이다. 그가 볼 때 법규범이란 어디까지나 일회적이고 구체적인 상황에서 탄생한 것이기 때문이다. 이런 슈미트의 법사상이 어떤 계보에서 유래했는지를 살펴보기 위해서는, 독일 낭만주의의 문헌학적 전통 및 그와 밀접한 연관이 있는 법학의 역사학파까지 탐사 영역을 확장해야 한다. 그러나 이는 이 에세이의 범위를 벗어나는 일이기에, 슈미트 당대의 정치적 상황 속에서 그 주장의 진의를 파악하는 것으로 만족하자.

말할 필요도 없이 바이마르공화국이란 제1차 세계대전 패전으로 인해 성립한 체제이다. 빌헬름 1세와 비스마르크로 대표되는 독일의 강권 통치가 막을 내리고, 영국과 프랑스 등 이른바 서유럽의 영향 아래 성립된 체제가 바로 바이마르공화국인 셈이다. 이 체제의 내실이 어땠는지를 살펴보는 일은 여기서의 과제가 아니다. 주목해야 할 점은 바이마르공화국이 이른바 '베르사유 체제'에 강력하게 종속되어 있었다는 사실이다. 베르사유 체제란 제1차 세계대전 이후의 유럽 질서를 결정한 것으로, 독일에게 과도한 배상 책임을 지움으로써 사실상의 무장해제를 이끌어내어 유럽의 평화를 유지하려 한 것이다. 그리고 그 후 이 체제는 국제연맹으로 귀결되어 미국 및 서유럽 주도의 세계질서 구축으로 이어진다.

슈미트는 베르사유 체제와 국제연맹 체제가 이른바 '유럽 공법'을 형해화하는 것이라 여겼다. 유럽 공법 체제란 110년 넘게 이어진 가톨릭과 프로테스탄트의 종교 내전을 종식시킨 주권국가와, 이들 주권국가들로 이뤄진 국제 질서를 말한다. 보댕과 홉스를 따라 슈미트는 유럽 특유의 발명품인 주권이 내전을 종식시켜 전쟁 권한을 독점한 세속 권력이라고 정의한다. 주권자란 예외상태를 결정하는 자라는 정식화는 이로부터 비롯된 것이고 말이다. 그는 이렇게 성립한 복수의 주권이 전쟁 권한을 독점하여 세력 균형을 이룸과 동시에, 유럽 내에서의 국가 간 전쟁을 합법화한 것이 유럽 공법 체제를 통한 평화의 구축이라고 보았다. 이때 슈미트는 전쟁 권한을 동등한 국가들이 독점함으로써, '적'을 범죄자로부터 구분한 것이 유럽 공법의 요체라고 파악한다. 전쟁을 일으킬 수 있고 그 누구로부터도 간섭받지 않는 '지고의 힘=주권'끼리의 싸움인 한에서 '적'은 결코 범죄자가 아니다. 상위의 힘이 없기 때문이다. 따라서 전쟁은 이데올로기나 신앙 사이의 대립처럼 '신들의 싸움'이 되지 않는다. 어디까지나 자국의 이해관심이라는 틀 내에서 전쟁이 제한되는 것이다. 지고의 힘들끼리는 '선과 악'을 가릴 필요가 없기 때문이다. 이것이 슈미트가 파악한 유럽 공법 체제였다. 그것은 종교 내전의 종식이라는 일회적이고 구체적인 상황의 산물이었던 것이다.

그런데 국제연맹과 뒤이어 전쟁을 불법화한 파리조약은 주권국가 위에 상위의 권위체를 마련한 것에 다름 아니었다. 왜냐하면 주권국가의 고유 권한인 전쟁을 불법화한다는 것은 국가를 넘어선 '지고의 힘'을 마련하는 일이기 때문이었다. 이것이 바로 슈미트가 파악한 '보편주의'이다. 슈미트는 주권국가가 '지고의 힘'을 가지고 있는 까닭이 전쟁 권한을 독점하기 때문이라고 보았다. 언제 어떤 상황이 비상사태나 전쟁(예외상태)인지를 결정하고, 스스로의 존립 여부를 스스로의 판단 아래에서 결정하는 것이 주권의 요체였던 것이다. 다른 말로 하자면, 언제 전쟁을 시작하고 끝낼 것인지를 결정하는 일, 이것이야말로 주권국가가 주권을 가지는 까닭이었던 셈이다. 그러나 이제 그것이 상위의 권위에 의해 규제된다. 즉 '주권'이 제한되는 것이다. 이는 유럽 공법이 탄생했던 일회적이고 구체적 상황인 종교 내전의 종식을 망각하는 일이며, 더 나아가 제1차 세계대전 승리라는 국제연맹이 탄생할 수 있었던 상황마저도 망각하는 일이었다. 국제연맹은 승전국이 주도하여 만든 것임에도 보편주의를 내세워 전쟁을 불법화했기 때문이다. 슈미트가 1920년대 바이마르공화국에서 격렬하게 전개한 투쟁은 바로 이 국제연맹의 보편주의에 대해서였던 것이다. 『정치적인 것의 개념』은 이 투쟁의 백미를 장식하는 전투였고 말이다.

그런데 바이마르공화국과 뒤이은 나치의 패배는 슈미트의 투쟁이 실패로 돌아갔음을 말해주는 사건이었다. 미국과 서유럽의 승리는 되돌릴 수 없는 것이었고, 수감된 슈미트는 토크빌의 예언을 받아들일 수밖에 없었다. 19세기 말 미국을 돌아보며 앞으로 미국과 러시아의 세기가 되리라 예언했던 토크빌의 명민함과 절망스러움을 한 몸에 느끼면서 대세를 수긍하는 것 외에는 길이 없었던 셈이다. 유럽 공법의 마지막 교사이자 자각적 연구자 슈미트가 침묵할 수밖에 없었던 까닭이 여기에 있다. 그는 국법이 끝나는 지점에서 법학적 사유를 전개했다는 점에서 유럽 공법의 자각적 연구자였으며(유럽 공법은 전쟁을 법학적으로 논의하는 데서 시작한다), 보편주의적 사유의 지배를 온몸으로 견뎌낸 끝에 굴복하고 만 마지막 교사였던 셈이다(1년 반 동안의 육체적 수감 상태를 상기하라).

그런데 이 슈미트의 침묵이 뜻하는 바는 유럽 공법과 보편주의 사이의 싸움이 보편주의의 승리로 끝났음을 지시하는 것으로 그치지 않는다. 20세기 막바지의 냉전 종식과 민족 분쟁이 무엇을 함축하는지를 알기 위해서는 이 침묵으로 되돌아가야 하기 때문이다. 아감벤이 9·11 테러와 이라크전쟁이라는 정세하인 2003년에 슈미트의 침묵을 깨트리려 했던 까닭이 여기에 있다. 그리고 그 침묵이 깨진 뒤에 열린 지대는 근대 정치를 수놓은 수많은 관념과 이데올로기와 미래의 청사진이 아니라, 바로 문학과 법 사이에서 벌어지는 근원적인 언어의 얽힘이 펼쳐지는 (비)장소이다. 이제 긴 우회로를 지나 드디어 이 지대로 눈을 돌릴 차례이다.

4

예외상태를 법학적 사유에 묶어두려는 슈미트와 예외상태를 공백인
채로 남겨두려는 벤야민 사이의 싸움, 이것이 아감벤이 묘사하는 "공
백을 둘러싼 거인족의 싸움"이다. 그 싸움이 벌어진 때는 1921~1922년
사이로, 벤야민의 「폭력비판을 위하여」와 슈미트의 『정치신학』이 그 당
사자들이었다. 아감벤은 후자가 전자에 대한 응답이라는 다소 충격적
인 가설을 내세우며, 이 싸움의 응수 과정을 한 수 한 수 친절하게 설명
한다. 물론 아감벤은 결정적인 증거를 내세운다기보다는 여러 방증傍證
을 통해 추론할 뿐이지만, 훗날 벤야민을 의식하면서 여러 작업을 전개
한 슈미트의 회상으로 미루어보건대 그 신빙성은 높다고 할 수 있다. 그
리고 중요한 것은 두 텍스트 사이에서 벌어지는 심오한 대결이지 실제적
인 증거가 아니기에, 보다 신빙성 있는 실증 자료의 탐구는 이후의 연구
자들의 몫이기도 하다. 아무튼 이 대결의 양상을 직접 살펴보기 이전에
아감벤이 왜 냉전 종식, 민족 분쟁, 종교 갈등이라는 정세하에서 슈미
트의 침묵과 거인족 사이의 싸움에 주목했는지를 확인해보자.

아감벤은 냉전 종식을 프랜시스 후쿠야마처럼 미국적 자유민주주
의-자본주의의 승리로 보는 천박한 시선을 거절한다.[2] 그는 오히려 냉
전 종식으로 '정치철학의 재탈환'이라는 '사유의 임무'가 개시되어야 한
다고 설파한다. 그렇다면 정치철학의 재탈환이 왜 사유의 임무인 것일
까? 여기서 정치철학이란 무엇인지를 곰곰이 되새겨봐야 한다. 필립 라

---

2) Giorgio Agamben, *Means without End*, Vincenzo Binetti and Cesare Casarino trans.,
Minesota UP, 2000, pp. 109~110[조르조 아감벤, 『목적 없는 수단』, 김상운·양창렬 옮김,
난장, 2009, 120~121쪽].

쿠-라바르트Philippe Lacoue-Labarthe의 말을 따르자면 '정치적인 것'이란 말 그대로 '폴리스에 관한 사안'을 뜻한다. 그래서 정치철학이란 바로 '폴리스에 관한 철학'이라고 할 수 있다. 다시 말해 정치철학이란 폴리스에 관해 철학적으로 사유하는 앎의 방법을 뜻하는 셈이다. 그렇다면 폴리스를 철학적으로 사유한다는 것은 무엇을 뜻할까? 그것은 폴리스에 대한 '초월론적 물음'을 던지는 일이다.

라쿠-라바르트를 참조하자면, 철학의 방법 혹은 태도란 '부정적 초월론' 혹은 '순수 부정 형식'을 대상의 근거 물음의 방법으로 삼는 일을 뜻한다. 후대에 이성으로 번역되어 철학적 정신을 지칭하게 되는 그리스어 '누스nous'를 하이데거는 독일어 '예감Ahnen'이라고 번역했다. 즉 눈앞의 현상을 능동적으로 파악하는 정신이 아니라, 그 본질의 도래를 수동적으로 예감하며 기다리는 것이 철학적 정신이라는 것이다. 이 적극적 수동성이야말로 철학적 방법을 특징짓는 태도이다. "……란 무엇인가?"가 철학의 고유한 물음이라면, "……란 ……는 아니다"라는 물음으로 응수하는 것이 철학적 방법인 셈이다. 그러므로 '무엇인가'에 대해 어떤 확정적인 존재자를 답으로 내세우는 것이 아니라, '……는 아니다'라는 한정적 부정으로 답하는 것이야말로 앞에서 말한 '순수 부정 형식'이다.

또한 다시 한 번 라쿠-라바르트를 참조하자면, 이 '부정적 초월론'이란 기원에 대한 탐구와 반대되는 앎의 태도이다. 철학은 기원을 탐구하는 것이 아니라 존재의 존립 근거를 순수한 사유 속에서 묻는 태도이기 때문이다. 기원에 대한 탐구가 어떤 역사적 연속성을 실체화하는 것이라면, 철학의 근거 물음은 대상의 존립이 끝나는 지점을 색출하는 일에 다름 아닌 것이다. 즉 대상의 존립과 절대로 섞일 수 없는 하나의 근거를 순수 사유의 장 속에서 가공하는 일, 이것이야말로 철학의 고유한 임무라고 할 수 있는 셈이다.

　속류 마르크스주의자나 성급하고 성마른 실천가들이 조소해온 철학의 '관조'가 의미하는 바가 이것이다. 금은 등 화폐 자체에 가치가 내재했다고 믿은 중금주의자들이 있고, 중금주의자에 대해 가치의 근원은 인간 노동이라는 노동가치설을 내세운 계몽주의적 고전파 경제학자들이 있었는데, 전자에 대해서는 고전파의 비판을 따르면서도 화폐 자체의 신비로운 물신적 성격을 밝혀내어 상품 세계의 존립 근거를 밝혀내려 했던 마르크스는 그런 의미에서 '철학자'였다. 그는 가치형태론에서 철저하게 순수 부정 형식 속의 실험을 통해 철학적 근거 물음을 실행했기 때문이다. 즉 마르크스의 사유는 실천적이라기보다는 '관조적'이었기에 혁명적일 수 있었던 것이다(뒤에서 자세하게 논의하겠지만, 벤야민이 슈미트에 대항하여 내세운 '비평'이란 이런 철학적 태도를 말하는 것에 다름 아니었다).

　다소 이야기가 길어졌지만 다시 아감벤으로 돌아와보자. 아감벤이 정치철학이라고 했을 때, 그리고 그것이 사유의 임무라고 했을 때 염두에 두고 있는 것은 이런 방법적 태도였다. 그는 폴리스의 존립 근거를 순수한 부정 형식 속에서, 부정적 초월론 속에서 사유하고자 했던 것이다. 이런 태도에 따르면 폴리스의 근거를 '주권'에 내맡길 수는 없다. 왜냐하면 사회계약을 통해서이든, 승전에 힘입은 점령을 통해서이든, 가부장의 권위를 통해서이든, 주권을 실체화하고 실정화하는 순간 폴리스에 대한 부정적 초월론은 불가능해지기 때문이다. 마찬가지로 그 근거를 '민족 공동체'에서 찾을 수도 없다. 민족 공동체라는 초역사적 실체는 기원을 탐구하는 사유에 고유한 귀결이기에 그렇다. 스탈린주의와 진보주의-제헌국가가 정치철학을 방해했던 까닭이 여기에 있다. 스탈린주의나 진보주의가 가정하는 역사의 진보나 제헌국가가 상정하는 제헌 권력은 폴리스의 존립 근거가 될 수 없다. 진보나 제헌 권력이 어떤 실체이자 보편으로 가정되는 한 말이다. 하이데거를 부연해서 말하자면, 진보나 제헌 권력이 존재자의 형상으로 생각되는 한, 그것은 부정적 초월론과 전혀 다른 사유에서 비롯된 것인 셈이다. 그렇다면 아감벤이 폴리스의 철학적 근거 물음으로 제시하는 것은 무엇일까? 다시 말해 폴리스에 대한 부정적 초월론의 귀결은 무엇일까? 그것은 바로 예외상태이다.

아감벤은 슈미트를 따라 예외상태가 단순한 무정부 상태나 혼란 상태와 다르다고 말한다. 예외상태는 어디까지나 법의 효력 정지, 법규범의 공백이기 때문이다. 그것은 결국 폴리스 자체에 대한 순수 부정 형식이라고 할 수 있다. 예외상태가 법의, 따라서 지배의 공백 상태인 한에서 말이다. 슈미트는 이 공백을 주권자를 내세움으로써 법의 테두리 내에 두려고 했다. 그러나 아감벤이 슈미트의 적으로 대치시킨 벤야민은 이 주권자의 결정 불가능성을 주장함으로써 예외상태를 법규범의 공백으로 남겨두려 한다. 벤야민의 말을 들어보자.

- [주권자는] 최상의 호조건에서도 어떤 결단을 내리는 것 자체가 거의 불가능한 모습을 보여준다.
- 피조물의 차원은 오해할 여지도 없이 분명하게 주권자까지도 결정한다. 주권자가 신하와 국가 위에서 아무리 지고의 왕좌를 차지하고 있다고 해도 주권자의 지위는 피조물의 세계 안에 갇혀 있으며, 주권자가 아무리 피조물들의 주인이라고 해도 그 역시 피조물인 채로 머무른다.[3]

벤야민에게 주권자란 어디까지나 피조물이다. 벤야민은 '국법이 끝나는 지점'을 명확하게 결정하고, 이를 통해 국법 자체의 존립을 근거 지어야 할 주권자의 우유부단함을 이야기한다. 바로크 비애극의 궁정에서 벌어지는 저 희비극은 모두 체제의 위기에 봉착한 통치자(군주나 왕자나 왕비)의 우유부단함과 나약함에 기인한다. 이 통치자들은 위기에 대처하여 예외상태를 결정하는 것이 아니라, 이 위기가 정말 위기인지 고민하고 의심한다. 왜냐하면 수많은 모리배들이 그를 둘러싸고 있거나, 그 스스로가 자신의 지위에 확신을 가지고 있지 못하기 때문이다. 햄릿의 고뇌가 "세상이 어긋나 있다"에서 비롯되어 "사느냐 죽느냐"의 물음으로 귀결되는 까닭이다. 햄릿은 세상이 어긋나 있음, 즉 지금이 예외상태임을 감지하면서도 스스로의 실존적 고뇌로 빠져든다. 이 결단이란 예외상태를 결정하여 통치의 정상성을 회복하겠다는 결연한 의지의 산물이 아니라, 이 나사 빠진 세상 속에서 살아가는 것이 가능한지에 관한 피조물의 고민인 셈이다.

그래서 벤야민이 『독일 비애극의 원천』을 슈미트에게 헌정한 것은 단순한 감사의 표시가 아니다. 그는 이 헌정을 통해 1921~1922년 벌어졌던 싸움을 다시금 개시하려 했기 때문이다. 「폭력비판을 위하여」에서 벤야민은 법의 이름으로 통치를 합리적인 것이라 분식扮飾했던 당대의 법실증주의나 자연법 사상을 비판했으며, 법의 지배가 근본적으로 신화적 산물임을 주장하면서 신의 폭력이라는 법 지배의 종식을 암시했다. 슈미트는 이에 대해 주권자의 형상을 내세워 이 공백이 어디까지나

---

3) 발터 벤야민, 『독일 비애극의 원천』, 조만영 옮김, 새물결, 2008, 75~76, 96쪽.

법의 테두리 내에 머물러야 한다고 강력하게 대항했다. 『독일 비애극의 원천』은 이에 대해 그 주권자의 형상이 불가능함을 마찬가지의 강렬함으로 제시했던 것이며, 벤야민이 죽은 뒤 슈미트는 『햄릿 혹은 헤쿠바』를 통해 이에 응수했다.

여기서는 아쉽게도 둘 사이의 응수를 따라가는 일을 중단할 수밖에 없지만, 핵심은 이 응수의 타진이 결국에는 폴리스에 대한 정치철학을 둘러싸고 이뤄졌다는 점이다. 슈미트와 벤야민은 모두 '예외상태'라는 '순수 부정 형식'에 다다름으로써, 사회계약론으로 대변되는 계몽주의적 국가론이나 속류 역사유물론(스탈린주의)의 사회주의 이행론을 '환상'으로 치부했다. 슈미트는 전후 하이데거가 몰두하게 될 기술 지배에 대한 비판을 20년 앞서 전개하면서, 그리고 벤야민은 진보주의를 내장한 역사유물론을 비판하면서 말이다. 벤야민에게 문학의 언어는 이 맥락에서 급진적 정치성을 내보인다. 그것은 예외상태를 법의 테두리에서 해방하는 언어 형식을 내세우는 일이라 할 수 있다. 이제 지리한 법과 정치철학 논의에서 벤야민의 비평 언어로 옮겨가보자.

5

1928년 출간된 『일방통행로』에서 벤야민은 '비평'의 시대가 끝났음을 모르는 어리석은 이들을 냉소적 어조로 조소했다. 그러나 그렇다고 해서 벤야민이 비평이라는 하나의 태도를 버렸던 것은 아니다. 오히려 벤야민은 비평이야말로 법을 작동시키지 못하게 하는 방법임을 1930년대 이후의 작업을 통해 고집스레 주장하고 있었기 때문이다. 여기서 그 세세한 증거를 나열하는 일은 생략하더라도, 왜 비평이 벤야민에게 법의 작동을 멈추는 언어 형식이었는지는 가늠해보기로 하자.

어른들은 경험이 무엇을 말하는지를 잘 알고 있었다. 그것은 끊임없이 되풀이하여 윗세대가 아랫세대에게 가르쳐 이어가면서 형성된 것이다. 간결하게 노인의 권위를 통해 격언의 형태로, 혹은 장황하게 노인의 수다스러움으로 이야기하는 형태로, 또 어떤 때는 이국의 이야기로 벽난로 옆에서 아들이나 손자 들에게. 이런 일 모두는 어디로 가버린 것일까? 무언가를 제대로 이야기할 수 있는 이들과 만날 수 있는 일이 또 있을 수 있을까? 반지처럼 세대에서 세대로 이어져 내려갈 정도로 확실한 말을 오늘날 임종에 임한 이의 입으로부터 들을 수 있을까? 하나의 격언이 누군가의 도움이 된다는 일이 오늘날 아직도 가능할까? 자신의 경험은 이렇다고 나열하여 젊은이들의 마음을 붙잡을 수 있다는 따위의 생각을 하는 이가 아직도 있는 것일까?[4]

이 자문에 대한 벤야민의 답은 '아니다'이다. '전달 가능한 경험'이란 날이 갈수록 빈곤해지고 있기 때문이다. 그리고 이것은 비평의 시대가 끝났다는 벤야민의 진단과 공명하는 대답이기도 하다. 여기서 벤야민의 이 문답을 단순히 노인의 권위가 쇠퇴했다거나 미디어의 발달로 구술 문화가 쇠퇴했다는 식으로 받아들여서는 곤란하다. 아니 곤란하다기보다는 완전히 오독이 되고 만다. 벤야민은 여기서 "경험Erfahrung" "이

---

4) 발터 벤야민, 「경험과 빈곤」, 『발터 벤야민 선집 5: 역사의 개념에 대하여/폭력비판을 위하여/초현실주의 외』, 최성만 옮김, 길, 2008, 172쪽.

야기하기Erzählung" "전달 가능한mitteilbar"이라는 말에 특별한 의미를 부여하고 있기 때문이다. 우선 '경험'이 '전달-가능Er-fahrung'을 뜻하며, '이야기하기'가 '지불-가능Er-zahlung'을 뜻한다는 사실에 주목해보자. 벤야민은 경험이 윗세대가 아랫세대에게 끊임없이 이야기를 전달하면서 형성되는 것이라 정의한다. 그렇기에 '전달-가능'의 조건이란 윗세대에서 아랫세대로 이어지는 '이야기하기=지불-가능성'이다. 여기서 '경험'과 '전달 가능성'의 외연이 겹치는 데에 주목해야 한다. 그는 무언가를 전달하는 일의 가능성을 '함께-나누기-가능한mit-teil-bar'으로 파악하는 것이다. 이는 벤야민이 언어의 본질로 파악한 '소통Mitteilung'이다. 즉 벤야민은 '경험'을 '전달=소통 가능성'으로 파악하는 셈이며, 이 때문에 보들레르론에서 경험은 "체험Erlebnis"과 세심하게 구분되고 있다. 체험이 자신의 몸으로 산 감각적 역사라면, 경험이란 다른 이들과 나눈 언어의 총체인 것이다.

그런데 이 '경험=전달 가능성=함께-나누기-가능성'은 윗세대의 아랫세대에 대한 '이야기하기=지불-가능성'으로 형성된다. 여기에 벤야민이 비평을 법을 작동 정지시키는 실천으로 삼은 전복적 사유가 도사리고 있다. 이를 이해하기 위해서는 「폭력비판을 위하여」에서 제시된 바 있는 '신화적 폭력=법의 지배'라는 정식화를 참조할 필요가 있다. 벤야민은 말한다.

약동하는 삶에 대한 법의 지배는 단순한 생명과 함께 사라진다. 신화적 폭력은 폭력 자체를 위해 단순한 생명으로 향하는 피의 폭력이며, 신의 순수한 폭력은 약동하는 삶을 위해 모든 생명으로 향하는 폭력이다. 전자는 희생을 요구하고 후자는 그 희생을 받아들인다.[5]

여기서 '약동하는 삶das Lebendige'이란 '단순한 생명das bloße Leben'에 대비되어 사용된 개념으로 말 그대로 번역하자면 '살아 있는 자'가 되겠지만, 벤야민은 여기에 특별한 의미를 부여하고 있기에 약동하는 삶으로 번역했다. 이때 벤야민은 단순한 생명에 법의 지배 대상이 되는 인간 삶의 형해화된 모습을 담아냈다면, 약동하는 삶에는 법의 지배가 가닿지 못하는 삶의 형식이라는 뜻을 담아냈기 때문이다. 이는 나중에 지상의 존재가 스스로를 '형상화'한다는 바로크 비애극의 종말론과 호응하는 구절이며, 아감벤은 이로부터 '삶-의-형식forma-di-vita'이라는 삶의 정치적이고 예술적이고 윤리적 형태를 추출해냈다. 물론 이 일련의 호응들이 구성하는 성좌에 대해 자세하게 논하는 것은 다른 기회로 미뤄야 하겠지만, 여기서 중요한 대목은 벤야민이 저 약동하는 삶을 불가능하게 만드는 것으로 지목한 '신화적 폭력'이라는 사실이다. 이 폭력은 앞에서 언급한 윗세대에서 아랫세대로의 '지불-가능성'으로 형성되는 경험과 정반대의 언어관을 내포하고 있기 때문이다.

여기서 '신화myth'가 그리스어 동사 '이야기하다mythein'에서 유래했다는 사실을 상기하는 일은 결정적으로 중요하다. 그리고 신화를 연극화한 그리스 '비극Tragödie'이 '산양tragos'과 '노래oide'의 합성어임도 확인해두자. 퍼즐 조각은 다 모였다. 이제 이 조각들을 끼워 맞춰봄으로써, 벤야민이 법에 대항하는 문학의 언어로 사유한 것이 무엇인지 구체화해보는 일만 남았다.

앞에서 말했듯이 신화란 이야기하기의 한 방식이다. 그것은 언제나

---

5) 발터 벤야민, 「폭력비판을 위하여」, 앞의 책, 111~112쪽.

'유사 이전'에 관한 이야기를 들려준다. 그런 의미에서 신화란 역사적 서술의 가장 오래된 형식이라고 할 수 있다. 지금 세계의 기원을 확정하는 일이 신화의 목적인 셈이다. 그런데 이 유사 이전의 세계는 언제나 누군가의 희생으로 막을 내린다. 신의 노여움이나 장난기로 어긋난 세상의 질서나 개인의 운명은 반드시 누군가를 희생양으로 삼아야 제자리로 돌아온다. 그래서 신화가 그려내는 '유사 이전'이란 지금 세계가 이전 세계의 희생을 대가로 가능했음을 말해주는 이야기 방식이다. 벤야민이 신화적 폭력이란 '희생을 요구하는' 것이라 했을 때 의도한 바가 여기에 있다. 그는 신화의 이야기는 언제나 아랫세대가 윗세대에게 '빚지고 있음'을 반복한다는 사실을 지적한 것이다.

법의 지배가 이 신화적 폭력의 산물인 까닭이 여기에 있다. 법의 지배가 단순한 생명을 대상으로 한다고 할 때, 이 단순한 생명은 아감벤의 말대로 살해 가능하지만 '희생될 수는 없는' 생명체(호모 사케르)라고 정의할 수 있다. 그것은 법의 지배 아래에서 언제든지 살해 가능한 상태에 놓여 있지만, 결코 희생양으로 바쳐질 수 없는 존재인 것이다. 왜냐하면 단순한 생명은 이미 언제나 빚지고 있는 존재이기에, 결코 희생양이 되어 지금 세계의 빚을 갚아버릴 수 없기 때문이다. 만약 단순한 생명이 희생되는 것이 가능하다면, 법의 지배는 끝나고 만다. 신화적 폭력과 대비되는 신의 폭력이 '희생을 받아들인다'고 했을 때 의미하는 바가 바로 이것이다. 그래서 신화적 폭력=법의 지배란 끊임없이 인간을 '빚지음=죄 있음schudig' 상태로 방치하는 폭력이라고 할 수 있다.

여기서 저 윗세대에서 아랫세대로의 '지불-가능성'이 의미하는 것이 명확해진다. 벤야민은 아랫세대가 윗세대에 결코 갚을 수 없는 빚을 갚아야 하는 신화의 이야기하기가 아니라, 윗세대가 아랫세대에게 '지불

해야' 한다고 말한다. 아랫세대로부터 윗세대가 빚을 질 수 없다고 할 때, 이 이야기는 결코 '빚=죄Schuld' 연관을 반복하는 이야기하기가 아니라, 오히려 그 연관의 사슬을 깨트리는 이야기하기의 방식이다. 그것은 아무런 대가도 바라지 않고 그저 이야기를 끊임없이 반복하여 쌓아나갈 뿐이다. 이것이 바로 벤야민의 비평이 의미하는 언어관이다. 그것은 언어가 어떤 내용을 전달하는 그릇으로 여겨지는 것처럼 내용과 형식으로 구분된 언어관을 거부한다. 오히려 벤야민의 언어는 윗세대가 아랫세대에게 아무런 대가 없이 전달하여 함께 나누어 형성하는 '경험' 자체를 뜻한다고 할 수 있다.

따라서 그것은 신화의 이야기 방식처럼 아랫세대가 윗세대에게 빚지고 있음을 환기시켜 지배하는 형태가 아니라, 윗세대와 아랫세대 사이에서 함께 나누어지는 삶의 형식 그 자체이다. 벤야민이 주목한 작가들, 즉 카프카, 헤벨Friedrich Hebbel, 프루스트, 보들레르, 발레리Paul Valéry, 크라우스Karl Kraus 등은 이런 언어를 실천했던 이들이다. 그런 의미에서 벤야민의 비평이란 이들 작가들이 어떻게 저 신화적 폭력을 거스르는 언어 형식을 실천했는지를 밝히는 작업에 다름 아니었다. 벤야민은 예외상태라는 법의 공백 지대가 바로 이 '빚=죄' 연관에서 벗어난 언어의 지대임을 여러 비평 작업을 통해 제시했던 것이다. 이제 그 비평의 함의를 살펴보면서 논의를 마치도록 하자.

6

이때 '비평=비판Kritik'이란 그리스 어원 그대로 '한계 영역'에서의 사유라는 사실을 염두에 두어야 한다. 그랬을 때 "폭력 비판이란 폭력의 역사에 대한 철학이다"[6]라는 벤야민의 말이 무엇을 의미하는지 드러난다. 여기서 폭력을 누락시켜 '비판이란 역사에 대한 철학이다'라는 명제를 추출해내는 것은 가능할뿐더러 결정적인 독해라고 할 수 있다. 그에게 역사철학이 "위험의 순간에 섬광처럼 스치는 어떤 기억을 붙잡는다는 것을 뜻"한다고 할 때, 또 이 기억이 "현재와 더불어 사라지려 하는 과거의 복원할 수 없는 이미지"라고 할 때, 이 역사철학은 "결을 거슬러 역사를 솔질하는 것을 자신의 과제"로 삼는 것이기에,[7] 비판=비평이란 바로 역사를 거슬러 기억의 이미지를 붙잡는 일이다. 이때 역사를 거스른다는 것은 과거에 이미 언제나 빚지고 있는 현재, 달리 말하자면 과거라는 실체화된 기원에 종속된 현재를 해방하는 윗세대에서 아랫세대로 전달되는 '지불-가능성=이야기하기'이다. 벤야민의 비평이란 그래서 철학이다. 그것은 역사를 연대기적으로 서술하여 '빚=죄'의 연쇄를 존속시키는 신화가 아니라, 그 연쇄를 거슬러 끊어내는 것을 임무로 삼는 철학인 것이다. 앞에서 이미 말했듯이 철학이 '순수 부정 형식'이라고 한다면, 그것은 기원으로부터 연쇄적으로 이뤄지는 실체화된 역사를 거부하는 사유이기 때문이다.

벤야민이 예외상태라는 법의 공백 지대에 머물면서 붙잡으려 했던 언어란 바로 이런 비평과 철학의 언어였다. 그것은 더 이상 문학의 언어가 아닐지도 모른다. 그러나 신화가 법의 지배를 알리는 이야기 형식, 즉 하나의 문학 형식이라면, 벤야민의 비평 언어는 그것을 탈구축하는 또

---

6) 발터 벤야민, 「폭력비판을 위하여」, 115쪽.
7) 발터 벤야민, 「역사의 개념에 대하여」, 334, 336쪽.

하나의 문학 형식이다. 법과 문학의 언어는 이렇게 서로 얽혀 있으면서도 섞이지 않는 모호한 지대를 형성하고 있다. 칼 슈미트는 이 지대를 법의 언어 속으로 완전하게 끌어들이려 했다. 그러나 벤야민은 이 지대를 공백 상태로 남겨둠으로써 신화적 언어로부터 비평의 언어를 구출하려 했다. 아마도 문학의 가능성이란 이 지대를 법의 언어와 신화로부터 탈환할 수 있는가에 달려 있다고 해야 할 것이다. 그 누구에게도 빚을 지우지 않는 저 이야기 형식, 즉 아랫세대가 윗세대로부터 무언가를 나누어 가질 수 있도록 예감하는 저 순수 부정 형식의 철학적 태도, 이런 문학의 언어가 과연 이 시대에 가능할까? 이에 대해 답하기는 쉽지 않은 일이다. 다만 슈미트의 침묵으로부터 정치철학의 과제를 추출한 아감벤의 시도처럼, 벤야민의 '아니다'라는 대답을 다시금 발화하는 길만이 저 비평의 언어를 구출하는 유일한 길임을 예감하면서 지리한 이야기를 마치도록 한다.

에필로그

종말론 사무소는 왜 재개되어야 하는가?

'분리separation'라는 말로 현대 자본주의 사회를 분석하고 비판한 이는 상황주의자Situationist 기 드보르Guy Debord였다. 삶이 분리되었다는 사실, 드보르의 전위적인 미적-정치적 행위는 모두 이 하나의 인식에서 출발한다. 그렇다면 삶은 무엇으로부터 분리된 것일까? 바로 삶 자체로부터다. 그가 제시하고 극복하려 했던 단 하나의 근원적 사실은 현대 자본주의 아래에서 삶이 이미 언제나 분리된 채로 있다는 것이었다. 그래서 드보르는 평생에 걸쳐 문자와 영상과 몸짓을 통해 분리된 삶을 온전한 삶으로 통합하려 했다. 그러나 끝끝내 그 온전한 삶은 실현되지 않았다. 드보르가 실패했기 때문이 아니다. 삶 자체가 분리되었다고 할 때, 어떤 원래 상태에서, 어떤 양상으로, 어떤 기제로 인해 삶이 분리되었는지 그 자신도 몰랐기 때문이다. 즉 분리되지 않은 온전한 삶이 어떤 것인지 모른 채 드보르는 분리를 극복하려 했던 것이다.

과연 드보르가 던진 난제에 답이 있을 수 있을까? 그가 집착했던 분리란 명백히 마르크스의 소외론을 참조한 것이었다. 그러나 그가 소외를 분리라는 말로 재전유한 까닭은 소외라는 말에 따라 붙는 낭만적 울림을 떨쳐내기 위함이었다. 소외Entfremdung란 말 그대로 '낯설게fremd' 된다는 말이다. 그것은 고향에서 떠난 이의 외로움이기도 하고, 자기가 만든 것이 자기 뜻과 상관없이 세상을 떠돌아다닐 때의 어색함이기도 하다. 그런 한에서 소외란 말에는 고향이나 자아와 같은 돌아갈 곳의 여운이 짙게 남는다. 헤겔-마르크스의 사유는 새삼 거론할 필요 없이 떠나온 곳으로 회귀하는 변증법적 운동을 구성적 계기로 삼았다. 아무리 다시 되돌아간 고향이나 자아가 원래의 모습과 달라 있더라도 말이다. 그러나 드보르의 분리에는 되돌아갈 곳이 없다. 분리되었다는 사실 자체만이 삶에 덩그러니 남아 있을 뿐이다. 그래서 상황주의자들이 마주한 세계에는 성장이나 진보가 없다. 분리를 거부하려는 몸짓이 정박할 곳을 찾지 못한 채 세상을 떠돈다. 이 모든 것이 소외를 거부한 대가이니, 드보르의 난제에 답을 찾기란 지극히 어려운 일이 된다. 고향도 자아도 없는 미래의 기획이 그리 쉽게 길을 찾을 수는 없을 것이기에 그렇다.

이 난제의 답 없음을 호르크하이머와 아도르노는 이미 극명하게 보여준 바 있었다. "계몽의 변증법"이라 이름 붙인 지극히 음울한 기획으로. 익히 알려져 있듯이 이들은 계몽의 변증법이라 명명한 긴 역사 과정을 신화에서 근대에 이르는 웅장하면서도 압축적인 서사시로 구성한다. 그 안에서 인간은 자신을 보존하기 위해 주체와 객체, 개념과 사물, 기술과 자연 등 온갖 구분을 만들어 자기 외부를 지배해왔다. 신화에서 근대의 과학기술에 이르기까지, 이 자기 보존은 인간이 아무리 안간힘을 써도 벗어날 수 없는 운명이다. 자연 속의 한갓 미물이었던 인간은 온갖 종류의 공포에서 벗어나기 위해 번개나 폭설이나 태풍이나 지진 등 무서운 자연현상을 '이해'하고 '적응'하여 그 안에서 '생존'하려 한다. 그 방식은 여러 가지이다. 바람과 비를 멈추어달라고 나무의 정령에게 빌거나, 혹은 신전을 만들어 기도하기도 한다. 또한 궁극에는 자연을 엄밀한 수학적 세계로 번안하여 법칙화하기에 이른다. 이 모든 것이 스스로가 속했던 자연을 '대상화'하는 방법이다. 이렇게 하여 인간은 자연을 이해하는 '주체'가 되고, 자연은 인간이 이해하고 지배할 '객체'가 된다. 이런 과정 속에서 이제 인간의 말은 사물이나 현상과의 일회적 마주침 속에서 발화된 영적 음성의 가치를 상실한다. 오히려 말은 번개나 폭설이나 태풍이나 지진 등을 정령이나 신이나 과학 지식에 의거해서 이해하고 지배하는 매개체가 된다. 사물이나 현상과 한없이 가까웠던 말은 지시 대상과의 인접성을 상실하여 기호의 차이로 구성되는 매끄러운 질서로 '랑그'화되는 것이다.

물론 이것은 연대기적 역사 이야기가 아니다. 태초에는 영적 언어가 있고, 이제는 매끄러운 기호의 체계가 있는 것이 아닌 셈이다. 중요한 것은 세계를 개념과 범주로 전유하여 질서화하는 랑그의 언어 형식은 인간의 말이 무언가와 마주하여 지시한 일회성을 말소하는 위에서 가능하다는 사실이다. 호르크하이머와 아도르노가 인간이 자연과 마주하여 주체와 객체를 분할하는 순간 인간의 운명, 즉 계몽의 변증법이 시작된다고 한 까닭이 여기에 있다. 헤겔-마르크스의 소외와 드보르의 분리는 주체로서 타자를 객체화하는 인간의 존립 형식이 있는 한 결코 벗어날 수 없는 굴레인 셈이다.

하지만 그것은 음울한 운명의 굴레인 것만은 아니다. 거기에 해방의 계기가 있다는 식의 정신승리를 말하고자 함이 아니다. 오히려 그들이 음울한 톤으로 그려낸 운명은 출구 없음으로가 아니라 하나의 출발점으로 전유되어야 한다. 인간이 스스로의 생존을 위해, 다시 말해 인간 스스로가 되기 위해 택했던 길이 계몽의 변증법이라면, 그것을 회피하는 것이 아니라 마주하여 쟁투하는 것만이 사유의 유일하게 가능한 임무일 것이기에 그렇다. 발터 벤야민의 아우라에 관한 논의는 이런 맥락에서 이해되어야 한다. 보들레르론에서 「기술복제시대의 예술작품」에 이르는 여러 작품들 속에서 그는 아우라에 대해 말한 바 있다. 19세기 파리를 소재로 근대성modernity의 '원-역사Ur-Geshichte'를 서술하겠다는 자신의 기획에서 매우 결정적인 계기로서 말이다. 여기서 중요한 점은 벤야민이 결코 아우라의 상실을 연대기적 시간의 흐름 속에서 한탄한 것이 아니라는 사실이다. 즉 예전에는 아우라의 경험이 가능했는데 이제는 불가능한 시대가 되었다는 식의 생각이 아닌 것이다. 벤야민이 말하는 아우라의 상실은 '아우라 상실의 경험 불가능성'이기 때문이다. 다시 말해 아우라가 상실의 경험으로만 인간과 관계 맺을 수 있었음을 근대인이 망각해버렸다는 것이다.

벤야민이 말하는 아우라를 상기해보면 이렇다. 어느 늦은 오후 나무 그늘에 누워 책을 보다 눈을 돌렸을 때 펼쳐진 뭐라 형언할 수 없는 풍경의 향취香臭, 그런 찰나의 경험을 아우라라 할 수 있을 터이다. 그런데 인간은 애초에 그것을 언어나 그림을 통해 온전히 담아낼 수는 없다. 그런 향취는 아무리 사진이나 영화라 하더라도 결코 그대로 재현할 수 없다. 즉 아우라는 이미 언제나 재현 불가능성으로서만 경험되는 시공간의 향취이다. 아우라를 경험한다는 것은, 그래서 아우라의 상실을 경험하는 일이다. 벤야민이 「기술복제시대의 예술작품」에서 아우라의 재현 불가능성을 말할 때, 그는 재래적 예술작품이 저 일회적 아우라를 재현했는데 이제 기술복제 때문에 불가능해졌다는 말을 하는 것이 아니다. 오히려 중요한 것은 사진과 영화라는 대표적인 기술복제의 재현 매체로 인해 아우라의 원천적 재현 불가능성이 파괴되었다는 사태이다. 즉 사진이나 영화가 '거기 있었던 찰나의 향취'를 포착하여 재현해낼 수 있다는 착각을 불러일으키고 있음을 벤야민은 문제화한 것이다.

그래서 벤야민이 아우라의 상실을 통해 제기하는 문제는 한 가지이다. 아우라가 이미 상실된 것으로 경험될 수밖에 없는 찰나의 향취라면, 아우라의 경험이란 지나간 것을 지나간 것으로 지각하는 인간의 능력을 지시한다. 아우라의 상실이란 일회적 순간의 향취가 사라졌다는 것이 아니라, 그것의 지나감 혹은 결코 포착할 수 없음을 경험하는 일의 불가능성을 말하는 것이다. 그래서 벤야민은 아우라를 언급하면서 두 가지 비판적 사유의 패러다임으로부터 벗어나려 한다. 소외론과 물신론 말이다. 전자는 아우라가 예전에는 실제로 있었고 회복해야 한다는 사유로 이어진다. 후자는 잘못된 사물 속에서 아우라를 보려는 환상을 깨려 한다. 그러나 소외론이나 물신론이나 아우라가 반드시 존재하고 언젠가 회복할 수 있다는 믿음을 공유한다. 그것은 고향이나 자아가 언제 어디서든 반드시 총체적으로 회복될 수 있음을 굳건히 믿는 패러다임인 셈이다.

그러나 벤야민은 두 가지 패러다임이 모두 아우라의 원천적 상실 혹은 상실로서만 경험될 수 있는 아우라를 은폐하는 것임을 문제화한다. 벤야민은 이렇게 원천적 상실의 경험으로서의 아우라를 통해 인간과 세계의 온전한 상태가 무엇인지 알 수 없으며, 다만 지금이 무언가를 상실한 상태임을 경험 가능할 뿐임을 설파한다. 이와 관련하여 아감벤은 『열림L'aperto』이라는 결정적으로 중요한 소품에서 구원된 인간이 어

302

떤 형상일지 물은 바 있다. 즉 구세주가 도래하여 인간이 구원된다고 했을 때, 인간은 어떤 육신으로 부활하는지를 묻는 것이다. 교통사고로 사망한 이는 신체의 일부분을 결여한 채 부활하는 것일까 아니면 그 이전의 '온전한' 몸으로 부활하는 것일까? 노환으로 세상을 뜬 이는 노인의 육체로 되살아나는 것일까 아니면 젊었을 때의 육체로 되살아나는 것일까? 그것을 알 길은 없다. 단지 구원은 상실된 상태로서의, 소외된 상태로서의, 분리된 상태로서의 인간 삶과 관계한다는 사실 외에 인간에게 주어진 지식이나 계획은 없는 것이다.

벤야민이나 아감벤이 말하는 구원은 이렇게 드보르의 분리와 연동한다. 그래서 애초에 드보르의 난제에 답은 없다. 그 답이 최종적 정답이라면 말이다. 그러나 드보르는 하나의 정답을 몸소 살았다. 답이 없다는 정답을 말이다. 이 책에서 여러 가지 방향에서 상정하려 했던 종말론 사무소의 안건은, 그런 의미에서 상실과 소외와 분리의 경험을 말소하고 은폐하려는 움직임에 대한 이의 제기라 할 수 있다. 이것이 1991년 5월 언저리의 거리 주변을 배회한다고 프롤로그에서 말한 까닭이다. 정작 안건에서는 한번도 언급되지 않았지만, 그 거리 어디에선가 상실과 소외와 분리의 경험이 말소와 은폐의 문턱을 넘어 망각의 구멍 속으로 내던져졌기 때문이다. 이 망각의 구멍은 민주화의 이름으로, 성장의 이름으로, 풍요의 이름으로, 진보의 이름으로 만들어진 장치였다. 1991년 5월 이후에 펼쳐진 일은 인간의 운명, 즉 원천적으로 회복 불가능한 것으로서만 경험되는 상실과 소외와 분리를 소외론과 물신론으로 환원하여 더 나은 미래(진보와 성장)라는 미명하에 망각한 광경이었던 셈이다.

김소진은 그런 광경을 목도하면서 밥풀때기와 개흘레꾼을 소환하여 인간의 해방, 즉 구원이란 결국에는 상실과 소외와 분리를 상실과 소외와 분리 그 자체로 경험함으로써 열리는 삶의 지평임을 드러내 보였다. 중요한 것은 밥풀때기와 개홀레꾼의 삶이 더 나은 것이 되었느냐 여부가 아니냐고 물론 물을 수 있다. 당연히 그렇다. 하지만 더 나은 삶이란 어떤 모습일까? 무언가의 회복일까, 전혀 새로운 세계의 열림일까? 구원된 사람은 어떤 몸으로 부활하는 것일까? 과연 밥풀때기와 개홀레꾼의 삶은 1990년대 이후 어떤 모습이어야 했던 걸까?

사람들의 삶을 더 나은 것으로 '만들었다'는 1990년대 이후의 많은 '성취'들이 무의미하다고 말하는 것은 아니다. 중요한 것은 성취들을 미흡한 것으로 치부하는 소외론과 성취에만 급급한 물신론만이 1990년대 이후의 언설 공간을 지배했다는 사실이다. 그리고 그런 소외론과 물신론(그것은 단계론을 역사 이론으로 공유하며 성장이나 진보를 가치로서 공유한다)의 지배하에서 사유는 신음했다. 그러나 저 일련의 물음에 대한 답을 공백으로 남겨두는 일, 그것 없이는 해방도 구원도 불가능하다는 사실, 아니 해방과 구원을 참칭당해 박탈당한다는 사실, 그것이야말로 종말론 사무소가 문을 닫지 말아야 할 이유이다. 그것만이 인간의 사유에게 자리를 내어줄 수 있기 때문이다. 그리고 그 자리를 확보하는 일, 그것이 통치가 되어버린 정치의 자리를 되찾는 일이다. 무언가를 산출하고 집행하여 성취하는 언어가 아니라, 상실과 소외와 분리의 삶에 머무르며 신음하는 언어, 이 책이 시론적으로 제기한 여러 안건들이 그러한 언어의 연쇄로 이어지길 기대하며 길었던 종말론 사무소의 회의를 여기서 일시 정회한다.

제1부 20세기 정치사상의 임계

1장 20세기의 보편주의와 '정치적인 것'의 개념

Agamben, Giorgio(2003), "Notes on politics"[1992], *Means without End*, V. Binetti and C. Casarino trans., Minnesota UP[조르조 아감벤, 「정치에 관한 노트」, 『목적 없는 수단』, 김상운·양창렬 옮김, 난장, 2009].

Anidjar, Gil(2003), *The Jew, the Arab: A History of the Enemy*, Stanford UP.

Arendt, Hanna(1998), *The Human Condition*[1958], The Univ. of Chicago Press[한나 아렌트, 『인간의 조건』, 이진우·태정호 옮김, 한길사, 1996].

Calhoon, Kenneth S.(1991), "The education of the human race: Lessing, Freud, and the savage mind," *The German Quarterly* Vol. 64 no. 2.

Cook, Mercer(1936), "Jean-Jaques Rousseau and the negro," *The Journal of Negro History* Vol. 21 no. 3.

Ezell, Margaret J. M.(1983~1984), "John Locke's images of childhood: Early eighteenth century response to some thoughts concerning education," *Eighteenth-Century Studies* Vol. 14 no. 2.

Freud, Sigmund, *Gesammelte Werke 9(Totem und Tabu*[1913]), S. Fischer Verlag[지그문트 프로이트, 『토템과 터부』, 『종교의 기원』, 이윤기 옮김, 열린책들, 2004].

Gay, Peter(1954), "The enlightenment in the history of political theory," *Political Science Quarterly*, Vol. 69 no. 3.

_____ (1977), *The Enlightenment*, Norton[피터 게이, 『계몽주의의 기원』, 주명철 옮김, 민음사, 1998].

_____ (1987), *A Godless Jew: Freud, Atheism, and the Making of Psycho-analysis*, Hebrew Union College Press.

Gunther-Canada, Wendy(2006), "Catharine Macaulay on the paradox of paternal authority in Hobbesian politics," *Hypatia* vol. 21 no. 2.

Heller-Roazen, Daniel(2009), *Enemy of All: Piracy and the Law of Nations*, Zone Books.

Hirschman, Albert O.(1997), *The Passions and the Interests: Political Arguments for Capitalism before Its Triumph*[1977], Princeton UP.

Hobbes, Thomas(1996), *Leviathan*[1651], XVII 1, Oxford[토머스 홉스, 『리바이어던』, 진석용 옮김, 나남출판, 2008].

_____ (1990), Ferdinand Tönnies ed.[1889], *Behemoth or the Long Parliament*[1668], The Univ. of Chicago Press.

Horkheimer, Max et al.(2001), 『계몽의 변증법』, 김유동 외 옮김, 문학과지성사.

Locke, John(1984), *Second Treatise of Government*[1690], Prometheus Books[존 로크, 『통치론』, 강정인·문지영 옮김, 까치, 1996].

Mack, Michael(2002), "Freud's other enlightenment: Turning the tables on Kant," *New German Critique* no. 85.

Schmitt, Carl(1950), *Der Nomos der Erde*, Duncker & Humblot[칼 슈미트, 『대지의 노모스』, 최재훈 옮김, 민음사, 1995].

_____ (1965), *Der Begriff des Politischen*[1932], Duncker & Humblot(1950), [카를 슈미트, 『정치적인 것의 개념』, 김효전·정태호 옮김, 살림, 2012].

_____ (1996), "The state as mechanism in Hobbes and Descartes"[1937], *The Leviathan in the State Theory of Thomas Hobbes*, in George Schwab et al. trans., Green Wood Press.

Shaffer, Gina Victoria(2004), "The missing wives of Leviathan," *The*

Seventeenth Century vol. 19 no. 1.

Strauss, Leo(1995), "Notes on the concept of the political"[1932], Heinrich Meier, *Carl Schmitt & Leo Strauss: The Hidden Dialogue*, Univ. of Chicago Press.

藤田省三(2014), 『전체주의의 시대경험』, 이순애 엮음, 이홍락 옮김, 창비.

2장 전쟁의 정치, 비판의 공공성

김민규(1995), 「사회적 법치국가에 대한 구조분석」, 『동아법학』 19호, 39~68쪽.

박규하(1990), 「서독 기본법상의 자유민주적 기본질서」, 『고시연구』 17권 6호, 93~113쪽.

박홍원(2011), 「공론장의 이론적 진화: 다원적 민주주의에 대한 함의」, 『언론과 사회』 20권 4호, 179~229쪽.

윤평중(1990), 『푸코와 하버마스를 넘어서』, 교보문고.

Agamben, Giorgio(2009), 『예외상태』, 김항 옮김, 새물결.

Baker, Keith Michel(1992), "Defining public sphere in eighteenth-century france: Variations in the theme by Habermas," Craig Calhoun ed., *Habermas and the Public Sphere*, MIT Press.

Calhoun, Craig ed.(1992), *Habermas and the Public Sphere*, MIT Press.

Foucault, Michel(1995), 「비판이란 무엇인가?」, 이상길 옮김, 『세계의 문학』 76호, 민음사.

_____ (1999), 『자유를 향한 참을 수 없는 열망』, 정일준 편역, 새물결.

Habermas, Jürgen(1998), *Philosophisch-Politische Profile*, Suhrkamp.

_____ (2000), 『탈형이상학적 사유』, 이진우 옮김, 문예출판사.

_____ (2001), 『공론장의 구조변동』, 한승완 옮김, 나남.

_____ (2012), 『아, 유럽: 정치저작집 11권』, 윤형식 옮김, 나남.

Koselleck, Reinhart(1988), *Critique and Crisis: Enlightenment and the Pathogenesis of Modern Society*, MIT Press.

Menger Christian-Friedrich(1995), 「본 기본법에 있어서 사회적 법치국가의 개념」,

김효전 옮김, 『동아법학』 19호, 269~297쪽.

Niżnik & .Sanders ed.(1996), *Debating the State of Philosophy: Habermas, Rorty, and Kołakowski*, Preager.

Olsen, Niklas, *History in the Plural: An Introduction to the Work of Reinhart Koselleck*, Berghahn Books, 2011.

Schmitt, Carl(1982), *Der Leviathan in der Staatslehre des Thomas Hobbes*(1938), Hohenheim.

_____ (1987), *Der Begriff des Politischen*(1932), Duncker & Humblot.

_____ (2010), 『정치신학』(1922), 김항 옮김, 그린비.

Strydom, Piet(2000), *Discourse and Knowledge: The Making of Enlightenment Sociology*, Liverpool UP.

三島憲一(1991), 『戰後ドイツ―その知的歷史』, 岩波新書.

矢代梓(1997), 『啓蒙のイロニー』, 未來社.

제2부 정치신학의 쟁점들

3장 '적의 소멸'과 정치신학

김항(2009), 「독재와 우울, '최후의 인간'을 위한 결정 혹은 각성」, 『말하는 입과 먹는 입』, 새물결.

_____ (2010), 「신의 폭력과 지상의 행복」, 『안과밖』 23집.

Agmaben, Giorgio(2009), 『예외상태』, 김항 옮김, 새물결.

_____ (2011), *Kingdom and Glory*, Lorenzo Chiesa trans., Stanford UP.

Benjamin, Walter(2008), 「신학적·정치적 단편」, 『발터 벤야민 선집 5: 역사의 개념에 대하여/폭력비판을 위하여/초현실주의 외』, 최성만 옮김, 길.

Blumenberg, Hans(1999), *Die Legitimität der Neuzeit*, Suhrkamp.

Geréby, György(2008), "Political theology versus theological politics: Erik Peterson and Carl Schmitt," *New German Critique* 105, vol. 35 No. 3.

Peterson, Erik(2011), *Theological Tractates*, Michael J. Hollerich trans.,

Stanford UP.

Schmitt, Carl(1984), *Politische Theologie II*, Duncker & Humblot[칼 슈미트, 『정 치신학 II』, 김효전 옮김, 『동아법학』 16호, 1993, 249~356쪽].

_____ (1991), *Theodor Däublers "Nordlicht,"* Duncker & Humblot.

Sombart, Nicolaus(1994), 『男性同盟と母權制神話：カール・シュミットとドイツの宿 命』, 田村和彦訳, 法政大学出版局.

Taubes, Jacob(2010a), "The iron cage and the exodus from it," *From Cult to Culture: Fragments Toward a Critique of History of Reason*, Redwood: Stanford UP.

_____ (2010b), 『바울의 정치신학』, 조효원 옮김, 그린비.

Weber, Samuel(2008), "Taking exception to decision: Walter Benjamin and Carl Schmitt," *Benjamin's Abilities*, Harvard UP.

4장 신의 폭력과 지상의 행복

김항, 「독재와 우울. '최후의 인간'을 위한 결정 혹은 각성」, 『말하는 입과 먹는 입』, 새물결, 2009.

Agamben, Giorgio(2008), 『호모 사케르』, 박진우 옮김, 새물결.

_____ (2009a), 『例外狀態』[2003], 上村忠男·中村克己訳, 未來社[『예외상태』, 김 항 옮김, 새물결, 2007].

_____ (2009b), 『목적 없는 수단』[1995], 김상운·양창렬 옮김. 난장.

Benjamin, Walter(1960), *Gesammelte Briefe I–II*, Suhrkamp.

_____ (2008a), 『발터 벤야민 선집 5 : 역사의 개념에 대하여/폭력비판을 위하여/ 초현실주의 외』, 최성만 옮김, 길.

_____ (2008b), 『독일 비애극의 원천』, 조만영 옮김, 새물결.

Gilloch, Graeme(2005), 『발터 벤야민과 메트로폴리스』, 노명우 옮김, 효형.

Heil, Susanne(1996), *Gefährliche Beziehungen : Walter Benjamin und Carl Schmitt, J.B. Metzler.*

Jay, Martin(1979), 『변증법적 상상력: 프랑크푸르트학파의 역사와 이론』[1973], 황재우 외 옮김, 돌베개.

Kellner, Douglas, "The Frankfurt school and british cultural studies: The missed articulation"(https://pages.gseis.ucla.edu/faculty/kellner/Illumina%20Folder/kell16.htm).

Pan, David(1987), "Political aesthetics: Carl Schmitt on Hamlet," *Telos* no. 72, Summer.

Schmitt, Carl(1950), *Ex Captivitate Salus: Erfahrungen der Zeit 1945/47*, Greven Verlag Köln.

_____(2004), *Politische Theologie*[1922], Duncker & Humblot.

Scholem, Gershom(1995), *Major Trends in Jewish Mysticism*[1941], Schocken Books.

Sombart, Nicoulaus(1991), *Die Deutschen Männer und Ihre Feinde: Carl Schmitt-Ein Deutsches Schicksal Zwischen Männerbund und Matriarchatsmythos*, Carl Hanser[『男性同盟と母権制神話: カールシュミットとドイツの宿命』, 田村和彦訳, 法政大学出版局 1994].

Taubes, Jacob(2004), *The Political Theology of Paul*[1987], Dana Hollander trans., Stanford UP.

Weber, Samuel(2008), "Taking Exception to Decision: Walter Benjamin and Carl Schmitt"[1992], *BENJAMIN'S-abilities*, Havard UP.

Wolin, Richard(2001), *Heidegger's Children: Hannah Arendt, Karl Löwith, Hans Jonas, and Herbert Marcuse*, Princeton UP.

제3부 파국 너머의 메시아니즘

5장 종말론 사무소의 일상 업무

양창렬(2006 봄), 「아감벤의 잠재성 개념에 대하여: (무)능력의 아포리아」, 『오늘의 문예비평』 60호.

윤재왕(2010.3), 「"포섭/배제"—새로운 법개념?: 아감벤 읽기 I」, 『고려법학』 56호.

진태원(2008 여름), 「20세기 전체주의를 해부하는 새로운 언어」, 『창작과비평』 140호.

Agamben, Giorgio(2000), *Means without End*, Vincenzo Binetti and Cesare Casarino trans., Minnesota UP[조르조 아감벤, 『목적 없는 수단』, 김상운·양창렬 옮김, 난장, 2009].

_____ (2005), *The Time That Remains*, Patricia Dailey trans., Stanford UP[조르조 아감벤, 『남겨진 시간』, 강승훈 옮김, 코나투스, 2008].

_____ (2008), 『호모 사케르』, 박진우 옮김, 새물결.

_____ (2011), *The Kingdom and the Glory: For a Theological Genealogy of Economy and Government*, Lorenzo Chiesa trans., Stanford UP.

_____ (2012a), *The Church and the Kingdom*, Leland de la Durantaye trans., Seagull[조르조 아감벤, 『교회와 왕국』, 김운찬 옮김, 『문학과사회』 108호 (2014년 겨울), 문학과지성사].

_____ (2012b), 『언어의 성사: 맹세의 고고학』, 조문영 옮김, 새물결.

Foucault, Michel(1999), 「계몽이란 무엇인가?」, 『자유를 향한 참을 수 없는 열망』, 정일준 편역, 새물결.

_____ (2011), *The Government of Self and Others: Lectures at the College de France, 1982~1983*, Graham Burchell trans., Picador.

Geréby, György(Fall 2008), "Political theology versus theological politics: Erik Peterson and Carl Schmitt," *New German Critique* 105, vol. 35 No. 3.

Habermas, Jürgen(1994), 『현대성의 철학적 담론』, 이진우 옮김, 문예출판사.

_____ (1999), 「현재의 심장을 겨냥하여」, 미셀 푸코 외, 『자유를 향한 참을 수 없는 열망』, 정일준 편역, 새물결.

Herzle, Theodor(2012), 『유대 국가』, 이신철 옮김, 도서출판 b.

LaCapra, Dominick(2007), "Approaching limit events: Siting Agamben," Mattew Calarco and Steven Decaroli ed., *Giorgio Agamben: Sovereignty & Life*, Stanford UP.

Laclau, Ernesto(2007), "Bare life or social indeterminacy?," Mattew Calarco and Steven Decaroli ed., *Giorgio Agamben: Sovereignty & Life*, Stanford

UP.

Rajchman, John(2007), "Introduction: Enlightenment today," Michel Foucault, *The Politics of Truth*, Lysa Hochroth & Catherine Porter trans., Semiotext(e).

Peterson, Erik(2011a), "Monotheism as a political problem: A contribution to the history of political theology in the Roman Empire," *Theological Tractates*, Erik Peterson, Michael J., Hollerich trans, Stanford UP, pp. 68~105.

_____ (2011b), "The church," *Theological Tractates*, pp. 10~19.

Schmitt, Carl(1984), *Politische Theologie II*[1970], Duncker & Humblot.

Taubes, Jacob(2010), "The iron cage and the exodus from it, or the dispute over Marcion, then and now," *From Cult to Culture: Fragments Toward a Critique of Historical Reason*, Mara Benjamin trans., Standford UP, pp. 137~146.

Virno, Paoro(2002), "General intellect, exodus, multitude," *Archipelago* 54(http://www.generation-online.org/p/fpvirno2.htm).

6장 절대적 계몽, 혹은 무위의 인간

김항(2009), 「독재와 우울, '최후의 인간'을 위한 결정 혹은 각성」, 『말하는 입과 먹는 입』, 새물결.

김항·이혜령 엮음(2010), 『인터뷰: 한국 인문학 지각변동』, 그린비.

김홍중(2009), 『마음의 사회학』, 문학동네.

문성원(2009), 「철학의 기능과 이념: 1980년대 이후의 한국 사회철학에 대한 반성」, 『시대와 철학』, 제20권 3호.

양창렬(2006 봄), 「아감벤의 잠재성 개념에 대하여: (무)능력의 아포리아」, 『오늘의 문예비평』 60호.

유흥림·홍철기(2007.11), 「조르조 아감벤Giorgio Agamben의 포스트모던 정치철학: 주권, 헐벗은 삶, 그리고 잠재성의 정치」, 『정치사상연구』 13집 2호.

윤재왕(2010.3), 「"포섭/배제"—새로운 법개념?: 아감벤 읽기 I」, 『고려법학』 56호.

이순웅(2010), 「근대적 주권을 넘어서는 연대의 모색: 아감벤의 정치철학을 중심으로」, 『시대와 철학』 21권 2호.

임미원(2010), 「법의 자기정당화의 위기: 아감벤의 칸트 법개념 비판을 중심으로」, 『법학논총』 27집, 3호.

진태원(2008 여름), 「20세기 전체주의를 해부하는 새로운 언어」, 『창작과비평』 140호.

Agamben, Giorgio(2000), *Means without End*, Vincenzo Binetti and Cesare Casarino trans., Minnesota UP[조르조 아감벤, 『목적 없는 수단』, 김상운·양창렬 옮김, 난장, 2009].

_____ (2002), *Remnants of Auschwitz: The Witness and the Archive*, Daniel Heller-Roazen trans., Zone Books[조르조 아감벤, 『아우슈비츠의 남은 자들』, 정문영 옮김, 새물결, 2012].

_____ (2007), *Il Regno e la Gloria: Per una genealogia teologica dell'economia e del governo*, Neri Pozza Editore.

_____ (2008), 『호모 사케르』, 박진우 옮김, 새물결.

_____ (2009), 『예외상태』, 김항 옮김, 새물결.

_____ (2010), *What is an Apparatus?*, David Kishik and Stefan Pedatella trans., Stanford UP[조르조 아감벤, 『장치란 무엇인가? 장치학을 위한 서론』, 양창렬 옮김, 난장, 2010].

Hobbes, Thomas(1996), *Leviathan*[1651], Oxford[토머스 홉스, 『리바이어던』, 진석용 옮김, 나남출판, 2008].

Foucault, Michel(1988), "Critical theory/Intellectual history," *Politics, Philosophy, Culture: Interviews and Other Writings 1977~1984*, Routledge.

_____ (1990), 『성의 역사 I: 앎의 의지』[1976], 이규현 옮김, 나남.

_____ (1995), 「비판이란 무엇인가?」, 이상길 옮김, 『세계의 문학』 76호.

_____ (2000a), "Governmentality"[1977], *Foucault/Power*, The New Press.

_____ (2000b), 「政治の分析哲学—西洋世界における哲学者と権力」[1978], 『ミシェル

・フーコー思考集成 7』, 筑摩書房.

Fukuyama, Francis(1992), 『역사의 종말: 역사의 종점에 선 최후의 인간』, 이상훈 옮김, 한마음사.

Kant, Emmanuel(2009), 「계몽이란 무엇인가에 대한 답변」, 『칸트의 역사철학』, 이한구 옮김, 서광사.

Schmitt, Carl(2009), Die Diktatur〔1921〕, Duncker & Humblot.

_____ (2010), 『정치신학』〔1922/1932〕, 김항 옮김, 그린비.

鹿島徹他(2006), 『ハイデガー「哲学への寄与」読解』, 平凡社.

제4부 언어의 운명과 문학의 자리

7장 자연, 법, 그리고 문학

Benjamin, Walter(2008a), 『발터 벤야민 선집 5: 역사의 개념에 대하여/폭력비판을 위하여/초현실주의 외』, 최성만 옮김, 길.

_____ (2008b), 『독일 비애극의 원천』, 조만영 옮김, 새물결, 2008.

Derrida, Jacques, The Politics of Friendship, George Collins trans., Verso.

8장 신화를 거스르는 문학의 언어

Agamben, Giorgio(2009), 『목적 없는 수단』, 김상운·양창렬 옮김, 난장.

Benjamin, Walter(2008a), 『발터 벤야민 선집 5: 역사의 개념에 대하여/폭력비판을 위하여/초현실주의 외』, 최성만 옮김, 길.

_____ (2008b), 『독일 비애극의 원천』, 조만영 옮김, 새물결.

색인

ㄱ